国語教師・青木幹勇の形成過程

大内善一

渓水社

まえがき

この度、青木幹勇研究をこのような形で一書にまとめて上梓することとなった。

顧みれば、筆者が青木幹勇の国語教育実践に関心を抱いて考察を巡らすようになってから二十年余の歳月を経ている。特に、本書の標題に掲げた「国語教師・青木幹勇の形成過程」の研究に手を染めたのは、平成十年八月に開催された第九四回全国大学国語教育学会東京大会での自由研究発表の際であった。

しかし、それ以前にも青木幹勇国語教育実践に関する考察はしばしば行っている。筆者の研究史の上に最初に登場するのは「視点を転換させて書く作文の授業―他者の視点に立って書く―」（『実践国語研究』一三二号、平成五年十・十一月号）と題した論考である。青木幹勇著『第三の書く―読むために書く　書くために読む―』（昭和六十一年八月、国土社）に紹介されていた「書替え」の方法に考察を加えたものである。

なお、青木のこの「第三の書く」の方法に関して筆者は、「文章表現の向かう道」（田近洵一編『国語教育の再生と創造』平成八年二月、教育出版）、「『第三の書く』の検討」（拙著『作文授業づくりの到達点と課題』平成八年十月、東京書籍）等においても考察を加えている。さらに、全国大学国語教育学会の第九二回大会（平成九年八月）、第九三回大会（平成九年十一月）と二度にわたって「第三の書く」の成立過程に関して口頭発表を行っている。

以上の研究史に関しては、本書の第Ⅱ部・「第Ⅳ章　青木幹勇の文章表現指導観の変遷」の冒頭に掲げておいた。

このような青木幹勇国語教育実践に関する考察を行う中から、本書の標題に掲げた「国語教師・青木幹勇の形成過程」の研究が始められている。青木幹勇の国語教師としての力量とその形成の過程に視座を据えた、いわゆる教師のライフコースの研究に取り組んでみようと考えたのであった。

ここで、なぜ国語教師・青木幹勇のライフコースの研究に取り組むことにしたのかについて触れておかねばならないだろう。

青木幹勇は昭和三十年代の初頭に「読むことと書くことの連合」という論考を発表している。この論考の中で青木は「読解の指導に『書く作業』を入れる」ことを提案している。この提案に基づいた実践研究の成果は、『問題をもちながら読む』（昭和三十九年三月、明治図書）、『書きながら読む』（昭和四十三年二月、明治図書）としてまとめられ、やがて『第三の書く―読むために書く　書くために読む―』（昭和六十一年八月、国土社）という刮目すべき実践理論として結実していくことになる。

青木幹勇のこの実践研究は何と三十年の歳月を費やして持続的・継続的に続けられてきたことになる。

青木幹勇が行ってきたこのような長期にわたるたゆみない実践研究は、一人の国語教師の営みとしては誠に稀有な出来事である。

なお、青木幹勇は、このように営々として取り組んできた実践研究の中で、同僚や先人の実践からも謙虚に学び続けてきた。しかし、これらの実践に盲目的に従うことはしていない。また、その時々の国語教育思潮への目配りも怠ることはなかった。けれども、決して時流に流されることもなかった。一方、青木は安易に経験にのみもたれ掛かることもしなかったし、反対に理論を盲信することもしなかった。青木の実践理論は、あくまでも日々の国語教室の営みの中から生み出されてきている。子どもと共に学び、様々な試行錯誤を繰り返す中から構築されてきたものである。その実践理論は地に足のついたものであった。そして、ここに至る過程は昭和期全体を貫き平成期に及んでいる。

それだけに、青木のこのような歩みは、「国語教育学（国語科教育学）は、その射程を短く限定し勝ちであり、教師教育にとっての生命線である『教師のライフ・サイクルへの視野』を欠落させ易かった」（望月善次稿「国語科教育学における教師教育の困難性」、全国大学国語教育学会編『国語科教師教育の課題』平成九年十一月、明治図書）と考えられている国語科教師教育の研究にとっても貴重な拠り所となっていくであろうと考えたのである。

国語教師・青木幹勇の形成過程に関しては、なお考察し残している部分もある。

青木の東京教育大学附属小学校における授業研究の歩みである。その一端は、同附属小学校の初等教育研究会が発刊していた『教育研究』誌に執筆していた青木の諸論考を取り上げることで果したつもりである。しかし、なお十分であるとは言えない。また、青木が全国各地で行っていた数多くの飛び入り授業に関してもその大半については取り上げていない。ごく一部の授業に関して取り上げたに過ぎない。青木の授業実践理論と青木自身の読書生活との関わり等に関しても考察は加えていない。

このように、なお考察の余地を残した部分もあるが、ひとまず本書のような形で区切りを付けることにした。

本書は、国語教師のライフコースの研究であるが、その内容は教師一般の形成過程に適用される部分を含んでいると考えている。

本書の内容に関して、先学同友諸兄からの忌憚のないご批判とご教示を賜ることができれば幸いである。

二〇一五（平成二十七）年二月二十日

大内　善一

目次

第Ⅱ部　青木幹勇国語教育論

国語教師・青木幹勇の形成過程

第Ⅰ部　国語教師・青木幹勇の形成過程

第Ⅰ章　生活綴り方教師・木村寿との関わり

一　青木幹勇と生活綴り方教師・木村寿との出会い
―先輩・同僚との出会い―

1　木村寿との出会い

青木幹勇は、自ら編集・発行している『国語教室』誌に「わたしの授業[1]」と題した連載を行っていた。この連載の十六〜十九回に青木は、青年教師時代に出会った生活綴り方教師・木村寿について詳しく語っている。木村寿は青木が昭和の戦前期に宮崎県で小学校教師をしていた頃に、昭和四年と五年の二年間同職した人物である。

青木は、その後もこの木村寿という教師について繰り返し述懐し、その人となりに触れている。

青木は、昭和四十六年八月に開催された第四十回全国大学国語教育学会におけるシンポジウム「新しい国語教師像」の中でも、木村寿のことを「国語教師として仰ぎみるに足る人」、「ほんとうの教育がどういう姿で行なわれるものであるかを身をもって示してくれた」人として紹介している。

青木は、この人物について「木村さん以後これだけの実践人に会うことはついにありませんでした[2]」とも述べている。これらの言葉だけを見ても、この木村寿という人物が青木に与えた影響の大きさを窺い知ることができよう。

青木は、著書『子どもが甦る詩と作文―自由な想像＝虚構＝表現』（一九九六年十月、国土社）の巻末の付録「作文教育小史」の中でも、生活綴り方に触れた箇所で木村寿との出会いについて詳しく述懐している。その中で、青木は、次のように述べている。[3]

この先輩、木村寿氏は、宮崎師範の出身、当時延岡市の岡富小学校に勤めていました。わたしが、木村さんといっしょに勤めたのは、昭和四年（一九二九）と五年だったと思います。その後、木村さんは二校ほど学校をかわりました。二校目の土々呂小学校に勤めた三、四年間が、氏の教育実践の最盛期だったと思います。九州には、木村さんのほかに、長崎の近藤益雄氏と、もう一人、鹿児島の某氏（確か太平洋戦争に招集され戦死）、わたしにはこの三人の活躍が印象にのこっています。多少、ひいき目かもしれませんが、木村さんは、既に高名だった国分一太郎、寒川道夫、鈴木道太、小砂丘忠義、その他のお歴々と肩を並べて遜色のない実践一途な教師でした。

当時、まだ生活綴り方の教育につながる人々を糾合するような機関誌はありませんでした。したがってお互いの連携は、通信によることと、もう一つネットワークの役割を担ったのが、各自の実践の結晶とみられる「文集」の交換だったといわれています。

国分一太郎氏の「もんぺ」その他有名な文集の中に交じって木村教室の作品集「ひかり」「光」も、遜色のないかがやきを見せていました。この文集「ひかり」（低学年）「光」（中学年）は、木村さんのトレードマークで、学校や、子どもがかわっても、この誌名一つで通しました。

ここに引用した青木の文言は、生活綴り方教師・木村寿のプロフィールを鮮やかに浮き彫りにしている。この文言の中に「生活綴り方の教育」という言葉が見えている。ちなみに、青木が木村と同職した昭和四、五年という時期にまさにこの生活綴り方教育運動が澎湃として立ち現れてきている。「教育に於ける『生活』の重要性を主張[4]」したこの教育運動の拠点となった『綴方生活』誌の創刊が昭和四年十月であった。また、昭和五年二月には、この運動の担い手として大きな役割を果たした東北の教師たちによって『北方教育』誌が創刊されている。

したがって、右の文言にある「まだ生活綴り方の教育につながる人々を糾合するような機関誌はありませんでした」という指摘は必ずしも正鵠を得ていない。しかし、この運動を担った教師達の多くにとって主要なネットワークの役割を果たしたのが「各自の実践の結晶とみられる『文集』の交換」であったことは事実である。そして、青木が木村との出会いを語る時に必ず取り上げることも木村による文集製作活動である。

そこで本章でも、木村が取り組んだ文集製作活動にスポットを当てて国語教師・青木幹勇の形成に関わったと思われる諸要素を洗い出していくことにする。

ところで、青木幹勇の半世紀余に及ぶ国語教師としての形成過程を辿っていこうとする時に大変心惹かれる事実がある。先に掲げた青木の著書『子どもが甦る詩と作文―自由な想像＝虚構＝表現』では、タイトルが物語っているように、長く我が国の綴り方・作文教育を呪縛してきた「現実そして、生活中心の、リアリズム作文[5]」すなわち「生活綴り方」とは「対蹠的なタイプ」としての「虚構の作文」「フィクション作文[6]」が提案されている。

青木自身この著書の中でも、生活綴り方教師・木村寿の影響下で宮崎県での青年教師時代に「生活綴り方の指導にのめりこんでいた一人だった」と記している。その青木が自ら、「生活綴り方」とは「対蹠的タイプ」と判断する「フィクション作文」を提案していくというこの転回の過程が、一人の国語教師の半世紀にわたる形成過程に照らして見た時に大変心惹かれるものがあるということである。

しかし、この問題に関しては文字通り半世紀余にわたる青木幹勇の形成過程を克明に辿ることによってしか明らかにできないことである。本小論では、本研究全体を通しての大きな課題であることを確認しておくにとどめる。

2　木村寿という人物

すでに青木幹勇の文言によって木村寿という人物の輪郭は明らかになっているが、もう少し詳しくその人となりについて見ておくことにする。

東京高等師範学校附属小学校訓導を八年間務め、昭和四年に途中退職してジャーナリストとなり、『教育・国語教育』誌を創刊・主宰し、昭和八年に東宛書房を創立して『綴り方倶楽部』（昭和八年四月創刊）という綴り方雑誌を発刊していた千葉春雄は、木村寿について次のように述べている。(7)

木村寿君――「尋二調べる綴り方の実践」を執筆、宮崎県東臼杵土々呂小学校に奉職。明治三十三年二月宮崎県美々津町に生まれる。大正九年宮崎県師範卒後同士と機関雑誌をつくり元気の好いところを見せた。後綴り方教育に白熱的に興味を感じ、精進数年、其の実証は君の苦心熱血の結晶「ひかり」「草の芽」等の文集が明々白々に物語つてゐる。

あらゆる環境よりの障碍を排しても、児童等の進み行く白路より眼を逸することなく、敢然として所信に進むことは誰にも可能なことではない。夫れを実践の上にはつきり描いて行つてゐるのが君だ。君の指導に成る児童作品を読む時、其の勇敢な意志的な苦行に肯かれる。

木村に対する千葉春雄のこの賛辞を裏付けるように昭和八、九年頃の『綴り方倶楽部』誌上には、木村が指導した児童の綴り方や児童詩の作品が毎号のように掲載されている。千葉春雄は、逸早く木村の卓越した文集指導の仕事を評価し、その成果を広く紹介したのである。

青木幹勇も、木村の人となりとその仕事ぶりについては、「理論派ではなく、生活綴り方本来の生き方に徹した実践派の雄であった」と指摘し、『その指導にはまことに卓抜な力量」をもって「ほとんど超人的な努力を傾けていた」と述懐している。さらに青木は、木村について「けっして授業のうまい人」ではなく、「『みてくれ』のいい授業をする人」でもなかったが、木村が「担任すると子どもたちが、たちまちみちがえるように生々として」きたとも述べている。

青木はまた、木村のこうした仕事ぶりがその周囲の人々「とくに、校長連とか、教育行政に当る人々には理解されないばかりか、むしろ白眼視されていたように思います」とも指摘している。青木はその理由について、木村が「きわめて志の強い人」で、「こうと思いこんだらまっしぐらにやり通すタイプの人」であり、「先輩や校長ともしばしば衝突すること」もあったからであると述べている。

青木は、木村のこうした人となりについて、「まったく教育一本かけひきなどということをいっさい受付けない直情潔癖、すべてが子どものためというところから発想する教育活動に生きていたといえるでしょう」と捉え、「その点やや、硬骨にすぎるというか、もう少し柔軟だったらなと思うところもありました[8]」と、冷静に分析している。

ところで、青木は、木村と出会った昭和四年頃の木村の教育実践に向かう姿で特に印象に残っている部分について語っている。それは、木村が「毎日、いや毎休み時間にもガリ版の印刷をしていた」姿についてである。印刷していたものが「作文だったことはもちろん」であるが、「他に学級通信、文字や計算の練習、図工の手引など、教科のあれこれとつながりのある、今日のことばでいうワークシート、トレーニングペーパーを用意して」

いたと証言している。青木は、木村のこうした営みについて、「たぶん、作文を強化するには、教科学習全体を視野に入れて指導しなければならないという見解、さらには、全教育をリードする作文指導を意図していたのだと思います[9]」といった判断を下している。

以上見てきたところによって、木村寿という人物の全体像がより明らかになってきたと思う。青木幹勇の木村に対する評価と、当時、教育ジャーナリズムで活躍をしていた千葉春雄の木村に対する評価との間にも齟齬はないことが理解されよう。青木の木村に対する第一の関心は、当時華やかに繰り広げられていた綴り方教育の「指導理論の展開」にあったのではなく、「実践的な開拓」にあり、その一翼を担った「生活綴り方本来の生き方に徹した実践派の雄」としての側面にあったと理解される。

しかも、その実践面に対する関心も、「授業のうまい」下手、「『みてくれ』のいい授業」といった、授業レベルの問題だけでなく、全教育活動レベルの問題に寄せられていたように思われる。また、木村の教師としての生き方に関わる部分では、子どもを正面に見据えた実践に注ぐ情熱を評価する一方で、「直情潔癖」でやや柔軟性に欠ける性向に対して冷静な評価を下していたようである。ともあれ、生活綴り方教師・木村寿のこのような「国語教師像」に青木幹勇の描いてきた一つの「国語教師の理想像[10]」を重ねてもよいと判断される。

二　木村寿の綴り方教育実践及び綴り方教育観

1　木村寿の文集『ひかり』『光』の概観

木村寿は、自分が命名したこの『ひかり』という文集名について、自著『綴方実践の開拓』の中で、次のように述べている[11]。

文集名　ヒカリ

田舎の子供は「村の光」を忘れてゐる。何が村の光であるかわからない。どれだけ優れてゐるか、どこが劣つてゐるかを知らない。随つて、自分の家の光もはつきりしてゐない。いくら貧乏してゐても、他家にはない光を見れない。又自分の光も知らない。他のものより自分はどれだけ、個人としての存在光を持つものであるかを知らない。この子供が、六年を卒業するまで、自分の個性を知り、そこに輝く光の存在を知り、家の光を知り、村の持つ他町村にない光を、知らせたいと念願する故に、それを生活せんがために「ヒカリ」をえらんだ。

これが木村が考えた『ひかり』という文集名の由来である。子どもたちに、自分の住んでいる村や家、さらに自分自身の中に輝いている「光」の存在を認識させるために綴り方教育の実践を行っていくのだという木村の綴り方教育観の一端が窺える。

次に、現在筆者の手元にある文集『ひかり』『光』九冊と、詩集『土々呂の詩』一冊の構成のあらましを掲載しておこう(12)。

・『ヒカリ』第一号、三三頁、昭和七年六月一日発行、文二五篇。※上段に挿し絵が入っている。
・『ヒカリ』第二号、四二頁、七月七日発行、文三二篇。※挿し絵と文話で構成されている。
・『ヒカリ』第三号、六二頁、八月二日発行、文四十篇、詩九篇。※「ミナサンニ」というあとがきがつく。夏休みに発行して、児童の家に配って歩いたとのこと。
・『ひかり』第四号、六四頁、九月二八日発行、文二八篇、詩一四篇。※指導者作の「生活話」二篇（大内注…生活に取材した小話。題材化のためのサンプル教材。）が入っている。

・『ひかり』第五号、七十頁、十一月十二日発行、文二九篇、詩二一篇。※「生活話」一篇が入っている。作品の後に簡単な評語がついている。
・『ひかり』第六号、七八頁、十二月十日発行、文のみ四二篇。※「生活話」二篇が入る。
・『ひかり』第七号、九十頁、昭和八年一月一日発行、文四四篇、詩二十篇。※「生活話」二篇が入る。正月の贈り物にと発行されている。
・『ひかり』第八号、一〇二頁、一月二七日発行、文二五篇、詩六六篇。※ジャンルごとに「文話」が入る。また、作品ごとに詳しい評語が入る。
・『ひかり』第九号、一〇八頁、三月一日発行、文二六篇、詩七八篇。※ジャンルごとに「文話」が入る。また、作品ごとに評語がつく。さらに、指導者の「三月のこよみ」や「三月の文だい」がつけられている。
・『ひかり』第十号、一一八頁、三月二七日発行、文四一篇、詩一一三篇。※とびらの言葉や「あとのことば」、『ひかり』十号発行を記念した解説文がつく。「文話」や評語はこれまでと同様。
・『ひかり』第十一号、一〇一頁、五月四日発行、文四一篇、詩五十篇。※この号から土々呂小学校尋常二年一組の文集となる。「文話」「詩話」が入り、評語がつけられている点は十号までと同様。
・『ひかり』第十二号、一〇五頁、六月三日発行、文三五篇、詩二九篇。※「文話」が入っている。評語はついていない。
・『ひかり』第十三号、一二九頁、七月十九日発行、文六四篇、詩四七篇。※これらの作品の他に、学級五二人分の「七夕さまにあげることば」が掲載されている。他は、前号の構成とほぼ同様。
・『ひかり』第十四号、一三七頁、十月六日発行、文六二篇、詩三三篇。※「学級日記」が掲載されている。「文話」が入る。他は、前号の構成とほぼ同様。
・『ひかり』第十五号、一五一頁、十一月十三日発行、文一〇一篇、詩三五篇。※「文話」の他に、学級全員の「スケッチ」文が掲載されている。

・『ひかり』第十六号、一五六頁、昭和九年一月二三日発行、文三八篇、詩三十篇。※評語がつく。「かんしゃう詩」十九篇がついている。吉井巳義と戸松愛明という二人の子の作品をそれぞれ四篇ずつ集中して掲載。
・『光』第十八号、九七頁、昭和九年五月二十日発行、文五二篇、詩十六篇。※土々呂小学校尋常三年一組の文集となる。「文話」が入る。
・『光』第十九号、一二九頁、七月二三日発行、文三十篇。※この号から詩は独立させて別の詩集『土々呂の詩』の方へ掲載されることになる。これまでよりも少し詳しい「文話」が掲載されることになる。
・『光』第二二号、一九九頁、昭和十年一月二六日発行、文一五五篇。※「文話」が入る。これまでの文集の中でも群を抜いて分量が多い。
・『土々呂の詩』第三号、七四頁、昭和九年六月十八日発行、詩一二〇篇。※詩集『土々呂の詩』は第一号から第四号まで発行。手元にあるのはこの第三号のみ。「詩話」が入っている。

以上が構成のあらましである。なお、『ひかり』第七号、『光』第二十号、第二一号、第二三号（土々呂での文集の最終号）は、残念ながら欠号で見ることはできない。

木村が担任したクラスは、男子組で尋常一年から三年までの三年間の持ち上がりの中での文集発行であった。これらの文集全十九冊を見ると、号を追うごとに、ページが増えていることが分かる。一篇一篇の児童作品がより長文のものになっていったからである。加えて、折々の号では、指導者木村の「文話」や作品一篇ごとの評語などが添えられていて、構成、内容共に充実してきている。また、毎号様々な工夫が施されていて構成が画一的になることがない。綴り方作品のジャンルや題材に偏りがなく、ありとあらゆるジャンルが網羅され、題材も自然観察、社会観察、身辺記録、年中行事、調査（＝「調べる綴り方」）などと多様である。

以下、『ひかり』第十五号を中心に、この文集の構成や内容について、もう少し詳しく見ていくことにする。

2　文集『ひかり』『光』の構成及び内容上の特徴

木村寿学級の文集『ひかり』第十五号（宮崎県東臼郡土々呂小学校尋常二年一組　五十名）には、次のような〈とびら〉のことばが添えられている。

ひかりの子たち、日本の子たち、
もう秋もをはりに近い。色づく木のはは、
もうすつかり色づき、おちるはは、もうちりはじめてゐる。そして冬のかまへをしてゐる。
ひかりの子たち、土々呂の子たち、
もう冬が来る。風にのつて、雲にのつて、子供にも大人にも、冬はさむさをつれてくる。
しもも雪も、人の心をきたへるために、さむさと共にやつてくる。
ひかりの子たち、ぼくの子たち。
冬が来てさむさがしもをつれて来ても、雪をふらせても、今の心と、今の体で、この冬をしつかりのりこえるのだ。
ひかりの子よ、ひかりはひかりによつて太り、ひかりによつてひろがる。ひかりはいつまでも、どこにもよろこび心ですすまねばならぬ。
ひかりは、どこまでものりきりすすまねばならぬ。

この〈とびら〉のことばには、文集『ひかり』を通しての木村による綴り方生活の指導観が端的に語られている。

この号の〈目次〉は、以下のような構成となっている。

この〈目次〉からも分かるように、文集『ひかり』の題材は、動・植物を対象としたものから、日常生活雑記、創作童話・詩、調べた綴り方、手紙と実に多彩である。

峰地光重は、木村のこのような文集製作活動について「殆ど綴方の仕事がくまなく網羅されていて片手落なところがない」と指摘し、「形式に於て無類円満な文集といふことが出来る[13]」と評価を下している。これによっても、木村の綴り方指導が多方面にわたった偏りないものであったことが理解されよう。

次に、この十五号の冒頭に掲載されている「調べた綴り方」の作品の一部を引用してみよう。

雨の日　　　吉井巳義

1雨のふる日
2花やらやさいやらあたまがぬれる
3あまだれ
4雨のふる時のきり
5雨のふる時通る人
6かさやらげた
7ちかごろの雨

空が雲でいっぱいになりました。雲の白いのに黒やまじってくらいやうにあります。くらいのがいっぱいになってだんだん雨がふり出しました。

雨がつよくふる時には竹のはは下をむいて雨にぬれてゐます。まいものはは、少しうごくだけで、つゆをのせます。まいものはは青くてあつさはふかいです。

やさいなどはぬれてたうれさうになってゐます。それでも雨がふるといきいきしてげんきが出ます。そしてあんまり雨がふると、花などがぬれて、ぼんやりしたやうにあります。それでもつぼみを出すやうにあります。

人のあたまはぬれると、つるつるして女の毛のやうになるのは、あたまのけが立ってゐる人です。ぼくはいつか、雨にぬれて、あたまをなぜるとつるつるして気持がわるいでした。女の人の毛がぬれると、まっ黒で光ります。せきたんか何かでぬったやうでした。

雨がさかんにふると、あまだれがおちて、ぼくが手でうけると、手の上で、ばくだんのやうに水がとびちります。そしてそれが目の中などにはいる時があります。たらひをおくと、あまだれは、ぱたぽたと音おだして、つぎつぎにあまだれのまるいのがおちます。ぼくはべんきょうする時雨がふるとあまだれを見て、おも白がってゐます。（以下略）

この作品の実際の分量は、この五倍ほどでかなりの長文となっている。この児童の作品は、千葉春雄主宰の『綴り方倶楽部』にもよく掲載されていて、木村学級では、上位に位置した児童と判断される。この同じ吉井という児童の作品「かかし」が、上記作品のすぐ後にも掲載されている。

なお、「調べる綴り方」は、秋田県師範第一附属明徳小学校の訓導をしていた当時の滑川道夫が昭和五年に実践し、その作品の一例が『北方文選』や『綴方読本』などに掲載されて、全国的な広がりを見せたものである。『綴り方倶楽部』でも、昭和九年に『調べる綴り方の理論と実践工作』という特別号を発刊している。この中に木村寿の「尋常二年の調べる綴り方」という実践も報告されている。文集『ひかり』に登場する子どもたちの作品がふんだんに引用された論考である。

ところで、この『ひかり』十五号には、各ジャンルの後に必ず「文話」が添えられている。厳密には、「文話」と評語とを兼ねた内容となっている。その一部を次に引用してみよう。

「調べた綴方」について

物をしらべる時に、大せつなことは、何をしらべるか、といふことをきめることです。何をしらべるかきめもせずに、目についたもの、つきあたったものをしらべても、それはあまり、よいことにはなりません。なにをしらべるかでも、とほうもないことを、しらべやうとしてはいけません。たとへば、君たちが、ひかうきのことをしらべやう、とかんがへても、それはむりです。君たちには、まだ手におへない。又そのひかうきを見ることも出来ないではないか。なにをしらべるか、といふことを、君たちの手ぢかなところからとるといい。こんどのしらべた綴方を見てみなさい。雨の日は、君たちが時々、出あふことです。それを吉井くんは、調べる心で雨の日をすごしてゐます。それで、君たちの気づかないところに、心がうごいてゐます。きりのやうすでもよんで下さい。通る人のこと、かさのこと、げたのこと。雨の日に、かうしたことに気のつく心はいい心です。（以下略）

木村の実際の「文話」は、この三倍ほどの分量である。子どもたちの作品のよいところを指摘しながら具体的に綴り方の書き方について指導の手を加えているのである。文集『ひかり』の構成には、さまざまな変化が加えられていて、決して一つのパターンに固定してしまうことはなかったが、上記のような「文話」などは、ほとんどの号に付けられている。子どもの作品の一つ一つに評語を付けている号も見出すことができる。木村が一人一人の子どもを大切にして、細やかな指導を行っていた様子が手に取るように窺えるのである。

こうした指導振りについて、千葉春雄は、『綴り方倶楽部』の文集紹介の欄「文集回国」で、「この文集位、子供にとつて無駄がなくといふよりは、ほんの一字でも、最大有効に記されてゐるのは、他に見ない」と述べ、「木村君が、如何に実践に深入りし、子供に親炙してゐるかを、たゞこの文集一冊で十分に証明してゐる」と述べている。

また、千葉は、文集の構成及び内容の質について「何の理屈もないが、小さい言葉に、文の分類に、余白の埋草に、後記に、千万言の理論にまさる実践上の生きた箴言が、平凡にしかも有力に語られてゐる[14]」と具体的にしかも最大級の賛辞を記している。

木村寿が実践・製作した文集『ひかり』『光』は、右の千葉春雄の言葉が証明するように、『綴り方倶楽部』主催の文集懸賞募集で入選しており、その業績が文部省の認めるところともなって、昭和十三年には、文部省初等教育奨励会から表彰を受けるという栄誉に浴している。

3　木村寿の教育・綴り方教育観

木村寿のこうした文集製作活動については、青木幹勇の証言にもあったように、容易には周囲の認めるところとはならなかったようである。しかし、昭和七年に『綴り方倶楽部』を主宰する千葉春雄にその文集指導の力量を見出されてから、木村はいよいよ本腰を入れて綴り方生活の指導に打ち込んでいくようになる。

木村は、綴り方を「子供の生活を正しくみる」ために、また子供の「生活をよくしていくため[15]」に生かそうとして努めている。木村は、綴り方生活の指導に打ち込んでいた当時の様子を自ら次のように述懐している[16]。

　文集を作り、綴方的作業を二三年もやつてゐる中、人々は、綴方のみをやる男といふ様になつた。極端なのは、その他の事は何もやらない男といふのもゐた。

　而し私は、その徒をかへりみず、反抗もせず、夜通しかゝつて、原紙を切つたり、文を読んだりした。綴方の作業をするために、一日の教科一つでもおろそかにはしなかつた。かへつて、他の教科に精神を集中した。せずにはゐられなかつた。綴方が、算術もしつかりやれ、画もしつかりやれと命じてくれたのだつた。
私の綴方生活、文集生活は、さうした暇を見出して実行して来た。数年誰も、綴方が、教育の材料になり得るといふことを理解してくれなかつた。文集でも、趣味で作るのだ、と云つてゐた。認められない事は淋しいことであつた。コツコツと隅こに引込んでするやうな仕事は、ともすれば、外形のみを飾る教育界では、認めもしなかつた。而し認められないでも、綴方に真実をはき教師を信用して、何もかも訴へて来るのをみると、ぐつとやらずにはゐられなかつた。一人位はかうした部面から、子供の生活をみて、子供のためにやるのがいいのだと思つて続けた。文字通り、不屈不撓の精神で日夜精進した。（中略）
私は、一通の手紙（千葉春雄からの「はげましと、理解のある言葉」…大内注）にどれだけ精神が奮ひ立つたかわからない、又仕事が決して無駄な事ではなかつたと思ふと、一層力づいて来た。私は新しい精神で、綴方をはじめた。土々呂三ケ年間の教育生活はそれであつた。血みどろな三年間。粉骨砕身の生活、日曜を楽しむ日とてなかつた。
調べる綴方の実践もした。調べる綴方が、子供自身あらゆる生活を正しく見定めることに力あるものであることの信念も得た。自然観察の綴方もした。子供たちは、観察によつて、自然の生活形態を知り、それによつて、自分の生活に学ぶべきものを積極的に発見することも確に認められた。生活建設の綴方も実施した、子供たちが学校生活をよくするために、友情を交流し、かくありたき共同生活にあらゆる行動を惜しまなかつた純情さには、胸を打たれる事が度々あつた。子供の心身の発育は仕事を行はせるたびに目に見えてきた。

少し長い引用となったが、ここには、木村の綴り方実践に打ち込む姿と共に、木村の教育・綴り方教育観が鮮明に打ち出されている。文集製作活動に対する周囲の無理解には心を痛めつつも、一筋に綴方生活・文集生活の指導に打ち込んでいた様子が読み取れる。勿論、綴り方だけに執心して他を顧みなかったということではなかったのである。あらゆる教育実践に厳しい姿勢で臨んでいたことが右の述懐から理解される。

木村がこのように綴り方に打ち込んだのは、前述したように、子どもたちに「あらゆる生活を正しく見定めさせ、「学校生活をよく」させるためであった。「自然の生活形態」を知ることで、そこから「自分の生活に学ぶべきものを発見」させることであった。「子供の心身の発育」のためには、一つのいき方だけに固執せず、「調べる綴方」も「自然観察の綴方」も「生活建設の綴方」もというように、あらゆる方面に積極的に手を延ばして、実践に移していったと理解されるのである。

ここには、先に紹介した千葉春雄の「如何に実践に深入りし、子供に親炙してゐるかを」という言葉そのままの木村寿の姿が浮き彫りにされていると言えよう。

三　青木幹勇による木村寿の受容と超克

1　教師としての根本的な姿勢と「教育実践の本質」を学ぶ

青木幹勇は、昭和四十六年八月に開催された第四十回全国大学国語教育学会でのシンポジウム「新しい国語教師像」の中で、木村寿のことを「国語教師として仰ぎみるに足る人」、「ほんとうの教育がどういう姿で行なわれるものであるかを身をもって示してくれた」人として紹介している。しかも、青木は、この人物について「木村さん以後これだけの実践人に会うことはついにありませんでした」とも述べている。このことは、既に第一節の冒頭において指摘した通りである。

このシンポジウムの中で、青木はまた、木村から教わった最も基本的なことは、「生活のすべてを子どものためにささげ尽す[17]」ということであったと述べている。青木は、青木自身が生活綴り方教師と呼んだこの木村寿という人物から教師としての根本的な姿勢と「教育実践の本質[18]」とを深く学んできたと見なすことができる。

青木が木村の実践のどのような部分を受容してきたのか、この点に関して、今しばらく青木自身の語るところに耳を傾けていくことにする。[19]

木村寿氏の作文教育が、狭い、作文指導でなかったことは、木村さんを知り、木村さんの業績を解明するうえに、だいじなポイントだと思います。

木村さんの作文教育は、文字通り教育であって、小学校教育に対する深い洞察に立ち、広い実践の裾野をもったものでした。その実践の軸心に作文があり、その作文指導の成果が、文集『ひかり・光』として実っていたというべきでしょう。

作文があれだけ作れる子どもを育てるには、文字力、筆写力、発想、構文、推考力といった、作文プロパーの能力はもちろん、読解力、直観力、さらには、感受、感動の心情を培うという、指導もなされていなければならないはずです。

事実、木村さんは、そういう、作文、ないしは、表現の素地になるような、基礎指導を徹底的にやっていました。

一例をあげると、木村さんの教室では、一シメ二千枚の藁半紙が、一週間に二シメぐらいは、なくなる勢いではなかったでしょうか。いや、もっと、急ピッチの消費テンポだったかもしれません。

一体、そんな大量の紙を何に使っていたのでしょう。第一には、木村さん自身原紙を切って、ガリ版の文集を作るのですが、わたしの目についたものは、むしろそれよりも、算術の練習プリント、文字練習用紙、その他の教科のドリル印刷などが、多かったように思います。

だれもが知っているように、あのころは、カタカナ先習でした。ひらがなは、ちょうど今のカタカナの学習と同じように、一年の後期から、ぼつぼつ指導を始め、二年生の一学期で一応、仕上げるという、カリキュラムだったのです。

ところが、木村教室では、カタカナは一学期に終了、二学期からは、ひらがなのけいこ、そして、二学期の終わりには、大半の子どもが、ひらがなの読み書き、もちろん、作文も書けるという状況でした。

他は、おして知るべし。理科でも、音楽でも、体操、手工まで、まんべんなく、その指導に情熱を傾けたのです。木村さんの指導の本命である、作文ピラミッドを高くするには、その、底面積を広げなければなりません。木村さんは、それを十二分に見通しておられたのだと思います。


右の文言より、青木が、木村の作文（綴り方）教育から、「小学校教育に対する深い洞察」と、作文や表現の素地づくりとしての基礎指導を重視する姿勢とを学び取っていたことが分かる。

なお、第一節でも触れておいたことであるが、青木は、木村が「けっして授業のうまい人」ではなく、「『みてくれ』のいい授業をする人」でもなかったが、「担任する子どもたちが、たちまちみちがえるように生々として」きたというエピソードを紹介している。こうした事実から言えることは、青木が、木村の実践を通して小手先の授業のうまさによってでなく、「広い実践の裾野」の中から子どもを育てていく姿勢を学ぼうとしていたということである。

2　「子どもの実態」のとらえ方を学ぶ

青木が木村から学んだと思われるもう一つの要素に「子どもの実態」のとらえ方がある。青木は、木村の子ども理解の方法に関して、次のように述べている。[20]

「子どもの実態」というようなことばを聞いたり、口にしたりすると、必ずといってよいくらいに、思いだすことがあります。（中略）

この木村さんが、あるとき、

「君、子どもの作文を指導しようとするには、まず、子どもの作文を本気で読んでやらんといかんよ。本気で読むということは、子どもが作文に書いていないところまで、教師の読みをとどかせて読むことだよ。

たとえば、ここにある

ボクノウチノニハニ、ダリヤノハナガサキマシタ。キレイナハナデス。

という作文を、どう読むかということだが、

○このダリヤは次郎の家の庭のどのあたりにさいているのか。

○どんな色のダリヤなのか。

○キレイナハナデス。と見ている次郎が、どんなかっこうで見ているのか、それが教師の心像にえがけるようでなければ作文教師といえないからな。」

と、まあ、こんな話をしてくれました。わたしは、いまでもこの話をよく覚えています。

さきにも書きましたように、生活綴り方の第一線にいた木村さんは、実によくひとりひとりの子どもを知っていました。とくに、子どもの生活の実態は、文字通り肌で感じとり、からだでうけとめ、記録の積み

あげによってすっかり知り尽していたといえるでしょう。まさに、生活綴り方教師の典型そのものでした。

（中略）

戦後、家庭生活が、都市はもちろん、農山村も大きくかわってきて、親子ぐるみ、家庭ぐるみ、教師や、学校と密接するということがむずかしくなってきました。（中略）

子どもの生活実態を、あたたかい人間関係の中で知り合うということは、なかなかむずかしくなりましたが、これを、そのままにしておくことは許されません。これにはこれで対処していかなければなりませんが、もっと身近なこと、従来もやってきたことの中で、いっそう掘りさげることはないか、世の中がこうなってくればくるほど、最後の拠点として守るところは……と考えてくると、それは、平凡ですがやはり授業の中で、子どもを知り、子どもの実態を、多面的に流動的にとらえ、授業を通して、人間関係を豊かにしていくことということになります。

この文言の中で、青木は、木村が「子どもの生活の実態」を「文字通り肌で感じとり、からだでうけとめ、記録の積みあげによってすっかり知り尽していたといえるでしょう」と指摘し、木村を「生活綴り方教師の典型そのもの」と認めている。

その上で、青木は、戦後の「家庭生活が、都市はもちろん、農山村も大きくかわってきて、親子ぐるみ、教師や、学校と密接するということがむずかしくなってき」たという事実を挙げて、「子どもの生活実態を、あたたかい人間関係の中で知り合うということは、むずかしく」なったと指摘している。

青木は、このような現状認識について述べ、今後は、「もっと身近なこと、従来もやってきたことの中で、いっそう掘りさげることはないか」と訴えて、「それは、平凡ですがやはり授業の中で、子どもを知り、子どもの実態を、多面的に流動的にとらえ、授業を通して、人間関係を豊かにしていくということになります」と、一つの現実的な対応策を提起している。

青木は、木村の生活綴り方教師としての徹底した実践の有り様を評価しつつも、木村の実践をそのまま鵜呑みにするのではなく、今日的な状況認識に立って新たな実践方法を提起しているのである。

なお、第一節のところでも触れたことであるが、青木は、木村の「こうと思いこんだらまっしぐらにやり通すタイプの人」「直情潔癖」さ、「先輩や校長ともしばしば衝突すること」もあったというエピソードなどを紹介しながら、「その点やや、硬骨にすぎるというか、もう少し柔軟だったらなと思うところもありました」と、その人柄の一端を冷静に見つめている部分もある。

こうしたところは、木村による「子どもの実態」のとらえ方に対する青木の受容の仕方と同様に、注目させられる点である。

3　「筆力修練」の指導のこと

もう一点、青木幹勇が木村寿の実践から学んだと思われる要素に関して触れておきたい。これは、青木自身が語っていることではない。木村の著書『綴方実践の開拓』の中に、次のような一節がある。(21)

綴方作業を始めると、何よりも子供に取つて重大な問題は、自由な筆力である。

筆力が自由でない為に、書けない子供がゐる。二学期になると、文字もしつかり覚えて来るし、書けもするので、その力をぐつと伸ばす為に、色々な作業が必要になつてくる。私はそれをなるべく、綴方化することによつて実施した。

１　教師と児童の共同作業
感覚を磨く立場から花壇の花をみながら、筆写練習もした。花壇にはコスモスの白と桃色が、いつぱい咲いてゐた。それを教室の窓の所から見る。黒板にコスモスの花が…と書く。子供はコスモスの花を見て、自由に書く。（中略）

２　児童文の聴写
材料、二十分位に書き終へるもの。一ぺん読んできかせて、書かせると、語句を少し理解してゐるので、筆力が早い。句読点又は行替の指導をこの場合行ふ。「　」の問題も、この場合取扱つていく。この他、読本の文章の短い文は数回にわたり聴写を行ふ。

３　児童文の視写
視写は読書力をつける。目の動きをリズムカルにする。筆力はつく。時には、時間を計つて、競争もさせる。短い文から、漸次長いのに進む。

青木幹勇が自らの国語教室の読解学習に「書くこと」という言語活動を積極的に導入して後、二十年ほどの歳月を経て、「第三の書く」という刮目すべき実践理論へと発展させたことについては、本章の冒頭にも述べておいた。この「第三の書く」という理論への発展過程において青木は、児童に「視写」の活動における「慣れ」と「筆速」とを身に付けさせようとする注目すべき提案を行っている。青木のこの提案は、木村が提起した「筆力修練」という課題につながっているように思われる。

木村は、右に引用したように、「教師と児童との共同作業」としての「筆写練習」や「児童文の聴写」、「児童文の視写」などの指導について述べている。木村が行ったこのような「筆力修練」の指導も、「作文、ないしは、表現の素地になるような、基礎指導」である。青木は、木村のこのような実践にも学ぶところがあったように思われるのである。

国語教師に限らず、青年教師時代にたまたま同職した職場の先輩・同僚がその後の教師としての形成に大きな影響を与えるということはよく語られる事実である。青木幹勇にとっても、木村寿という先輩・同僚は、青木をして「教育実践の本質」を教わったと言わしめたほどの大きな存在であった。木村寿を語る青木の言葉はあくまでも冷静であるが、その冷静な言葉の中にも半世紀余を授業実践一筋に歩んできた青木の国語教師としての形成に関わる影響の大きさを窺うことができる。

青木幹勇の国語教師としての形成過程に多くの先人・先達が関わっている。そのことは、本章の中でも取り上げた青木の教師生活を語った自伝「わたしの授業」によって明らかとなる。これら多くの先人・先達の中でも、青木が青年教師時代に同職した先輩・同僚としての木村寿という人物は青木の国語教師としての形成過程に特別の意味を持っているものと判断される。青木幹勇の国語教師としての形成過程を辿っていくに際して最初にこの人物を取り上げたのもそのためである。

次章以下でも、青木の国語教師としての形成過程に少なからぬ影響を与えたと思われる主要な人物に関して考察を加えていくことにする。

注

（1）青木幹勇編『国語教室』誌に連載された「わたしの授業」は、創刊号から第一五八号まで続けられた。その後、創刊号から第五九号までの内容が『わたしの授業―戦前・戦中編―』（昭和五十三年二月、明治図書）と題して刊行されている。戦後編は、下巻として刊行の予定であったが都合により未刊となった。なお、「わたしの授業」の続編は「続わたしの授業」として、同前誌の第二四二号から第二五七号までに連載されている。ちなみに、これらの連載は、青木の教師生活を通時的に叙述したものである。これとは別に、青木は『国語教室』誌の第一六〇号から第三二五号まで断続的にではあるが、国語授業に関する共時的な叙述として「授業閑話」という連載を行っている。なお、「授業閑話」というタイトルは使用されていないが、国語授業に関する青木の現下の関心事についての断続的な連載は「滴露堂主人」というペンネームの下で続けられていた。

(2) 青木幹勇「シンポジウム・新しい国語教師像、提案Ⅱ―木村寿氏のこと―」(全国大学国語教育学会編『国語科教育』第十九集、昭和四十七年三月、十一～十四頁)。

(3) 青木幹勇著『子どもが甦る詩と作文―自由な想像＝虚構＝表現』平成八年十月、国土社、一八八～一八九頁。

(4)『綴方生活』(昭和四年十月創刊、文園社) 創刊号の「巻頭言」の中の一節。

(5) 前掲書、注(3)、五頁。

(6) 青木幹勇の提唱になる「フィクション作文」(＝「虚構の作文」) に関しては、拙稿「『フィクション作文』の魅力を探る(一)～(四)」(青木幹勇編『国語教室』三一一～三一四号、三一九号、平成九年五月～七月、同十二月) の中で詳しく考察を加えている。

(7) 千葉春雄編『綴り方倶楽部』特別号『調べる綴り方の理論と指導実践工作』昭和九年三月、東宛書房、巻末付録に掲載。

(8) 前掲稿、注(2)、十三頁。

(9) 前掲書、注(3)、一八九頁。

(10) 前掲稿、注(2)、十一頁。

(11) 木村寿著『綴方実践の開拓』昭和十一年十一月、東宛書房、八一頁。

(12) 木村寿の文集『ひかり』については、前群馬大学教授の北岡清道氏が「生活綴り方の文集活動―木村寿の場合―」（野地潤家編『作文・綴り方教育史資料下』昭和五十一年五月、桜楓社）と題して、その外郭を資料として提示しておられる。この資料に付された「補説」によっても、木村の文集活動の規模をある程度知ることができる。幸い、北岡氏の手元に木村寿の文集『ひかり』『光』と詩集『土々呂の詩』のコピーの大半が残されていた。本研究に際して、北岡氏からはこの貴重な文献を拝借することができた。ここに改めて厚く御礼を申し上げておきたい。

(13) 峰地光重著『綴方教育発達史』昭和十四年六月、啓文社、二五九頁。
(14) 千葉春雄稿「文集回国」（『綴り方倶楽部』昭和八年十月、東宛書房、一一二頁）。
(15) 前掲書、注(11)、四二〇頁。
(16) 前掲書、注(11)、四二〇〜四二三頁。
(17) 前掲稿、注(2)、十三頁。
(18) 青木幹勇著『わたしの授業―戦前・戦中編―』昭和五十三年二月、明治図書、一〇一頁。
(19) 同上書、一〇五〜一〇六頁。
(20) 東京教育大学附属小学校初等教育研究会編『教育研究』昭和四十三年十二月号、二二一〜二二三頁。
(21) 前掲書、注(11)、一一七〜一二二頁。

第Ⅱ章　国語教育の先達・芦田恵之助との関わり

一　青木幹勇と芦田恵之助との出会い
―国語教育の先達との出会い―

青木幹勇と芦田恵之助との出会いに関して論及する前に、まず芦田恵之助という人物について触れておかなければなるまい。

1　芦田恵之助という人物

芦田恵之助は、明治六年から昭和二十六年まで、明治・大正・昭和の三時代を生きた国語教師である。芦田には、『綴り方教授』（大正二年）『綴り方教授に関する教師の修養』（大正四年）、『読み方教授』（大正五年）、『国語教育易行道』（昭和十年）、『静坐と教育』（大正十年）、『教式と教壇』（大正十三年）などの著作があり、その数は教科書類を含めて八十冊を超える。

これらの業績は、教職実践期（明治二十二年〜大正一年）の三六年間、教壇行脚期（大正十四年〜昭和二十六年）の二六年間の計六二年間にわたるものであり、その足跡は『芦田恵之助国語教育全集』（全二五巻、昭和六十二年九月、明治図書）にほぼ収録されている。

芦田恵之助の高弟であった古田拡は、芦田の業績について次の四点を挙げている。(1)

①「課題主義・範文主義に対して、随意選題を主張し、一世を画し、今後の作文教育の地ならしをした」こと。

②「読み方教授も、従来の語義からはいるやり方」から「通読後、ただちに大意もしくは感想を聞く」という方法、つまり、後年垣内松三の『国語の力』によって「センテンス・メソッド」として引用された方法を提唱したこと。

③「読むこと・書くこと以前に、聞くこと・話すことを重んじ、教科書の文字もそれからはいるべきことを言い、また、文法の必要を唱え、児童の作品によってこれの研究を試みた」こと。

④「師弟共流」を唱え、「教師中心でも児童中心でもない、ただともに真実を尋ねて、ともに育っていくのだという」考え方を示し、この上に「『皆読皆書皆話皆綴』を目標に、いわゆる七変化の教式は、国語教授方法論として多くの追随者を出した」こと。

飛田多喜雄も、芦田の多くの著作と共に、「綴方教育における随意選題」の提唱、読み方教授における「読み方は自己を読むものである」との主張、「教壇行脚の実践を基礎に、師弟共流、皆読、皆書、皆話、皆綴の国語教育易行道を完成して独自の教式を工夫した」こと、「全文法をはじめ幾多の新生面を開拓」したことなどを特筆すべき業績として取り出している。(2)

『芦田恵之助研究』全三巻を著している野地潤家も、芦田の業績に関して「初等国語教育界に残した足跡は前人未到のものであって、そのほとんどは独自の発想と卓抜な授業力による、新領域の開拓につながっている」(3)と評価を下している。

以上の他にも、芦田恵之助に関して論及した文献は数多く見られる。ともあれ、このような位置づけ、評価が概ね芦田恵之助という人物像を浮き彫りにしていると見なしても差し支えないと思われる。

2　芦田恵之助の著作及び先輩の手引きから

さて、青木幹勇はこの芦田恵之助という教師とどのようにして出会ったのであろうか。その出会いは、芦田の書いた著作と青木と同職していた先輩からの手引きであったという。青木が芦田と出会った時期は、青木が宮崎県師範学校専攻科を卒業し、同附属小学校訓導として赴任した頃であった。青木は、芦田との出会いに関して、次のように語っている。(4)

国語部員は、主任が肥田木重文氏で、ほかに主席（教頭）の高橋末袈裟氏と、わたしより二、三年先輩の谷口勲一郎氏、それに末輩のわたしでした。しかし、これらの同僚・先輩には別に何を教わるということもありませんでした。自分の道は自分で切り開くほかはなかったのです。

そこでわたしのよりかかっていったのが、芦田恵之助先生でした。

例の岩波講座『国語教育』が出版されたのが昭和十一年から十二年にかけてでした。当時としては、非常にすばらしい国語教育関係の出版で、分冊になった一冊一冊を熱心に読んだものです。この講座と並行して、岩波はもうひとつの出版をしました。それは、国語教育学会（代表―藤村作）編「小学国語読本綜合研究」十二巻です。

ご存じのように「小学国語読本」は、例の「サクラ読本」です。綜合研究というのは、この教科書の全教材を、概説・要説・解釈・指導・参考という五つの角度から、綜合的に解説したもので、当時の学会、国語教育学会のお歴々が執筆されました。今、手元に一冊だけその本が残っています。巻十二ですから、六年生後期用のものですが、概説・要説を井上赳、解釈を島津久基、玉井幸助、西尾実、参考は、今井登志喜、大類伸、斎藤茂吉、佐々木信綱、野上豊一郎、村松梢風などという錚々たる方が書いておられます。

指導の項は、実践家たちが十七名ほどで分担されていますが、なんと、この中に、芦田一派と目される方が五人もおられるのです。すなわち、岩瀬法雲、大野静、川西清、篠原利逸、武内好将といった面々がそれです。

芦田先生が全国行脚を始められたのが、大正十五年、「同志同行」誌の再刊が昭和七年ということですから、わたしが附属へはいった昭和十一年ごろは、文字通り北は樺太から、南は台湾、そして朝鮮、満州と、先生の行脚活動はまさに最盛期であり、先生を崇拝する国語教師、校長、静座修業の人々は、たいへんな数にのぼっていたでしょう。

わたしが芦田先生を知ったのは、先生の著作からだったでしょうが、もうひとつ、前にも書きました、芦田派宮崎鎮台ともいうべき人物、わたしといっしょに附属にはいった、首席の高橋末袈裟氏の手引きによるところもあったと思います。

垣内先生の「国語の力」、当時全盛をきわめた形象理論のあれこれも読みましたが、とにかく毎日の授業を、納得のいくものにしなければなりません。となると、たいそうわかりのいい、それでいて、わが教室にも何とか持ちこめそうな、芦田教式ということになります。

わたしは、この教式をさんざんにやってみました。ですから、芦田先生の初期の著作よりは、『教式と教壇』『国語教育易行道』『静座と教育』それに「同志同行」誌などをよく読みました。

それというのも、焦眉の問題は、教育実習生の指導です。指導となれば、そうへたなことはできません。少なくとも、自分の毎日の授業は、彼にとって、模範的でなければ、附属訓導の権威は失墜します。

長い引用となったが、ここには、青木幹勇の芦田恵之助との出会いが具体的に語られている。その出会いは、直接に芦田その人と出会ったということでなく、芦田のその一門の人々が書いた著作を通してということであった。昭和十一年から十二年にかけて刊行された岩波講座の『国語教育』及び同時期に刊行された国語教育学会編『小学国語読本の綜合研究』全十二巻などの著作に触れてからであったということである。

もう一つのきっかけは、青木幹勇と一緒に首席として附属に入った「芦田派宮崎鎮台ともいうべき人物」の高橋末袈裟による手引きであったとのことである。芦田恵之助に関して、青木が当初最も関心を寄せたのは、「七変化の教式[5]」とも呼ばれた芦田の教授過程であった。青木が述べているように、『小学国語読本の綜合研究』の中から、岩瀬法雲や大野静、川西清といった芦田一門の人々の書いた教材研究を取り出して読んでみると、そこには芦田教式からの影響が歴然と読み取れるのである。

青木がまずこの芦田教式に関心を持った最大の理由は、「教育実習生の指導」を「模範的」に行わなければならない「附属訓導」としての差し迫った現実的要求からであったようである。毎日の授業を「納得のいくものに」するために、「たいそうわかりのいい、それでいて、わが教室にも何とか持ちこめそうな」やり方が「芦田教式」であったというわけである。なお、この芦田の「七変化の教式」と呼ばれた教授方式に関しては後で詳しく見ていくことにする。

青木はこの時、二十代の後半であった。後年の青木自身の述懐によれば、この頃は「国語の授業にも全然といっていいほど自信がもて[6]」なかったとのことである。そのような青年教師・青木幹勇が「よりかかっていった」のが芦田恵之助だったのである。確かに、「七変化の教式」とも呼ばれた芦田教式は、45分の授業を7段階に区分した「一つの完成された方式[7]」と見なすこともできる。青木が「わが教室にも何とか持ちこめそうな」やり方であると思い、「この教式をさんざんにやって」みたのも故ないことではない。教育実習生の指導に従事する附属教官として「毎日の授業を、納得のいくもの」とするために、芦田教式を徹底して我がものにしようとするその姿勢が理解できないわけではない。しかし、その姿勢にはやはりどこかに、青年教師にありがちな安易さと一つの方式だけに囚われる性向があったのかもしれない。やがて、こうした姿勢が青木自身にとって青木の生涯を決するような大きな蹉跌となるのはそう遠い日のことではなかった。

二　「芦田教式」への傾倒と「芦田一辺倒の授業」からの脱却

1　「芦田教式」への傾倒

先に見てきたように、青木幹勇の芦田恵之助による独自の教授方式への傾倒振りには一通りでないものがあったようである。その理由の一端もすでに見てきたとおりである。青木は、芦田教式への傾倒に関して、さらに次のように分析をしている。(8)

芦田恵之助先生の著作を読み、芦田教式に没頭したことはすでに述べてきました。どうしてそうだったのでしょう。ひとつには、当時の国語教育界における、芦田一門の勢力にあおられたということがあげられると思います。ふたつめは、わたしの国語教育的視野が狭かったこと、わたし自身がどちらかというと、現場的実践的なタイプの人間であるということなどがからみあってのことと思います。

といって、わたしは芦田先生のどんなところにひかれたのでしょうか、それがどうもはっきりしないのです。

わたしは、前後三回、芦田先生の授業をじかに見ています。最初は、宮崎市の赤江小学校で（教壇行脚）、次は昭和十四年に、山口県の大島という島の小学校での恵雨会の夏季大会。
この会ではじめて古田先生の謦咳に接しました。ただし、会員に混ってはるかに遠くから。先生は純白の麻の服に白靴、そしてパナマ帽着用、教師、会員ずらっと並んでとった写真をもっていましたが焼失。
三番目は、昭和十五年八月、北海道小樽、緑小学校（校長、芦田門下の最高弟といわれた沖垣寛氏）の研究発表会。この会には、先生のほかに垣内松三先生、森信三先生が、講師としておみえになっておられました。（この会で故安田孝平と偶然同宿）
ところで、この三回の授業とも、その印象は極めて稀薄です。何ものこっていないといった方がいいでしょう。（大島での古田先生の授業はいくらか記憶にある）
ただ大島では、島の寺で先生といっしょに静座し、静座についてのお話を聞き、実際に姿勢や呼吸法などを教わりました。しかし、こういうときにも、いわゆる先生のとりまき連が何となく、われわれ一般会員を別扱いにするように感じられ、狭量で、臍曲りのわたしには、それが妙にカンに障りました。

青木は、このように述べて、「芦田先生の授業そのものから直接に教えをうけるということはほとんどなかったように思います」と言明している。青木には、「先生のあの大家然と構えて授業にのぞまれる言動に何かしら、一種の尊大さ、冷たさが感じられ、授業そのものも何か作為的に見えたりしていささかの反撥」が感じられたようである。
青木は、芦田恵之助の授業に対する感じ取り方に関して、「先生が教壇に立たれると、もうそれだけで、感嘆のため息が出るというような人たちにくらべて、何とも生意気であり、何とも不遜な青二才であった」と述べ、「人を見る眼のなかったわが不明を深く恥じる次第」であると謙虚に反省もしている。

確かに、芦田の授業に対する青木の感じ取り方には芦田の取り巻き連、追随者に対する感情的な反発があったであろう。しかし、青年教師・青木幹勇の感じ取り方には、波多野完治が指摘する芦田の「人的圧力」で「三十人でも七十人でもおなじようにつかう(9)」といった教授方法への反発もあったと判断される。

ともあれ、青木の芦田教式への傾倒は、芦田の授業そのものへの深い共感に裏づけられたものではなかったようである。事実、青木は、「先生の書かれた国定教科書の指導書とか、教壇記録といったようなものは、ほとんど読みませんでした」と述懐している。

にも関わらず、青木は、冒頭に引用した青木の言葉に見られるように、芦田の著作である『教式と教壇』や『国語教育易行道』、『静坐と教育』、そして芦田が主宰していた『同志同行』誌などは繰り返し読んだと述べている。

やはり、青木は自らも述べているように、芦田恵之助の授業そのものからではなく、その著作を通して芦田と出会い、芦田の授業観に関する共感と理解を深め、それを青木流に自分の教壇に持ち込もうとした結果、「芦田教式の虜」になっていったと見なしてよいだろう。

青年教師・青木幹勇としては、決して芦田教式をその取り巻き連ないし追随者と同様に鵜呑みに模倣しようとしたつもりはなかったのである。

しかし先にも述べたように芦田教式は、良くも悪しくも「ひとつの完成された方式」となっていた。したがって、この方式を自分の教壇に取り入れようとすれば、それは直ちに芦田教式の形式的模倣と見なされてしまう危うさがあった。そこに、次に見ていく青年教師・青木幹勇の大きな蹉跌の原因があったとも言えよう。

2　「芦田一辺倒の授業」からの脱却

これまで見てきたように、青年教師・青木幹勇が苦労を重ねて何とか国語の授業らしい授業が出来るようになった頃に、青木にとってその生涯を決定したとも見なせるような大きな試練が待ち受けていた。

青木の述懐によれば、その時期は、昭和十四年の秋、青木の二十代がようやく終わろうとする頃であった。青木は当時、宮崎男子師範学校附属小学校の訓導であった。たまたま教育実習生に国語の模範授業をして見せるという当番に当たった。使用した教材は『小学国語読本』巻十二（尋常六年後期用）の「瀬川の対面」である。青木が取った指導方式は、勿論「七変化の芦田教式」であった。青木は、この授業が「そうまずい授業ではなかったはずです」と述懐している。

ところが、授業が終わった後に行われた授業研究会の席上、青木が実習生のために授業に関する解説を行って、いよいよ職員同士の授業研究に入った時に、一人の訓導から青木の授業に対する酷評が飛び出す。その顛末に関して青木は、次のように述べている。[10]

「青木さんの今回の授業が、国語の授業としてどういうできばえであったかよくわからないが、解説によると、芦田なにがしという者の授業方式によったということである。だとするとそれは甚だ心外だといわなければならない。いやしくも附属の訓導ともあろう者が、そうした権威の前にべったりとはいつくばって、その方式をまねることに汲々としているとは何事だ。痩せても枯れても、附属の訓導だ。やはり自分の授業、自分の創意による授業をしなくてどうするんだ。」

と、まず、こういったような酷評をぶっとばしたのです。

自分の授業をとくとくと解説したあとだったのですから、この批判はなおさらひどくこたえました。おそらく、返すことばもなかっただろうと思います。

わたしも、芦田一辺倒の授業については、内心気にしているところもあったはずです。そこへこの痛棒です。名状しがたい屈辱感と、他面、この批判のもつ真実性に屈服せざるを得ない自分のみじめさをかみしめていました。

青木が行った「芦田教式」に基づいた授業についての痛烈な批判が同じ附属学校訓導によってなされたのである。青木にしてみれば、決して芦田教式の表面的な模倣だけではなかったのかもしれない。しかし、当時は、今日のように「追試[11]」という概念もなかった。一つの教授方式を導入することはそれが直ちに「その方式をまねること」と捉えられても仕方がないといった事情であったのだろう。

ともあれ、青木は、「この批判のもつ真実性に屈服せざるを得ない自分のみじめさをかみしめ」るという体験を通して、「芦田教式の桎梏」から脱却すべく、「長い努力の道を踏み出し」ていくことになる。青木幹勇が芦田教式からの脱却を目指して始めた行動の一つは、「宮崎市及びその近在に職場をもつ若手の教師仲間と授業研修の同好会」を創って、サークル活動を行っていくことであった。ねらいの中心はやはり「芦田教式による授業研修」にあったようである。

しかし、青木自身は、「附属の国語部にはともに語る者なし、吾人、すべからく、校外にいでて同志とともに切磋琢磨すべし」といった気概を持って、「芦田教式のとらわれから脱却しようと努力[12]」していったと思われる。

三　青木幹勇が芦田恵之助から受容したもの

1　「七変化の教式」の模倣を通して学んだこと

青木幹勇が宮崎男子師範学校附属小学校で教育実習生向けに行った模範授業に対する同僚訓導からの痛烈な批判が青木をして「芦田一辺倒の授業」からの脱却に向かわせることになる。青木が二十代の終わりにさしかかった時期であった。

とは言っても、青木の場合、芦田恵之助から学ぶことを決して放棄したわけではない。それどころか、青木は、それ以後の昭和戦前・戦後期を通じて芦田の著作から実に多くのことを積極的に学んでいくのである。そのことは、次に見ていくように、青木の著作や論考の中にしばしば芦田の著作からの引用が見られるところから理解される。

青木は、先に見てきたように、芦田恵之助の「七変化授業の模倣」を行ってきたことに関してくり返し述べている。青木は、「まずもって七変化授業の模倣、それがわたしの研究でした」と述懐している。しかし、それは「模倣といっても、ただやみくもに真似るわけではありません[13]」とも釘を刺している。

さて、この辺で芦田恵之助の「七変化の教式」がどのようなものであるかを見ておかなければならないだろう。なぜなら、青木がこの「七変化の教式」を手掛かりに、「書くこと」という活動に関して、実は「模倣」以上の刮目すべき実践理論を導き出しているからである。

芦田恵之助は、「七変化の教式」に関して、その著『国語教育易行道』（昭和十年五月、同志同行社）、『教式と教壇』（昭和十三年五月、同志同行社）等に詳しく解説を加えている。ここでは、その最も完成された形と見なすことの出来るものを『教式と教壇』から引用してみよう[14]。

一　よむ

二　とく（話しあひ）　十五分

三　よむ（師）
四　かく　　　　　十分
五　よむ
六　とく　　　　　十五分
七　よむ

後に付した時間配当は、本文中に示されていたのを筆者がこのようにまとめて付したものである。なお、授業時間は、全体で四五分であるが、この五分間は、「教室の出入」に充てられている。

この「七変化の教式」に関しては、その成立過程及び研究史にまで論及した野地潤家による精細な論考[15]がある。しかし、ここではこの教式の意義自体を論じるところに目的があるわけではないので、この論考に直接触れることは避ける。

さて、青木は、芦田のこの「七変化の教式」に触れて、次のように述べている。[16]

この七つの過程の中で、わたしのもっとも強い関心をもったのは、四の「かく」でした。芦田先生もこの「かく」について、「これは私の教式の最も独創的なもので、十二、三年複式学級にゐて苦しんだ賜です。」『国語教育易行道』（一九〇頁）と書かれています。

「よむ」「とく」は（解く、説く、後に融く、の字を当てて教材との融け合いというところまで、意味の拡大を図ったこともある）、従来も行われてきた指導（学習）でありましたが、読む学習（指導）の過程に「書くこと」を導入したことは、画期的発想だといわなければなりますまい。

ここに述べられているように、青木は、青年教師時代における「七変化授業の模倣」を経て、やがて、芦田が「読む（学習）の過程に『書くこと』を導入したこと」がいかに「画期的発想」であったかに気づいていくことになる。その道程は長く、青木が国語科の読解学習に「書くこと」という言語活動を積極的にかつ意図的に導入していくようになるのは、戦後になってからであると推察される。

なお、青木が芦田恵之助の「七変化の教式」における「かく」という活動をどのように超克していったかに関しては後で考察を加えていくことにする。

2　「教材研究」の方法及び「板書」実践の在り方に学ぶ

青木幹勇が芦田恵之助から学んだものは、先に見てきた、読解学習に「書くこと」の活動を取り入れる方法の他に「教材研究」の方法と「板書」実践の在り方がある。青木は、芦田の「板書」案と「教材研究」との関わりに関して次のように述べている。[17]

あちらこちらに招かれて授業をされた芦田先生は、旅先の宿で、早朝に起床され、改めて、教材を読み返し、あれこれと授業を構想なさったあと、そこでまとまったことを、先生専用の帳面に書き止められました。その書き止められたものが板書案でした。いや、芦田先生の場合、この板書案は、教材研究と授業構想の総合されたもの、つまりそれは指導案でもあったのです。

芦田先生の授業過程には、この板書を組み立て、この板書を軸にして展開していくという一本の路線が通っていました。これは、先生の授業、つまり芦田教式といわれるもののひとつでありましたが、この点は、晩年大いに批判されることになりました。

ここで青木が指摘するように、芦田の「教材研究―授業構想―指導案」という準備作業の中心は板書事項の設定にあったようである。青木も、芦田の板書方式をそのまま模倣するわけではなかったが、この教材研究から指導案づくりへのプロセスを大切する姿勢を、「毎日の授業の簡易指導案」という形で摂取していったと思われる。その形態に関しては、青木が行った公開授業を記録した著書『授業＝詩「花いろいろ」』（昭和六十二年三月、国土社）で具体的に見ることができる。

これによると、当初青木は、授業記録を「大学ノート」に記録していたが、昭和三十年代に入って、外からの招きに応じて公開授業をすることが多くなってから、大学ノートを止めて画用紙を綴じた「スケッチブック」に替えている。その理由については触れていないが、「スケッチブック」に替えた頃から、それまでの雑然とした記録を、「授業に生かせるプラス形式」にしようとしたと述べている。

その一つに「教材文を、視写する」という作業が加わってきている。この作業はやがて、教材文を「板書」するという青木の指導活動に活かされていくことになる。

ともあれ青木は、この「スケッチブック」のことを「簡易教材研究ノート」と命名して活用している。なお、青木は、芦田の「板書」実践に関して、「非常にていねいに書かれていたこと」が印象に残っていると述べて、その「板書姿勢」「白墨の運び方」「書かれた文字の力強さ」などに芦田の授業に臨む気概が窺えたと指摘して、そこから学ぶべきものがあったと述懐している(18)。

3　「着語」という発想から学ぶ

芦田恵之助が読みの指導に「着語」という発想を取り入れたこともよく知られている事実である。芦田は、この「着語」に関して、「着語とは碧巌録本則や頌の所々に加へてある註釈のことで、単なる註釈ではなく、註釈者読後の直感といったもの[19]」であると述べている。芦田によるこの「着語」の発想を取り入れて青木は、次のように述べている。[20]

これは、音読のときに、文の切れめのところ、「あいづちのことば」、「同意」、「感動」のことばをひとりごと風に入れて読むことをやってみたことを書いているのです。たとえば、
○その日も、おじいさんは、町へかさをうりに行きました。＝うまく売れるといいがなあ。
○おじいさんは、がっかりしてしまいました。＝そうでしょう。そうでしょう。
○何か、大きな音がしました。＝なんだろう？
と、こういったものです。これは、音読をしていて、そくざに、直感的に、うかんでくる、感動、疑問、理解、期待、反問、……といった、読みのさまざまな心の動きの、自然な流露といったものなのです。芦田恵之助氏は、これを「着語」といっておられますが、そもそもは、禅の典籍によることばだということです。芦田氏におけるこの着語は、たいそうすばらしかったという言い伝えが残っています。

青木は、芦田のこの「着語」の発想について、「音読、範読の中に、着語を織りこんで、文章理解の『はずみ』をつけることは、簡単なようで、なかなかむずかしいこと」であると述べている。それは「読みが深く、読みの興に乗り、瞬間的な発想が寸鉄のことばとなって流露するというわけで、へたをすると、つまらない読みのじゃまものになる」かもしれないからというわけである。

確かに、音読や範読をしながら、「そくざに、直感的に、うかんでくる、感動、疑問、理解、期待、反問」などを臨機応変に織り込んでいくことはそれほどたやすいことではない。そこで、青木の場合は芦田のこの「着

語」の発想に学びつつ、「自注」いう方法を取り入れていくことになる。

これは、読書の最中に行う「頭注」「脚注」「傍注」などの行為に匹敵するもので、青木は、この読書技術を「子どもの読解学習にとり入れようと考えた」のである。青木は、この「自注」の作業を、「板書」「視写」作業とセットで位置づけている。つまり、教師の「板書」を子どもに「視写」させて、その後に書写した文章の行間に「目で読み、声を出して読んだときには、全然気のつかなかった解釈や、問題点など[21]」を書き込ませるという方法である。

青木はこの「自注」の方法を「問題をもちながら読む」という読解学習の中の有力な方法として活かしている。また、この方法は、後に「第三の書く」という独自の実践理論を提唱するに際しては、「書込み」や「書足し」といった概念に発展させて取り入れられていくことになる。芦田の理論から深く学んだ方法の一つといってよいだろう。

四　芦田恵之助への批判的視点とその実践的超克

1　芦田教式における「書く」作業の実践的超克

青木幹勇が芦田恵之助の「七変化の教式」の模倣を通して深く学んできたことについては、先に論及してきた。青木が芦田の「七変化の教式」で最も注目した点が第四の段階の「書く作業」であったことにもすでに触れた。

青木は、芦田が黒板に書く内容の多くは「先生自身の選び出された各段階の重要語句といったもので、文なり、文章ではなかった」と述べている。加えて、「その語句をどう選ぶか」「なぜその語句が選ばれなければならないか」「だれが選ぶか」「語句と文章をどうつなぐか」といった点に関して、「わたしとしては、十分に了承納得できないものがありました」と指摘している。

その上で青木は、自身の「書きながら読む」という方法が「何を書くか、どの文章を書くか、その文章を書くこと、それが読解とつながる理由は、子どももみとめ、また子ども自身も文章の重点としてとりあげることのできる客観性をもっていると考えます[22]」と、芦田の「書く」こととの間に存在する「内容、指導の展開」上の相違について主張している。

以上の問題に関して、青木は、「問題をもちながら読む」という方法を提唱した際にも、次のように論及している。[23]

芦田先生は、ほとんどどの授業でも各段階の「中心語句」と思われるものを、先生自身で選ばれ、それを横に並べて書かれたようです。（低学年の指導では全文を書かれたこともあったとのこと。）これには、いろいろの批判があったようです。わたしの不勉強もありますが、本書で述べてきたわたしの主張からも、こうした書写は、とらないことにしています。「中心語句」というのは文章における「点」だといえないでしょうか。芦田先生は、この点を先生独特の「とく」指導によって、文章の全面にひろげていくという操作をされたように思います。しかし、子どもにとって、そこに文章理解の上での、抵抗と飛躍があったのではないかと考えます。わたしは、文章を書きます。もちろん、かぎられた時間に全文章を書くことはできません。（短い詩のようなものは別ですが）ですから、読解の深まりにしたがって、いくつかの重要な段落をねらって、つぎつぎと書いていきます。これは、文章における部分的な面なのです。この面から面へ、一貫するものをつなぎ、ひろげて読もうとするのです。

そして、その書こうとする文章は、まず、子どもの問題の集中しているところ、いいかえると、子どもの読解関心の密度の高いところを選びます。もっとも、文章の重要なポイントであって、子どもの関心からそれているところとか、学習の目標からみてぜひとりあげる必要のあるところは別ですが、わたしのたてまえは、やはり子どもの読みを基礎にして、書こうとするところを決めるのです。

この文言の中で、青木は、芦田の場合の「書く」作業が芦田自身によって選び出された「中心語句」を板書するというものであったので、「子どもにとっては、そこに文章理解の上での、抵抗と飛躍があったのではないか」という危惧を表明している。

芦田のこの方法に対して、青木は、「語句」レベルではなく、「文章」レベルで板書すること、しかもそれを「まず、子どもの問題の集中しているところ、いいかえると、子どもの読解関心の密度の高いところ」から選び出すことにしたと言う。

青木の場合は芦田の方法に学びつつも、「子どもの読みを基調にして、書こうとするところを決める」という方法に改めているのである。

2　「筆写速度」の問題に関する実践的超克

これも、前述の芦田教式における「書く」作業の問題に関連する。青木幹勇は、芦田が「書く」作業を行わせる場合の「筆写速度」の「スローテンポ」に関して、これを批判的に見なすようになる。そして、これを書写指導の重点にしていくべく取り組んでいる。青木は、この問題に関して、次のように論及している。[24]

『教式と教壇』（昭和十三年）に書かれている授業記録（昭和十三年四月二三日・四日、東京志村第一小学校六年、教材「源氏物語」〈小学国語読本十一〉）によると、四時間の授業で、書かせた内容と字数は、

第一時　四三字―語句

第二時　七八字―文章を暗唱する手がかりになる語句

第三時　五九字―語句

第四時　七三字―文章を暗唱する手がかりになる語句

ということになっています。

（中略）

授業全体の組みたてもそうですが、その一部である書くということも、対象とする子ども、指導のねらい、教材、指導の内容によって決まってくるはずですから、いちがいにはいえませんが、芦田氏の右の授業の場合、十分間に、四三字〜七八字というのは、いかにもスローテンポです。さきにも書きましたように、少し注意して指導した子ども、まして、六年生ともなれば、一分間に二七・八字くらいはどの子も書けるはずです。芦田氏は、書きながら読む、筆端で読むということを強調されていますが、それにしてもこの字数では、子どもたちが、かえって退屈をしていなかったか、そんな憶測もできそうに思います。とにかくこのスピードでは、せっかく書写をくり返してみても、速く書くという能力はどうでしょう。

ここで青木の指摘にある芦田の書かせている字数とは、「七変化の教式」中の第四の段階における「書く」作業でのそれである。この段階にかける時間が十分間であったところから、この時間内でこの字数では、「いかにもスローテンポ」ではないかと批判したのである。

この問題に関して青木は、芦田の授業が全国各地への「教壇行脚」によるものであったため、さまざまな学級の実態を考慮して、「遅い子どもの方にそろえた方が安全」だからといった理由などを推測している。

しかし、青木は、「常時ひとつの学級の指導に当たる場合は、これでいいか、どうか」といった視点から、前述のような改善案を提起したのである。

青木のこの提案には、先人の優れた実践から学びつつ、さらにその実践に改善を加えていこうとする姿勢が端的に現れている。教育の現場には、このような実践の姿勢があまり見られないだけに、青木のこうした実践的提案は誠に貴重である。青木のこの「筆速を指導の課題」とし、「筆速の発達を数量的に把捉」していこうとした姿勢に関しては、井上敏夫も、このような試みが「日本国じゅうでどれだけあることだろう」と指摘し、その「卓抜な着眼」を讃えている。[25]

3　芦田恵之助の思想と実践との隔たりに対する批判

青木幹勇の芦田恵之助に対する批判的な視点として、見過ごすことの出来ない点がもう一点ある。それは、明治時代以来ずっと国語科指導の根底にあった「教師が教えるのか、児童がすすんで学ぶのか」という対立的な教育観に関して、芦田思想と実践との間には隔たりがあったのではないかとする批判である。

青木は、この両極の対立が顕著になったのは、大正五年に刊行された芦田の『読み方教授』以後のことではなかったかとする。その根拠として青木は、芦田がこの著作の中で「読み方は自己を読むもの」だということを提唱し、「自己確立の学習法を展開しよう」としてきたからであると指摘する。

さらに、青木は、「明治、大正、昭和と展開された芦田氏の教育活動には、聞き方、話し方、読み方、随意選題と、つねに児童の学習を優先させようとする考え方がうかがわれ」たとして、この点に芦田の「近代的な教育実践家」としての側面を認めている。

しかし、一方で青木は、「芦田氏の実践が、はたして、児童をほんとうに学習者とする、指導体系のうえにのせられていたかどうか、そういうシステムができていたかどうか、氏の思想と実践の間に、すき間はなかったか」と疑義を提起して、次のような点からその問題点を指摘している。(26)

　ことばじりをとりあげるようで気がひけますが、右に引用した「読み方教授」の一節、「……。児童の学習態度の確立である。発動的に学習する態度が定まれば、教授の能事はここに終れるものといってもよい。」これによると児童の学習態度が、しっかりできたら、指導のことは大半終わるということのようですが、はたしてそうでしょうか。ここには、どうも、態度論が大きくとりあげられて子どもたちの学習方法という点についてはこまかい配慮がうかがえないように思われます。

　右に引用した文章の少し先を読み進むと、

「教師の態度が発動的でなければならぬ。発動的ならぬ教師が、児童の発動的学習態度を定めようとしても、それは暗中に物を探るようなものである。教師の発動的態度は、教授材料や教授方法を超越した問題である。

　態度如何は教師の教育力の全部である。一呼一吸の瑣事より、教授訓練の上に、絶えず閃いているものである……」

というように述べられていて、ここに述べられている態度には一種の精神的なにおいがうかがえます。

　芦田氏の教育実践をこのように批判することは危険でありますが、子どもの学習を優先させる実践の開拓には、まだのこされたものが多かったのではないでしょうか。芦田氏の授業は、いくつか記録にのこされています。わたしも実際に、二三回その授業を参観したこともありますが、何といってもそこには、学習優先を顕著にみることはできませんでした。

しかし、芦田氏の思想、芦田氏の主張は、国語科の指導に、極めて新鮮な風を送るものであったことはいうまでもありません。この点で氏の功績はまことに大きいといわなければなりますまい。

ここで青木は、芦田の教授方法に関して、芦田の『読み方教授』の一節を取り上げて、そこに述べられている「発動的に学習する態度が定まれば、教授の能事はここに終れるものといってもよい」という考え方を批判している。そして、この考え方には「態度論だけが大きくとりあげられて子どもたちの学習方法という点については、こまかい配慮がうかがえないように思われ」ると指摘している。

要するに、青木は、芦田の教育実践の在り方に対して、「子どもの学習を優先させる実践の開拓には、まだのこされたものが多かった」のではないかと、今後に残されている課題を明らかにしたのである。

芦田の教育実践に関しては、いくつかの優れた記録も残されている。(27)これらの記録を通して、その実践の事実を浮き彫りにすることは不可能なことではないだろう。しかし、いつの時代にあっても、実際の授業の事実と実践のための理論との間には埋めることのできない隔たりがあるものと考えられる。

青木は、芦田の実践理論としての優れた面を評価しつつ、その理論と実践との間の隔たりを冷静に見つめて、そこに自らの実践課題を探り出そうとしたのである。

五　芦田恵之助に対する実践的超克の成果
―「第三の書く」の理論的・実践的展開として―

これまで見てきたところからも、国語教師・青木幹勇にとって、芦田恵之助の存在がいかに大きなものであったかが理解されよう。青木幹勇は、まだ二十代の青年教師だった昭和十四年に芦田一辺倒の授業による挫折を体験して以来、ほぼ半世紀近くの歳月を一貫して芦田教式の囚われからの脱却を志し、芦田の教育実践を自らの実践によって乗り超えようとしてきたと理解することが出来る。

そして、その成果を理論的・体系的にまとめ上げたものが「第三の書く」の実践理論の提唱であったと言える。そのことは、青木自身の次のような言葉からも窺えるところである。(28)

「書くこと」は、すでに早く、芦田教式によって、わたしの授業に点火されてはいましたが、授業を通してその実態を究明するにはいたりませんでした。

しかし、四十年代から五十年代（昭和の年代のこと…大内注）にかけての思索と実践によって（学習）における、「書くこと」の価値と機能をとらえることができたと思います。

わたしのとらえた「書くこと」は、芦田以後、その研究と実践にさほどの関心と開発のなかった、国語科指導の盲点を摘発することであったといえるでしょう。

わたしの主唱する「第三の書く」は、「書くこと」を授業の中にどう生かすか、それが国語の授業にとってどのようなはたらきをもつものであるのか、その実践的な体系を提示したものです。といっても、この指導法の開拓は、その魅力的な課題の多くを今後にのこしています。

この文言の中に、青木の、芦田教式に触発された国語科指導における「書くこと」への着眼、そして、その「書くこと」の価値と機能を実践を通して究明しようとしてきた自負が窺えよう。

なお、青木の「第三の書く」の実践理論の生成・発展の過程に関しては、拙稿「青木幹勇国語教室の『書くこと』に関する考察―『書くこと』の導入から『第三の書く』への発展過程―」（全国大学国語教育学会編『国語科教育』第四五集、平成十年三月）の中で詳しく論及している。勿論、この中では芦田教式との関わりに関しても言及している。したがって、ここでは芦田恵之助に対する実践的超克の成果が青木の「第三の書く」の実践理論にまとめ上げられたという事実を指摘しておくにとどめたい。

なお、青木幹勇の、芦田恵之助に対する実践的超克の成果に関しては、井上敏夫も、「方法的には芦田教式を継承」しつつも、教材の中から書き抜く文字の「選択の基準」や「全文書写」の方法等にその功績を認めている。

また、井上敏夫は、青木が「芦田教式の『かく』作用を、形骸化させる方向ではなしに、これに新しい機能を賦与し、活用していられる」と指摘する。さらに、「この日本の風土のなかから発生し、貴重な文化遺産となっている伝統的理論を、もっとも正統派的に消化し継承しながらも、たんに形式的模倣に堕することなく、師の指向した方向を正しく把握して、つねに今日的観点から、改革し展開させて」きた点を評価している。[29]

青木幹勇は、昭和十七年から東京高等師範学校（後の東京教育大学）附属国民学校訓導に勤務している。この職場には、かつて芦田恵之助が二度にわたって勤務していた。最初は明治三十二年と三十三年の二年間（芦田二る。

七～二八歳）、准訓導としてであった。二度目は、明治三十七年～大正十年（三一～四九歳）までの十七年間であった。

したがって、青木幹勇にとって芦田恵之助は、同じ時期に同職したわけではないが、同じ職場の大先輩であった。この大先輩であった芦田恵之助の教育実践と実践理論こそが青木幹勇にとって、その生涯をかけて脱却し乗り超えていくべきものであったのである。

青木幹勇にとって芦田恵之助は、職場の大先輩であったということ以上に一人の巨大な師であった。

青木は、その師の教式を模倣することから始めて、やがてその教式への囚われから脱却し乗り超えていこうとする道筋を辿っていく。その道程は、青木が昭和十一年に宮崎男子師範学校附属小学校訓導になってから、昭和四十七年に東京教育大学附属小学校を退官し、その後も全国の教壇で公開授業を行いつつ、昭和六十一年に『第三の書く』という著書で刮目すべき実践理論を提唱するに至るまでのおよそ半世紀にわたるものであった。

一人の師の実践理論に学び、これを半世紀の長きにわたって批判的に乗り超えていこうとした国語教師の存在を、筆者は青木幹勇を措いては寡聞にして知らない。その意味でも、国語教師・青木幹勇の芦田恵之助との関わりは、国語教師の成長過程・力量形成過程を探る上から大きな意義を有していると言える。

注

（1）古田拡稿「芦田恵之助」（西尾実他編『国語教育辞典』昭和三十二年一月、朝倉書店、三～四頁）。
（2）飛田多喜雄著『国語教育方法論史』昭和四十年三月、明治図書、一八三頁。
（3）野地潤家稿「芦田恵之助」（国語教育研究所編『国語教育研究大辞典』平成三年、明治図書、三二頁）。
（4）青木幹勇著『わたしの授業―戦前・戦中編―』昭和五十三年二月、明治図書、一四六～一四八頁。

（5）「七変化の教式」は、正しくは「しちへんか」と読む。しかし、芦田恵之助のこの教式に対しては厳しい批判もあり、時に「ななへんげ」などと揶揄する向きもあった。
（6）前掲書、注（4）、一四六頁。
（7）前掲書、注（2）、一九八頁。
（8）前掲書、注（4）、一五四～一五五頁。
（9）『波多野完治著作集上』昭和五十年十月、明治図書、三一六頁。
（10）前掲書、注（4）、一五八～一五九頁。
（11）「追試」という概念を教育実践研究の場で初めて打ち出したのは一九八〇年代に入って広範な広がりを見せた「教育技術の法則化運動」においてであった。それまでは、教師が成長していくためには人真似をしてはいけないという考え方がまかり通っていた。この考え方を否定して若い教師の成長スタイルを明らかにしたのが「追試」という概念であった。
（12）前掲書、注（4）、一五九～一六〇頁。
（13）青木幹勇著『授業を拓く』平成元年十二月、国土社、十三～十四頁。
（14）芦田恵之助著『教式と教壇』昭和十三年五月、同志同行社、一三〇～一三一頁。
（15）野地潤家著『芦田恵之助研究1読み方教式編』昭和五十八年十月、明治図書（『野地潤家著作集⑩芦田恵之助研究』平成十年三月、明治図書、所収）。
（16）前掲書、注（13）、十五頁。
（17）青木幹勇著『いい授業の条件』昭和六十二年十二月、国土社、九一頁。
（18）青木幹勇著『書きながら読む』昭和四十三年二月、明治図書、七八頁。
（19）芦田恵之助著『国語教育易行道』昭和十年五月、同志同行社、一九九頁。
（20）前掲書、注（18）、一一九頁。

(21) 青木幹勇著『問題をもちながら読む』昭和三十九年三月、明治図書、一四二～一四四頁。
(22) 青木幹勇稿「文章でいっぱいにした板書を軸にして―確かな読解・指導―」(初等教育研究会編『教育研究』昭和三十七年十月号、二十頁)。
(23) 前掲書、注(21)、一六〇～一六一頁。
(24) 青木幹勇著『表現力を育てる授業』昭和五十五年十月、明治図書、三七～三八頁。
(25) 井上敏夫稿「書くことを楽しむ授業」(『青木幹勇授業技術集成2書きながら読む』昭和五十一年四月、明治図書、二九九頁)。
(26) 青木幹勇稿「こんな指導をしてみたい―指導法の二つの流れとわたしのビジョン―」(初等教育研究会編『教育研究』昭和四十三年五月号、二四～二五頁)。
(27) 例えば、よく知られている授業記録に芦田恵之助に師事した青山廣志(専門速記者)による『綴方教室』(昭和十年)、『恵雨読方教壇』(昭和十二年)、『教壇記録』(昭和十一年)等がある。
(28) 青木幹勇著『第三の書く―読むために書く　書くために読む』昭和六十一年八月、国土社、　九三～一九四頁。
(29) 前掲書、注(25)、二九三～二九四頁。

第Ⅲ章　国語教育の先達・古田拡との関わり

一　青木幹勇と古田拡との出会い

1　古田拡という人物について

青木幹勇と古田拡との出会いに関して論述していく前に、まず古田拡という人物について見ておかなければなるまい。

古田拡は、明治二十九（一八九八）年から昭和六十（一九八五）年まで、明治・大正・昭和の三時代を生きた国語教師・国語教育学者である。

古田には、『読方教授体系』（昭和十三年二月、岩波書店）、『教室論』（昭和十二年九月、岩波書店）、『聞くことの教育』（昭和二十七年二月、習文社）、『国語教材研究』（昭和三十年七月、法政大学出版局）、『授業における問答の探究』（昭和三十八年十月、共文社）、『教師の話術』（昭和三十八年十一月、共文社）、『名教師名校長』（昭和四十年十月、共文社）、『教師一代』（昭和四十一年一月、共文社）、『国語教室の機微と創造』（昭和五十四年二月、明治図書）などの著作がある。

古田拡の国語教師・国語教育学者としての功績は、これらの著作からも窺えるように多岐にわたる。

古田が芦田恵之助の高弟であったことは国語教育界にあってはよく知られている事実である。

古田は、「芦田式教授法をめぐって」という対談の中で、「国語教師としての開眼[1]」をしてもらったのが芦田恵之助であると語っている。しかし、古田よりも二四歳も年上の芦田の方では、何かにつけて古田の著作や考え方から学びとろうとする面もあったようである。

古田拡については、石井庄司がその国語教育史上の意義に関して、「若い先生の教壇を批評した後は、自身の実践を通して、それを実証するという熱心さ」であったことを指摘し、「国語教育学を地で実践しうる人は、古田教授を措いて、他に余りないのではないかと思う[2]」と述べている。

また、国語教師・佐々木定夫は、右の石井の考察を受けて、古田の「人と業績」を顕彰する文の中で、「求める心の強さ・きびしさ」、「妥協をきらう」、「広い経験と深い知識」、「現場的発想にたつ話しことばの重視」、「創意にみちた教室での授業」の五点からその人となりと功績に関して論及している[3]。

一方、野地潤家は、自らの「国語教育研究への志」を「古田拡先生のご著書に接し、深い感銘を受けることでいっそうその念をつよめていった」と述懐して、古田の著書『読方教授体系』との出会いについて述べている。

野地はまた、この論考の中で、古田独自の「国語教室における読声論・朗読論・範読論」、「国語科授業そのものの観察の鋭さ・確かさ」、古田が目指した「国語教育学（国語教授学）の基軸の一つ」であった「問答法・発問法」、そして、「国語科授業創造への心がけ」「国語科授業創造のくふう」等について論及している[4]。

以上見てきたところによっても、古田拡が国語教育史上に独自の位置を占める存在であったことが窺えよう。

2　古田拡との出会い

さて、青木幹勇はこの古田拡とどのようにして出会ったのであろうか。その出会いの時期は、青木が宮崎県師範学校附属小学校に在職していた頃であった。青木は古田との出会いに関して、次のように語っている[5]。

芦田先生に学んでいるうちに、それとなく先生を繞る多くの門弟を知るようになりました。中でもわたしにとってもっとも魅力のある人物は、古田拡先生でした。古田先生に関心をもち始めたころ、先生は、愛媛県の川之江高等女学校に勤めておられました。わたしが先生の書かれたものを読んだのは、『岩波講座―国語教育』の分冊の一つ『読方教授体系』と『教室論』で、その後に『復習―上』も読みました。どの著作も、一般国語教育の類書とはその記述や内容が著しく趣を異にしています。あふれ出る新鮮な発想を、もてあまし、それをもどかしがりながら、文字にしたというような感じの著作でした。

古田先生の授業を見たのは、昭和十二年です。それは夏休みに山口県で行われた芦田一門の教壇修養会でした。

この授業も、まことに意表をついたユニークなもので、古田先生の存在は、わたしの授業研究の中で大きくふくらんできました。

昭和十五年は、「紀元二千六百年」に当たるということで、早くから、「国家的、国民的記念行事」が、多彩に計画されていました。

わたしたちの小さな国語研究サークルも、この機会に何か一つ、青年教師らしい教育的な記念行事をやろうと結束を固め、十五年の新春早々に三日間、国語教育修練講習会を開くことを決断しました。先輩の協力もあって、宮崎市では、第一級の会場と、合宿場を確保し、講師に古田先生を迎えることができました。若輩の主催する研修会がどれだけの参会者を得ることができるか、大きな冒険でしたが、幸い好結果を収めることができました。

この会では、三日間をぶっ通して、先生の多彩な授業と、独創的な教材解説、合宿では、早朝に吉田松陰の『講孟夜話』、夕食後は『万葉集』と正岡子規を取り上げての講話をいただきました。

残っている資料をみると、それはまことに前代未聞ともいうべき殺人的な日程ですが、これは、すべて先生のご発意、ご希望によるものでした。

おそるべき博識、授業に対する燃えるような情熱と、特異な発想など、すっかり魅了されてしまいました。先生は芦田先生に傾倒されていましたが、その授業は必ずしも芦田一辺倒ではなく、古田先生独自の授業世界をもっておられ、それを存分に見せてもらうことができました。

その後、先生は、愛媛県師範学校附属小学校主事、さらに西尾先生の推輓で北京師範大学教授になられました。

先生が中国に渡られてからは一度も音信を交わさず、いつ引き揚げられたかも知りませんでした。その間十年ほどの歳月が流れました。

その後、昭和二十五年、先生が法政大学に迎えられることになって再会、先生のご他界になるまで何と三十五年もの間、おつきあいを重ねてきました。

このおつきあいの中で、お互いに授業を見せ合い、授業について語り合い、歯に衣着せずに批判し合ってもきました。こんなすばらしい先達は、ほかにありません。わたしの人生におけるまことに恵まれた邂逅であったと思います。


長い引用となったが、ここに青木幹勇と古田拡との出会いとその後の関わりが詳しく語られている。青木が最初に古田拡の存在を知ったのは、古田が師と仰いでいた芦田恵之助の著作『国語教育易行道』を読んだ時であったようである。

青木の述懐によれば、この本の巻頭の「緒論」の中で芦田が、愛媛にいる「古田拡君に指導を受けて『小学国語読本と教壇』を書くためです」と述べている箇所に関心を持ったとのことである。[6]

そして、青木が古田に最も強烈に惹かれたのは、右の引用の中に述べられているように、『岩波講座―国語教育』の分冊の一つ『読方教授体系』と『教室論』であり、その前に読んでいた『復習―上』という著作からであった。

青木にはこれらの著作が、「一般国語教育の類書とはその記述や内容が著しく趣きを異にしてい」ると見られ、「あふれ出る新鮮な発想をもてあまし、それをもどかしがりながら、文字にしたというような感じの著作」であったと思われたのである。

なお、上記の『岩波講座―国語教育』の『読方教授体系』及び『教室論』と『復習―上』が出版されたのはいずれも昭和十二年であり、この後に青木は古田の授業を芦田一門の「恵雨会」が主催する山口県での夏季大会で初めて参観している。青木は、右の引用の中では、この時期を昭和十二年と記載しているが、青木の別の著作『わたしの授業―戦前・戦中編―』（昭和五十三年二月、明治図書）の中では、昭和十四年と記載している。青木達が昭和十五年に古田を宮崎に招聘したことを考え合わせると、青木が古田の授業を初めて参観したのはこの前年の昭和十四年と考えるのが自然かと思われる。

いずれにしても、このようにして青木の中に古田拡の存在が大きくふくらんでいったようである。そして、昭和十五年に、青木達の青年教師による授業研究サークル主催で「国語教育修練講習会」が開催されることになる。この講習会に古田拡を招聘しようとの提案が青木によってなされたのである。

この講習会における古田拡の「おそるべき学識、授業に対する燃えるような情熱と、特異な発想」については、節を改めて詳しく見ていくことにしよう。

ともあれ、この後、青木と古田との交流は古田が他界するまで続くことになる。ただ、古田が北京師範大学教授として中国に渡ってからの十年間ほどは双方の間に一度も音信が交わされていなかったとのことである。

やがて、昭和二年に古田が法政大学に迎えられてから再会し、以後、三五年間にわたって交流が続いていく。ここで、注意しておきたいことは、青木が古田との交流の中で、「お互いに授業を見せ合い、授業について語り合い、歯に衣着せず批判し合って」きたと述懐している点である。青木が古田との出会いとその後の交流とを、国語科の授業を通して語っている点に注目させられるのである。

3　サークル活動「国語教育修練講習会」が青木幹勇に与えたもの

さて、昭和十五年の新春早々に宮崎市で開催された「国語教育修練講習会」の様子については、前節で引用した青木幹勇の回想によってそのあらましを知ることができよう。以下には、この時の様子についてさらに詳しく見ていくことにしたい。

この講習会は、一月三日の夕刻六時から始まっている。以後四日間の日程を青木幹勇が掲げている資料によって見ると、次のようなものとなる。

この日程表の中の一月四日の朝に行われた開講式から三日間の講習会の様子を、やはり青木の語るところによって見ておこう。(7)


先ず冒頭に、児玉不二子氏のピアノの伴奏で、「金鵄輝く日本の…」と、始まる紀元二千六百年奉祝歌を、全員で歌いました。

そのとき、司会をしていたわたしが、ちょっと口をすべらして、解説のようなことを言ったところ、いきなり、「こういうところで、そういうことばは一切不要」と一喝されたことを覚えています。

三日		四日	五日	六日
開講式　天神山祖国青年修養道場　午後六時 1夕食 2講話「教室論」 (3)座談 (4)予習 5就床	5：00 合宿 7：30	起床 清掃 遥拝 体操 静座	**講孟余話**	
	8：30 一時 9：15	尋三―総復習教材 おかげ	尋一―新教材中篇 ウグヒス	尋二 綴方 自由題作
	9：30 二時 10：15		尋四―総復習取扱 **空**	尋五国史 **北畠親房と楠正行**
	10：30 三時 11：15	尋五―新教材短篇 **春浅し**	尋六―新教材俳句 **雪残る頂**	尋六 綴方 自由題作
	11：30 四時 12：15	講演 小学国語読本研究 **古典と教材** 足助次郎重範 九 雪の山 十 源氏物語 十一	講演 小学国語読本研究 **家と無限性について**	尋六復習 **漢字の取扱**
	昼			**座談会**
	1：30 午後 4：00			**閉講式**
	5：00 合宿 10：00	清掃・夕食・入浴 講話 **萬葉集** 座談	講話 **子規について**	

古田先生はよく、「授業の切り上げどころをスパッとやりたい。未練がましいつけたしはみっともない。」というような話をされますが、授業の切り上げのことを考えるたびに、三十幾年もの前、あの開講式の冒頭に、全会員の面前で頂戴した、あの一発のご叱正を思い出します。

話が横にそれました。日程に目を戻します。三日間に、授業が何と九つ（十時間）組まれています。いかにも授業大事、授業優先です。（中略）

古田先生が、当時、わたしの担任していたクラスの子ども（宮崎師範附小六年生）を相手に授業してくださったことと、その教材が「雪残る頂」であったことは、すでに書きました。

さて、その「雪残る頂」というのは、次のような俳句を並べたものです。そして、それは、小学国語読本―巻十二―第二十一―というのですから、いわゆるサクラ読本の末尾に近いところに置かれていました。

雪残る頂

雪残る頂一つ国ざかい　子規
菜の花や小学校のひるげ時
柿くえば鐘が鳴るなり法隆寺
犬が来て水のむ音の夜寒かな
夕月や納屋もうまやも梅の影　鳴雪
矢車に朝風強きのぼりかな
夏山の大木倒すこだまかな

わずか一時間の授業でしたから、この七句のひとつひとつを克明に指導するということはできなかったでしょう。わたしの記憶に残っているのは、いきなり、子規の第一句を、黒板に行書で書かれて授業にはいられたことと、鳴雪の第一句のご指導です。

子規の句についていては、こんな授業をなさったような記憶があります。

これは、松山出身の子規が、早春のころの松山平野から、南東にそびえる、伊豫と土佐の国ざかい石鎚山（一九二一m）を遠望して詠んだ句である。と注釈されるだけでなく、古田先生のご郷里も、松山の東に続く村ですから、子規に代わって、雪残る頂をながめられた先生の実感も話されたはずです。そして、今でいうイメージをえがかせ、子どもたちの鑑賞をゆたかにさせようとされたでしょう。

わたしは、今でもこの句を読むと、春浅い野面の果てに高くそびえる残雪の山の心象が、いとも鮮かによみがえってきます。あの時のあの授業が、わたしのイメージを凍結させているのです。おそろしいことです。

鳴雪の第一句では、とくに、
なやも、うまやも、うめのかげ
という、声音のなめらかなつながりに着目させられたことを覚えています。そして、この音のつながりが、ようやく暖くなりかけた、梅の季節、そして夕月の宵の感触に通じることを指導されたのではなかったか、いわゆる音感・語感の指導です。

とにかく、このようなことばのひびきに指導のポイントをもっていかれるというのは、先生のお得意のひとつで、わたしは、この句の鑑賞をはじめとして、その後も、しばしばこのような点についての啓発をうけたものです。

この講習会で最も注目させられるのは、青木幹勇も指摘しているように、三日間で授業が九つも組み込まれていたという事実である。前節に引用した青木の言葉の中に触れられていることであるが、青木は、古田のこの「いかにも授業大事、授業優先」といった姿勢と「おそるべき博識、授業に対する燃えるような情熱と、特異な発想など」にすっかり魅了され、強く印象づけられたようである。

この講習会の様子は、さらに詳しく語られているのであるが、ここに引用した部分からだけでも、この講習会を通じて青木が古田から学んだことの決して少なくなかったことが窺われる。

「授業の切り上げどころをスパッとやりたい」というエピソードからは、授業展開における教師の指導の機微、「ことばのひびきに指導のポイント」をもっていくという、いわゆる「音感・語感」の指導の在り方などが、その後の青木の授業観に少なからぬ影響を与えているようである。

ところで、この講習会を開催したのは、青木が三十代半ばの時であった。この講習会がその後の青木の国語教師としての形成過程にどのような意味をもたらしたのかは興味深いところである。

この点について青木は、次のように述べている。[8]

古田先生をお送りすることで、この会の仕事はほとんど全部終わりましたが、会を主催したわたしたちは、この会によって何を得たのでしょう。いまそれを思いめぐらしてみても実感のある記憶はよみがえってきませんが、おそらく、その後の、研修活動に、大きな自信をもったことだろうと思います。その自信の内容としては、同志の研究方向はこれでよいのだとわかったことと、もうひとつは、古田先生を通して国語教育の新しい息吹にふれ、その実践化を授業によって、具体的に学んだことではなかったかと思います。

さらにつけ加えれば、若い者たちでも、真剣にとり組めば相当なことができる。これも、その自信のひとつに数えられるかと思います。

わたしたちは、その後も、あちこちと学校の回り持ちで、授業研修を続けました。

ここで青木が語っていることは、青年教師の時期における自主研修の意義についてである。他からお膳立てされてする研修でなく、志を抱いた者同志が共に企画し準備して行う自主研修こそが教師としての成長を促していくのだということを、青年教師・青木のこの体験は物語っている。

前章の中で、青木幹勇が「芦田一辺倒の授業」からの脱却を目指して、サークル活動を始めたことについて触れておいた。

このサークル活動の記念すべき企画が芦田恵之助の高弟であった古田拡を招いてのこの講習会であった。青木にとっては、「こともあろうに芦田一門の最右翼におられた古田先生が、大きな光となって見えてきた」ということになる。

しかし青木は、古田の印象について、「芦田先生にはみることのできない古田先生の魅力が、当時のわたしにはまばゆいばかりに映っていた[9]」と述懐する。「芦田教式の桎梏」から逃れようとしていた青木にとって、古田その人との出会い、その授業との出会いが新たに国語教師として目指すべき大きな目標を与えることになったと言えよう。

二　古田拡の「国語科授業創造への心がけ」「国語科授業創造へのくふう」との関わり

先に取り上げたが、野地潤家は古田拡の国語教育創造に関わる功績を論じる中で、古田の「国語科授業創造への心がけ」と「国語科授業創造へのくふう」について論及している[10]。野地が論及した古田のこの姿勢は、そのまま青木幹勇の国語科授業創造への姿勢に通じていると理解される。そこで、右の野地の言葉をここにそのまま使わせていただいて、青木と古田の間に見られる国語科授業創造への姿勢について見ていくことにする。
なお、青木幹勇と古田拡との間における国語科授業創造に向けた相互の関わりを具体的に捉えていくのは容易いことではない。ここでは、戦後における両者の三十五年間にわたる交流の中で、青木が古田から直接・間接的に影響を受けたとおぼしき点を取り上げて考察を加えていくことにする。

1　古田拡の「国語教室の機微」論との関わり

古田拡の戦後の著作の一つに『国語教育の機微と創造』という本がある。この中で、古田は、「国語教室の機微」に言及するようになった始まりが「極深研幾[11]」という論考にあったと指摘して次のように述べている。[12]

　わたしは、昭和一三年垣内松三還暦記念として「恵雨会」（芦田恵之助の門下の会・恵雨は芦田の居士号）の一員として、「極深研幾」の題目で垣内説の応用として、小学校のほとんど全教科にわたって実例を引きつつ、小論をものして、先生に呈したものであったが、これが、機微をいうようになったはじまりだと思う。ただ、その時は、この「題目」についての説明はページ数超過のため省略した。それで、後によく、この意味を質問されることがあるので、ここで一応述べておこう。

　この二つの語、「極幾」（大内注…「極深」の誤植か）と「研幾」は易経、繫辞下篇の結びに出ていることばである。いわく、

　夫《か》の易は、聖人の深きを極めて、幾を研《みが》く（あるいは、研《あき》らかにする）ゆえんなり。ただ深きなり。ゆえに能《よ》く天下の志を通ぜしむるなり。ただ幾なるなり。ゆえに能く天下の務めを成さしむるなり。

と。わたしには、天下のことはわからない。しかし、このことばをわたしなりに、「教室の創造」における教師へのことばとして受け取ったのである。

極深を一応、「教材研究」としておく。教材研究は、究めても究めても、これで極まったということのない（広がりと深まりをもつ）ものである。きりの無いものである。これはただにふつう学問といわれるだけでなく、最後には「生活の知恵」の集積がそれらの支えとなるものである。がここでは、これだけに止めておく。

研幾とは、ひとの授業を見るたびに、いわゆる岡目八目で、あ、おしい。あの子どもの言をどうして取り上げなかったのかとか、せっかく、能力の低い子どもが挙手しているのに指名しなかったり、また指名して言わせても、真剣に聞いてやろうという慈愛に満ちた目つきとなるでもなく、ただお義理に言わせているのだというふうで、ただふんふんと軽く聞き流している教師がいる。こちらは耳をすまして聞いているとその子にはその子なりに取り上げて生かしてやるべきものがあるのにと、手をすり、ひざをこするようにして心中、残念に思うこともあったりして、「研幾」の必要を痛感するようになった。

ここで古田拡が述べている「極深」は、古田自身の考え方に立てば「教材研究」であり、一方の「研幾」は「授業研究」である。両者の考え方は、古田の国語教室論の中核を成すものと理解される。

古田のこの「国語教室の機微」論に言及した青木幹勇の論考がある。少し長くなるが青木の述べるところを掲げてみよう。[13]

これは、よほど前のことだが、たしか、古田拡氏の書かれたものの中であったかと思う。

やはり、こういう機の問題にふれた一節があって、そこに、易経から「極深研幾」ということばが引用されていた。

「深を極めて、機を研く」と読むのだそうだが、極深とは、物事の真理・真実・真相を極めることであろう。（少々コジツケだが）

かりに、これを理論的討究とすると、研幾は、直接に、事象に対して、適確に判断し、行動し、実践することを指すのではあるまいか。

しかし、本来、極深と研幾は、一体として所在し、つねに、われわれの生活を支え前進させる支柱となっているとみることができる。

文字のせんぎだては得意でないが、機をさらに、我流に解すると、機は、不易に対する流行であり、偶性を本質的な属性としている。

微は、文字通り、かすかなもの、かげのもの、いわば、本質的なものの投影とみることができる。

したがって機微と熟すと、それは、偶然に出没するかすかなものであるが、つねに事実事象の本質につながっていて、本質探究の有力な手がかりとなる。

と、いったような迷論が考えられる。

（中略）

機微が、具体的にとらえられる（「こと」の欠落か…大内注）のひとつには、指導における「間」の問題があると思う。

「間」が単なる時間的空間でないことは、よく説かれるところである。

それは、生動する意識の凝結点、燃焼点ともいわれる。

緩急自在に、時間と内実とを駆使できる力量においてとらえられる、行為的時間であるともいえよう。

○

機微の所在は、教師の発問と、子どもの応答。子どもの質問と教師の応答の、接触面においてもとらえられる。

これについては、のちに述べてみる。

○

機微はまた、指導の手順の中にも伏在する。

機をとらえ、機を生かし、機に投じるためには、極深の修養をおこたらぬことが大切だが、それと同時にこういうことに全然関心がないのと、いくらかでも関心を持つのとでは、大へんな相違があろうと思われる。

六

まだ、いっこうにまとまったことは書けそうにないが、わたしの心がけている、機の発見、その処理というようなことについて述べてみたい。

第一には、指導に臨む教師の心境である。

われわれは、心境に平静と、余裕をもって、指導にのぞむことのむづかしさをつねに感じる。

たとえば、時間にせきたてられたり、あるいは指導内容に自信がもてなかったり、子どもの動揺に神経をとがらせたり、参観人が気になったり、と、心境をみだす条件はまことに多い。

しかし、教室の機微を生かすためには、どうしてもこの条件がととのっていなければならない。

○

つぎに私は、こんなことを考える。

それは、子どもの声、（発言、応答）総じて教師のことばの反響を十分に聞くということである。

どんなことも聞きもらさない耳、さらにいえば、感覚的に聞くことから心耳をもってきくことの力、これが、機微を生かす大切なポイントである。

〇

つぎには、子どもの表情を鋭く看破すること、子どもの表情に即応して、教師の表情が動くとなれば、それはすでに機微をとらえた姿といえよう。

〇

第四には、教材研究（今は、このことばをあまり使わなくなった）指導内容や、指導の手続に通じておくこと、これは、第一項にあげたこと、または極深について述べたところでもふれたが、ここでは、少し具体的に書いてみたい。

（中略）


誰もが経験するように、教室では指導案には予想もしなかったような事態が、実に数多くとびだしてくる。

機の具体的な姿はそういうものなのである。

この偶発の処理のあざやかであるか、まずいか。見のがすか、とらえるかが、機微（研幾）の問題につながる。

それがあざやかであれば、指導は、それを転機に展開するし、へたに扱うと収拾できないまでに脱線していく。

わたしも、たびたびそういう脱線指導をやった経験をもつ。

古田拡が「極深研幾」の論すなわち「国語教室の機微」論を執筆したのは戦前の昭和十三年のことである。

一方青木幹勇の右の論考が執筆されたのは、これより十六年後の昭和二十九年のことであった。青木が中国北京師範大学に出向していた古田と再会を果たしたのは、戦後の昭和二十五年のことである。

したがって、右の論を執筆した時に青木は古田との再会を果たしていたことになる。筆者の手元にある古田の「極深研幾」論は、なかなか難解な内容である。先に引用した古田の論は、ずっと後の昭和四十九年に古田が執筆した『国語教室の機微と創造』の中で述べられたものである。

これによって、古田の「極深研幾」論は、「教材研究」「授業研究」論としての「国語教室の機微」論のことであると明確に理解することができる。

しかし、青木は、昭和十三年に執筆された古田の「極深研幾」論に触発を受けて、これを青木の実践体験に沿って自らの教材研究論、授業研究論として論じている。

青木は、「国語教室の機微」の問題を、「指導における『間』」や「教師の発問と、子どもの応答。子どもの質問と教師の応答」、「指導の手順」などの局面において捉えている。

そして、「機の発見」と「その処理」に関して、①「指導に臨む教師の心境」、②「子どもの声、（発言、応答）総じて教師のことばの反響を十分に聞く」、③「子どもの表情を鋭く看破すること」、④「教材研で指導内容や、指導の手続きに通じておくこと」の四点にわたって詳しく考察を加えている。

この考察では、青木自身も述べているように、「極深」（＝教材研究論）と「研幾」（＝授業研究論）とが一体としてなされている。しかも、古田の「極深研幾」論が具体的かつ詳細に敷衍されていて、ここにも青木と古田との関わりの深さを垣間見ることができると言えよう。

2　古田拡の「教材研究」論との関わり

前節で見てきた「極深」の論すなわち「教材研究」論の詳細に関しては、古田拡に昭和三十年に刊行された『国語教材研究』（昭和三十年七月、法政大学出版局）という著書もあり、戦前の昭和十二年に刊行された『岩波講座・国語教育』の一分冊『読方教授体系』以来、古田独自の理論がある。

一方、青木幹勇の「教材研究」論に関しても青木独自の理論があって、両者の関連を具体的に捉えることは容易いことではない。

とはいえ、両者に共通する考え方もある。その中心にあるのは、「授業中に行う教材研究」という点である。古田は、教材研究を第六次までであるものとして捉え、「第一次　素材の研究」「第二次　周辺の研究」「第三次一応指導要領に従って教科書中の位置の研究」「第四次　わが学級の歴史と個性に従っての研究」とし、第五次の教材研究に関して次のように述べている。[14]

第五次　授業中、教授と学習との力動体制の中にあって刻々と成りつつある教材。表面は学習指導であるけれども、予想外の答えによって、教材に対して新しい発見を教師はする。つまり児童に学ぶのである。そうして教材の面貌が変わると、それに応じての学習指導の転回―展開となる。

古田は、この第五次の段階になると、「教師↓↑教材↓↑児童という第三次元の世界が生ずる」とし、「この時、たんなる教材研究にプラスXが要請される」と述べ、「このXは、教師の教壇実践によるよりほかに得られない学習指導力、それ自体が教材となる」と指摘している。そして、古田は、この「教材」としての「学習指導力」に関して、「教科の論理と学習の論理との場合から生ずる必然的展開に従う柔軟な心の持主となってはじめて得られる指導力なのである」と規定している。

古田は、このような「教材研究」観に立って、青木幹勇が行った授業実践の報告に対して詳細な批評を加えている。次のような具合である。(15)

わたしは、戦前、岩波書店の『国語教育講座』で「読方教授体系」の小篇を書いたが、その体系の柱を「たしかさ」→「ゆたかさ」→「ふかさ」とした。

青木君の実例を見れば、各自の発表の中におのずから「ゆたかさ」は、教室に醸成されていると思う。ところで、深さはどうか。

これは教師の教材研究の深度と、児童からも学ぼうという心の二つから出てくると思う。

その前者の例。青木君の実例「鳥取砂丘」は、たんなる説明文ではない。これは、明治図書の『国語教育』六月号にわたしも書いた。それは、この自然の力へのおどろき、さらにそこにも生きていく動植物の生命力に対するおどろき、さらに、こうした砂丘を利用しておいしいくだものを育成するようになった人間の力（にんげん万才）に対する感動が、その一文の核となっているのである。それを青木君は、どれほど感得していたかということである。それは、この説明文のあらすじを述べているところにも、また、（「大きさ、ふしぎさを考えないではいられません」の二重否定をどう読みとくか、これは、なかなかむずかしいところです）と一言ふれてはいるが、それでは、そこをどうして読み解かせたかは述べていないところに、こうした疑問もおこるのである。俳句をやり、書をやり宗教に参ずる青木君に、もしそれがあらわれないとしたらおかしなものであるが。

児童から学びとっていくこと、そこにこそ、真の教師があらわれる。これは、こんど、青木君の授業を見せてもらって後の問題としよう。

ここで古田は、青木の実践内容に関して、「ゆたかさ」と「ふかさ」という観点から論じている。そして、後の「ふかさ」という点に関してそれは、「教師の教材研究の深度と、児童からも学ぼうという心の二つから出てくると思う」と述べて、「児童から学びとっていくこと」にこそ「真の教師があらわれる」と、「授業中に行う教材研究」の問題に関して言及している。

一方、青木の考え方の中にも、「授業を通して、子どもたちの読解をよく聞くこと」に触れて、「四十人の子どもの中には、たまたま、教師の読みとどかなかった深さ、豊かさを見せてくれる子どももいるものです」と述べ、「授業中に行う教材研究」の大切さを訴えている箇所がある。[16]授業中に行われる力動的な教材研究の重要性を主張する古田の考え方に相呼応する考え方である。

3　古田拡の「筆端で読む」方法との関わり

青木幹勇が古田拡に最も強く印象づけられたのが、昭和十二年に刊行された『岩波講座・国語教育』の分冊であった古田の論著『読方教授体系』と『教室論』であったことは先に触れたところである。

古田は、この『読方教授体系』の中で、「『読方』と『綴方』とをむすびつける『と』、その純粋なる『と』を求める所に国語教育の本道をわが国国語教育の先覚者達は明らめて来られたが、これは単なる教室内の文字の世界を云ふのではない」と述べて、子どもらが「彼等のならつた読本中の『ことば』を以て把へ、さらにその読本の『ことば』の終るころ」に、子ども達の自らの言葉が生まれていくことを、「結び即産出」であると論じている。[17]

古田のこの考えは、読むことと書くこととの深い関わりを捉えたものである。この考え方について古田はさらに、『教室論』の中でも次のように論じている。[18]

　さらに国語教室の手をおもふに、書くといふ事がある。これは単に西洋心理学の感覚型の説明によるがごとくに運動感覚に訴へてなどといふのよりはもっとふかい意義がある。写経や箚記がそれを示す。これはわが筆端に作者をよみ（表現者の立場から）全身を以て考ふる事である。反省的解釈、しかもそれのことばによる問答のみが教室の重要な仕事と思ふ謬見から解放されるとき、黙々として書いて行く事のふかい意義が行徳されるであらう。しかも、教室において、師のこゝろにみちびかれつゝ、師弟倶に書いて行くとき、心に鏤りつけるごとく丁寧に（書方の時間のみが丁寧に書く時ではない）書いて行く時かもされる教室のふかい、しかもこゝろよいしづけさ、その空気の中に書きつけて行く味は、国語教室のたのしさの一つである。ふかさと、ゆたかさに基礎づけられた「たしかさ」はこの書くことによつて得られるであらう。しかもその「たしかさ」を基礎づける、単なる知的なたしかさではなく、心魂的なものにする、ゆたかさとふかさは、師弟倶に書く事によつてかもされる教室の空気によつて得られるのである。―何かの手段として書くのではなく、たゞ書くといふ事そのものに完了的な意義をみとめて、たゞ、書くことに浸る時。

ここで古田が述べていることは、読むことに果たす書くことの意義についてである。古田は、日本に昔からあった「写経や箚記」などの例から、国語教室における「書く」ことの意義に関して「わが筆端に作者をよみ

（表者の立場から）全身を以て考ふる事である」と述べている。

ちなみに、古田が述べているこの一節は、古田の師・芦田恵之助の教壇実践に関して触れている部分である。古田は、芦田がその教壇実践において「師弟倶に書いて行く」様を、「心に鐫（ほ）りつけるごとく丁寧に書いて行く時かもされる教室のふかい、しかもこゝろよいしずけさ、その空気の中に書きつけて行く味は、国語教室のたのしさである」と意義づけたのである。

古田拡が先の『教室論』を刊行した昭和十二年には、芦田恵之助のいわゆる「七変化の教式」はすでにほぼ完成されていて、七段階の読みの教授過程の四番目に「かく」活動が位置づけられていた。芦田は、この教授過程に関して、昭和十年に刊行された芦田の著作『国語教育易行道』において詳しく解説を加えている。古田の場合、実地に芦田の教壇実践を自分の目で見て、その場の雰囲気から上記のような意義を感じ取ったものであろう。

ところで、青木幹勇の場合も、読むことの学習の中に「書くこと」の活動を積極的に取り入れている。青木はこの方法に関して次のように述べている。[19]

ところが、書くことを子どもに解放し、書くことによって子どもの学習意欲を解放し、文章に正対させると、書くという活動が、単に、文字の練習ということとはちがった機能を発揮してくるのです。

それはどういうことでしょう。文章を書き写す活動は、一見機械的な作業のように見えますが、意識の活動というものは、けっしてそんなに単純なものではありません。子どもたちは、文章を書写することによって、ただ文字を右から左へ書き写すというだけでなく、書きながら、文章を読むようになってきます。音読や、黙読でも読むことは読んでいたのですが、読む力の弱い子どもは、ともすると、文章の上すべりの読みしかしない、文字は読んでいても、文章を読みとっていない空白の読みをしていることが多いのです。

それが、ゆっくり、文章を書き写していくとなると、書きながら文章を自分にひきつけ、それとなく文章を読んでいくのです。もちろん、弱い子どもは、書くことそのことでせいいっぱいということもありましょうが、それはそれで、その子にとっては文字練習としても意味のある積極的な学習であるわけです。

しかし、書くことに慣れてくると、かつては読解学習のラチ外においてけぼりにされていた子どもも、書きながら読むようになってきます。

さらに、すすむと、書きながら、考えることができる、書くという活動が、単なる通読では、読み破ることのできなかった、読みの深所へ、子どもを誘いこむのです。これは、いわば書くことによる精読であるといえましょう。書くことが、自然に、精読を、読み手に求めてくるのです。


青木幹勇の場合も古田拡の場合と同様に、主要には芦田恵之助の「七変化の教式」における「かく」という方法に学んでいるところが大きいことは、すでに第Ⅱ章の「国語教育の先達・芦田恵之助との関わり」で詳細に論じた通りである。

ただ、右に引用した部分で、例えば「文章を書き写していくとなると、書きながら文章を自分にひきつけ、それとなく文章を読んでいくのです」とか、「書きながら、考えることができる、書くという活動が、単なる通読では、読み破ることのできなかった、読みの深所へ、子どもを誘いこむのです」といったくだりを読むと、青木と古田の両者における考え方の相通ずる点を見出せるように思われる。

「筆端で読む方法」は、青木の場合も古田の場合も共に芦田恵之助に学んだところであると判断されるが、その受容の仕方、解釈の仕方においても共に相通ずる点があるように理解されるのである。

三　青木幹勇による古田拡からの受容
―「授業好き」「授業に憑かれた」人への共感―

1　「魅力ある教師」への心がけ

先に取り上げた古田拡の著作『国語教室の機微と創造』の中に、附録として「座談会・魅力のある授業を考える」という記録が収録されている。この座談会の主役は勿論、古田拡と青木幹勇である。この座談会の話題の中心もこのタイトルにある通りの内容であった。

青木は、この座談会の中で、「魅力のある教師」への心がけとして、「もっと日常的なことで、ぼくは、まずふざけられる先生になろうという気持ちでいます」と述べ、さらにこれに加えて、「古田先生がよくいわれるし、ぼくもそれに気をつけてきたことなんですが、それは子どものいうことをよく聞いてやるという先生」でありたいとも述べている。

一方、古田も、青木のこの言葉を受ける形で、「授業における間」の問題に触れて、「いまの青木先生の話の、フワッと解放させる、これは一つの〝間〟だと思います」と指摘し、それは「沈黙の〝間〟でなくて笑いという〝間〟からくる、解放。それで心が安まる。そして、ぐっと締める」ことであると述べている。

また、青木は「古田先生に教わったことはたくさんありますが、その中で思い出すことのひとつに、〝先生はいつも地平線のかなたでなければいかん〟という話があります。それは、あの先生に教わっているとなにが飛び出してくるかわからんという期待をいつも与える先生であれということなのです」とも述べている[20]。

なお、「授業における間」の問題については、青木が古田の「極深研幾」の論を受けて論じた「学習指導における機微の問題」の中でも取り上げられている。

ここに語られているエピソードは、いわば国語科授業以前の実践一般の心構えに当たる部分である。青木幹勇が古田拡からは、こうした点でも多くのことを学んできたと述べているところから、両者の授業実践を介しての関わりの深さを推測させられるのである。

ところで、青木幹勇はかつて、古田拡の逝去を悼んで次のような追悼文を記している。(21)

法政大学にお勤めのころ、わたしのすまいが、先生のご通勤コースにありましたので、ほとんど毎週おいでくださいました。そのうちに、山口喜一郎先生にもご一緒していただくようになり、六畳一間、ささやかな酒肴を中に、談論、夜半に及ぶこともめずらしくありませんでした。

三十年代の中ごろから十年、毎夏休み、先生のお供をして、島根の国語研究会に出かけました。お互いに授業をし、さらには、大勢の参会者を前にして、相互に忌憚のない授業批判を試みました。

「冬景色論争」にうかがえるような、鋭い論鋒の前に、終始たじたじのわたしでしたが、

「歯に衣を着せず、授業を語り合えるのは君だけだよ。」

とおっしゃっていただけたのは、うれしい思い出です。

古田先生の学殖は、国語教育界でも異彩を放っていました。あの驚威的な記憶力、奔放自在、独創的な発想、しかもそれが、文学性に彩られて豊潤であること、まことに魅力的でした。いや、わたしには、先生の学問について語る資格はありません。

わたしの古田先生は、無類の「授業好き」少しオーバーにいえば「授業に憑かれた人」なのです。その例証はあげるまでもありますまい。

古田の逝去を悼んで青木が書いたこの追悼文の中からも、二人の授業実践を介しての関わりの深さがしみじみと伝わってくる。青木と古田との関わりは、古田の言葉にあるように、「歯に衣を着せず、授業を語り合える」ほどのものであったのである。青木は、古田の人となりを称えて、「無類の『授業好き』少しオーバーにいえば『授業に憑かれた人』」と記している。この言葉は実は、そのまま青木幹勇その人にも当てはまる言葉であったと理解されるのである。

2　「不断の教室実践の省察」という姿勢

井上敏夫はかつて、青木幹勇の国語科教育理論に関して、次のように述べた[22]。

第一に、青木理論は、わが国の国語科教育上の貴重な文化遺産というべき芦田理論を色濃く継承している。青木理論について考える場合、芦田→古田→青木という系列を度外視するわけにはいかない。いま、本巻の主題である「読むことと書くことの連関」という点だけに限定してみても、本書第一部第Ⅲ章によっても明らかなように、その先蹤として、「芦田教式における書くこと」を見いだすことができる。

（中略）

青木理論は、この日本の国語教育の風土のなかから発生し、貴重な文化遺産となっている伝統的理論を、もっとも正統派的に消化し継承しながらも、たんに形式的模倣に堕することなく、師の指向した方向を正しく把握して、つねに今日的観点から、改革し展開させていられる、という点に第一の特色をもつ。

三

第二に、青木理論は、芦田、古田理論と同じく、不断の教室実践の省察から生まれた理論である、ということである。

芦田理論のなかに、樋口・垣内両師を通じて、海外教育理論の影響がまったくなかったとは言いきれないであろう。けれども、芦田理論は、けっして外国のある言語理論なり模写や受け売りではなかった。教室の児童とともに、国語の学習指導を実践しているなかから、おのずから発芽し成育してきた理論であった。その原動力として、たえず国語教室における実践の工夫があったのである。

青木理論も、それが実践の工夫で一貫されていることは、まったく同様である。それはけっして上から与えられた理論でなく、教室の日々の営為のなかから、おのずから形を成してきた理論である。

この中で、井上敏夫は、青木幹勇の国語科教育理論に関して、「わが国の国語科教育上の貴重な文化遺産というべき芦田理論を色濃く継承している」と指摘して、「青木理論について考える場合、芦田→古田→青木という系列を度外視するわけにはいかない」と述べている。しかし、井上のこの考え方に関しては、石井庄司が「ご当人や古田先生などからは、少し異論のでるところであるかもしれない」と指摘している[23]。

確かに、井上敏夫が描いた図式は、これを一般的な師とその弟子との間の師承関係で見てしまうと、大きな誤解を生むことになるのではないかと思われる。青木の場合、その位置するところは、やはり石井庄司が指摘するように、「青木先生は、こういう良き指導者に恵まれて来られたが、しかし、より多く自学自習の方というべき」であり、「場で学ぶタイプの方[24]」という見方が最も適切であると判断されるからである。

ただ、一方で、青木の理論は、井上敏夫の指摘にあるように、確かに「芦田、古田理論と同じく、不断の教室実践の省察から生れた理論である」ということも事実である。

ところで、石井庄司は、古田拡の国語教育史上の意義に関して、「若い先生の教壇の批評などをした後は、自身の実践を通して、それを実証するという熱心さ」であったことを指摘して、「国語教育学を地で実践しうる人は、古田教授を措いて、他に余りないのではないかと思う」とその功績を高く評価している。[25]

一方、古田拡の方でも、青木幹勇の国語科教育実践への立ち向かい方に関して、「腰のすわりのきまっているひとであり、土性骨のいっぽんとおっているひとである」と評価を下している。

古田はさらに、青木が「俳句も書も、もう、くろうとの域に達し、理論の本も読み、仏教の経典にも、ひとり参入している」にも関わらず、「書くものには、そういうことを片鱗も見せず、ただ、やっている事実を、平易なことばで、淡々と叙しているだけである」と、その実践家に徹した生き方に賛辞を呈しているのである。

古田拡によるこうした青木幹勇に対する評価は、青木が古田の逝去に際して捧げた「無類の『授業好き』」「授業に憑かれた人」という評価にそのまま重なっていくものと見なすことができるのである。[26]

古田拡との劇的な出会い以後、青木幹勇は、独自に国語科授業の創造に向けた努力を続けていくことになる。また、青木は戦後、古田との再会も果たし、共に教壇実践を通して「歯に衣を着せず、授業を語り合」い、「不断の教室実践の省察」を行うことで自らの国語教師としての力量を形成していくことになるのである。

青木幹勇にとって古田拡との出会いは、青木自らに授業実践人として生きていく覚悟を固めさせたことになると判断される。

注

（1）倉沢栄吉他編『近代国語教育のあゆみ2』昭和四十五年十一月、新光閣書店、一〇七頁。

（2）石井庄司稿「近代国語教育史における古田教授の歩み」（法政大学国文学会『日本文学誌要』十四号、昭和四十一年三月、十二頁）。

（3）前掲書、注（1）、八十～八五頁。
（4）野地潤家著『国語教育の創造』昭和五十七年七月、六三～一一四頁。
（5）青木幹勇著『授業を拓く』平成元年十二月、国土社、二二一～二二五。
（6）青木幹勇著『わたしの授業—戦前・戦中編—』昭和五十三年、明治図書、一六三頁。
（7）同前書、注（6）、一七六～一八一頁。
（8）同前書、注（6）、一八七～一八八頁。
（9）前掲書、注（6）、一八九頁。
（10）前掲書、注（4）、一〇一～一一三頁。
（11）古田擴稿「極深研幾」（『垣内先生還暦記念　国語教育道』抜刷。筆者の手元にある抜刷には発行年月等が記録されていない）。
（12）古田拡著『国語教室の機微と創造』昭和四十九年十月、明治図書、二二三～二二四頁。
（13）青木幹勇稿「学習指導における機微の問題について」（東京教育大学附属小学校初等教育研究会編『教育研究』昭和二十九年三月号、五二～五四頁）。
（14）前掲書、注（12）、九四～九五頁。
（15）古田拡稿「批評」（東京教育大学初等教育研究会編『教育研究』昭和三十七年十月号、二二三頁。後に『青木幹勇授業技術集成2書きながら読む』昭和五十一年四月、明治図書、に再録）。
（16）青木幹勇著『書きながら読む』昭和四十三年二月、明治図書、八八頁。
（17）古田拡著『岩波講座国語教育（国語教育の方法的機構）読方教授体系』昭和十二年二月、岩波書店、十一頁。
（18）古田拡著『岩波講座国語教育（国語教育の実際的機構）教室論』昭和十二年九月、岩波書店、六五頁。
（19）前掲書、注（16）、三七～三八頁。
（20）前掲書、注（12）、二二九～二三〇頁。

(21) 青木幹勇稿「古田擴先生のご逝去を悼む」（青木幹勇編『国語教室』一七〇号、昭和六十年七月、十五頁）。
(22) 井上敏夫稿「書くことを楽しむ授業」（『青木幹勇授業技術集成2書きながら読む』昭和五十一年四月、明治図書、二九三～二九四頁）。
(23) 石井庄司稿「種々の場で学び育った青木先生」（『青木幹勇授業技術集成4話しことば・作文』昭和五十一年八月、明治図書、三一五頁）。
(24) 同前書、注(23)、三一五頁。
(25) 前掲稿、注(2)、十二頁。
(26) 前掲稿、注(21)、十五頁。

第Ⅳ章　ＮＨＫ「ラジオ国語教室」との関わり

一　ＮＨＫ「ラジオ国語教室」への出演・指導担当

ＮＨＫの学校放送「ラジオ国語教室」が始まったのは、昭和二十八年四月からであった。青木幹勇が出演したのは昭和五十三年までである。青木はこの放送に開始当初から出演して指導を担当していた。

開始当初、放送を担当するメンバーは、小学校の各学年二名ずつの十二名であった。

青木によれば、これらのメンバーの大半は放送に関して「ずぶのしろうと」だったようである。また当初は、「放送内容」や「放送の構成」も十分には確立していなかったとのことである。昭和二十六年の「学習指導要領国語科編（試案）」を土台として、「電波を通して正しい共通語を、耳からじかに指導して」いくこと、そして「日本の子どもたちの話す力、聞く力を育てよう」というのがこの放送のねらいであった。

青木の言にもあるが、この放送は「国語教育史的に見てひとつの画期的な教育活動」であったことは間違いないであろう。

この放送は、「スタジオに数人（普通六人）の子どもを連れてきて小型授業形式で放送」された。放送が始まると、次々と様々なつまずきが生じたようである。まず、スタジオに連れてきた「子どもたちをどう扱っていくかということにてこずって、一番かんじんな全国の聴取児童をおいてけぼりにすることになりがち」であったという。

放送に携わっているメンバーの研修会では、「もっと教室の子どもを意識しろ」という反省がしばしば出されたようである。しかし、その技術をものにするのに青木は、「二八、二九、三十と三年ぐらいかかったよう」であると述懐している。

また、放送に際しては、「放送者自身のことばが正しいことばであること」はもちろん、「マイクの前の六人の子どもたちに、実地の指導をし、この指導を通して、聴取児童によびかけていく」ことが求められ、加えて「聴取児童の話しことばの指導に一役」買うことが求められていた。

そのためにも「放送を通してスタジオでの子どもたちの話しことばの育っていくすがたを現出」させなければならなかったのである。

こうした課題を解決するために、青木たちは担当のメンバーたちと、後述するような「研修会」や「反省会」を持って、指導技術の向上を図るべく努めていったようである。

ここで注目しておきたいことは、青木が「十四分そこそこの時間で、計画された指導をし、一応はまとまった学習をさせるということはなかなかむずかしいこと」と述懐している点である。

加えて青木は、「何もできそうもない短い時間だと思わせられた十三四分でも、けっこうゆったりとできるし、まとまったものになることが経験され」たとも述べ、そこに「放送者の指導技術というか、放送者自身の話術というか、そういうものがなかなかたいせつだということもわかってき」たとも述懐している。

そしてこうした経験が、青木にとって「平生の国語、その他の授業にも反映してき」たと言う。青木は十三、四分のラジオ放送の時間に比べれば、「四十分なり、四十五分の授業」には「ずいぶんいろいろな指導ができるものでもある」ことに気付いたのである。

青木自身、「この仕事のおかげで、国語教師としての資質を何ほどか高めることができました[1]」と述べているが、その言葉を待つまでもなく、青木にとっての「ラジオ国語教室」放送の体験は、青木の国語教師としての力量形成に大きく関わっているものと推察されるところである。

そこで本章では、「ラジオ国語教室」放送を担当していた時のどのような体験が青木幹勇の国語教師としての力量形成に関わったのかについて考察を加えていくことにする。

その一つの観点として、勿論、実際の生の放送体験があったことは言うまでもないことである。

しかし、この点に関しては今日、手許に青木自身の当時の録音テープが残されているわけではない。したがって、青木自らの声を視聴することを通して、その話し言葉の習練の過程を検証していくことは果たし得ない。

そこで、その他の観点から青木の力量形成に関わったと目される諸要素に迫ってみようと思う。

その一つは、ＮＨＫの教育部学校課が設けていた「ラジオ国語教室」の研修会兼反省会に関する内容である。もう一つは、最も重要な観点となるが、青木自身の手になる「放送台本（＝教材）」の自主制作という観点である。

以下、これらの諸点を取り上げて詳しい考察を行っていくことにする。

二　「ラジオ国語教室」研修会を通して

昭和二十八年の放送開始当初は、青木幹勇によれば、指導担当者の間で様々な課題が出現してきたようである。

その対策としてまず行われたのが、担当者たちの「ことばなおし」であった。研修会ごとに「アナウンサーに来てもらって、アエイウエオアオの発音から、話しことばのポーズや、イントネーションの練習」をやったり、「録音を試聴して子どもへの呼びかけ、子どもの応答のとりあげ方、助言のことば、助言のしかた[2]」などの工夫が行われたとのことである。

放送台本の作り方についても、この研修会で研究が行われ、その手順と方法を身に付けていくことができたものと推測される。勿論、個々の台本作成は担当者個々人に委ねられていたとのことである。

筆者の手許に、青木幹勇が自ら作成した膨大な数の放送用台本がある。青木から拝借したものである。これらの放送台本の詳細については後述するが、これらの台本に混じってＮＨＫ教育部学校課が制作した「昭和三二年度ラジオ国語研修会・中学年部会実施計画表」なるものが含まれている。三頁のパンフレットであるが、この中に当時の研修会の概要が記されているので取り上げてみよう。

この年度の研修会の開催日時は、五月六日、六月二四日、九月三十日、十一月二五日、一月一十日、三月十七日の六日間である。いずれも月曜日、午後四時から八時までの四時間が充てられている。

参加者の名前に、石黒修（教育評論家）、倉沢栄吉（文部視学官）、木藤才蔵（文部事務官）、泉節二（東京都目黒区菅刈小学校長）、相原永一（東京学芸大学附属豊島小学校）、青木幹勇（東京教育大学附属小学校）、水谷五郎（東京都新宿区淀橋第四小学校）、千葉かおる（お茶の水女子大学附属小学校）、小塚芳夫（東京都渋谷区大向小学校）、榎本隆治（東京学芸大学附属追分小学校）、地引はな（東京都台東区育英小学校）の十一名が記されている。

この頃は、実際に指導を担当する者が八名になっていたようである。

研修会の内容は、はじめに「番組の試聴」をして「意見交換」が行われている。検討する観点として、「一　ねらいの出し方、しぼり方」「二　題材の選び方（場面の設定、用語など）」「三　構成　○放送の山がうまく盛り上がっているか。　○ドリルは、どのように実施されてたか。　○指導や助言」「四　その他」が設定されている。

この後、「教材研究」として、「各大単元につき、今までの放送台本を分析研究して整理し今後の参考資料として役立つものを作成する」作業が行われている。

作業の振り分けは、第三学年分が「五月　聞きわけ方、聞きとり方」「六月　擬声・態語・話し方」「九月　朗読、あいさつ」「十一月　たのみ方、うけこたえ、相談」「一月　劇の練習」「三月　感想発表、話し合い」、第四学年分が「五月　聞き方」「六月　家のことば、学校のことば、流行語、ていねい語」「九月　話し方、感想発表、話し合い」「十一月　発音」「一月　朗読、劇の練習」「三月　あいさつ、応答、相談」となっている。

これらの単元ごとにグループでの研究が行われていったようである。その際に、例えば具体的にどのような反省が行われていったのかについては、後で見ていくことにする。

三　放送台本（＝教材）の自主制作を通して

研修会を通しての共同研究もさることながら、青木幹勇の国語教師としての力量形成に大きく貢献したのは、毎回の放送に使用する「放送台本」の制作にあったと推測される。

勿論、前述したように、実際に生の声でスタジオと全国の子どもたちに話しかけていく、その実際の話し言葉の指導自体も青木にとっての話し言葉の修練に計り知れない成果をもたらしたことであろう。

しかし、残念ながら手許に当時の放送の録音テープは残されていない。したがって、音声を通して青木の放送に関わる修練の成果を検証することは叶わない。

そこで、ここでは手許にある青木自身の制作になる「放送台本」の検討を通して、青木の話し言葉に関わる教材制作の一端とその意義について考察を加えていくことにする。

次に掲げるのは、青木から拝借した「放送台本」である。

１　青木幹勇の制作になる放送台本で現存するものの一覧

【昭和二十九年度用】第三学年分・全十三冊
①「ことばあつめ」（四月十七日放送）、②「うつくしい花」（四月二四日）、③「もっとゆっくり」（五月一日）、④「上手に話そう」（五月八日）、⑤「相談のしかた」（六月十九日）、⑥「まとめの巻（三年・四年の内容の一部）」（七月八日）、⑦複数担当者による出演「二学期の国語教室」（九月四日）、⑧「とぬけことば」（九月十一日）、⑨「おしまいまで」（九月十八日）、⑩「それはへんだよ」（九月二五日）、⑪「順序よく」（十一月二十日）、⑫「わかる話とわからない話」（昭和三十年二月五日）、⑬「そそっかしいね」（二月十二日）
【昭和三十一年度用】第三学年分・全十三冊
①「すすんで話そう」（六月十六日放送）、②「気楽に話そう」（六月二三日）、③「はっきり話そう」（六月三十日）、④「友だちの話しぶり」（七月七日）、⑤「おとなと話し時」（七月十四日）、⑥「番組予告」（九月八日）、⑦「話しあい（１）聞いたり話したり」（十月十三日）、⑧「質問のしかた」（十月二十日）、⑨「答えかた」（十月二七日）、⑩「話しあい」（十一月十日）、⑪「なき声、もの音」（昭和三十二年一月十九日）、⑫「ぴったりしないことば」（一月二六日）、⑬「こう話せばよくわかる」（二月二日）
【昭和三十二年度用】第三学年分・全十四冊
①「終りまで聞いて（聞きとり方１）」（五月十一日放送）、②「あらすじの聞きとり（聞きとり方２）」（五月十八

日）、③「たしかな聞きとり（聞きとり方3）」（五月二五日）、④「たしかに伝える（聞きとり方4）」（六月一日）、⑤「順序よく話す（よくわかる話し方1）」（六月二九日）、⑥「くぎって話す（よくわかる話し方2）」（七月六日）、⑦「わき道にそれずに（よくわかる話し方3）」（七月十三日）、⑧「国語教室三年生の時間（予告番組）」（九月七日）、⑨「客のきたとき（うけこたえ1）」（十月二六日）、⑩「道をきかれて（うけこたえ2）」（十一月二日）、⑪「聞きじょうず（うけこたえ3）」（十一月九日）、⑫「まとめ番組」（十二月二一日）、⑬「せりふの練習（劇の練習1）」（一月十八日）、⑭「心持ちをあらわして（劇の練習2）」（一月二五日）

【昭和三十三年度用】第三学年分・全十一冊

①「一学期の放送は（予告番組）」（四月十二日放送）、②「順序よく話す（よくわかる話1）」（六月二八日）、③「くぎって話す（よくわかる話2）」（七月六日）、④「わき道にそれずに（よくわかる話し方3）」（七月十二日）、⑤「お客のあったとき（うけこたえ1）」（十月二五日）、⑥「道をきかれて（うけこたえる）」（十一月一日）、⑦「聞きじょうず（うけこたえる）」（十一月八日）、⑧「みんなの前で（あいさつ1）」（十二月六日）、⑨「知らない人にも（あいさつ2）」（十二月十三日）、⑩「二学期の放送は（予告番組）」（昭和三十四年一月十日）、⑪「セリフの練習（劇の練習1）」（二月七日）

【昭和三十四年度用】第四学年分・全十冊

①「ていねいなことばとらんぼうなことば（ていねいなことば1）」（五月十八日放送）、②「ていねいに話そう（ていねいなことば2）」（五月二五日）、③「流行語・ことばのはやりすたり」（六月一日）、④「まとめ番組」（七月十三日）、⑤「知らないお客さまと（うけこたえ1）」（十一月十六日）、⑥「要点を聞きとって（うけこたえ2）」（十一月三十日）、⑦「話がよく伝わるように（うけこたえ3）」（十二月七日）、⑧「じょうずなうけこたえ（うけこたえ4）」、⑨「じょうずな進めかた（話し合い1）」（二月十五日）、⑩「なごやかに話す（話し合い2）」（二月二二日）

【昭和三十五年度用】第四学年分・全十冊
①「気持ちのよいことば（ていねいなことば１）」（五月九日）、②「ていねいに話すには（ていねいなことば２）」（五月十二日）、③「相手にわかったか（うけこたえ３）」（七月四日）、④「じょうずなうけこたえ４）」（七月十一日）、⑤「順序よく整理して（説明報告）」（九月五日）、⑥「調べたことは（説明報告２）」（九月十二日）、⑦「決まったことは（説明報告了）」（九月十九日）、⑧「二学期のまとめ」（十二月十九日）、⑨「感想をまとめて（発表）」（一月十六日）、⑩「読んだ本の感想（発表２）」（一月二三日）

【昭和三十九年度用】第六学年分・一冊
①「相手の意見を尊重して（話し合い１）」（六月二四日）

※以上の他に、青木幹勇以外の指導担当者の放送台本が十三冊ほど混じって手許にある。なお、青木がＮＨＫ「ラジオ国語教室」に出演していたのは、昭和二十八年から昭和三十五年までの二十五年間の長きにわたる。この間、最も長く担当したのは第六学年であったとのことである。しかし、残念ながらこの学年の「放送台本」は紛失している。

以下、これらの台本から窺われる教材としての意義や、放送を展開していく上で青木が工夫していった方策についで考察を加えていくことにする。

2　「放送構成」の基本的な骨格に関する考察

まず、「放送構成」の基本的な骨格から見ていくことにしよう。

以下に示すのは、昭和二十九年九月二五日に放送された台本の構成である。

1	「それはへんだよ」
2	アナウンス 発音練習 ア カ　行 サ
3	導　入
4	大阪ことば ○聞く ○感想 ○助詞、助動詞について―練習　教大の子ども
5	外人との対談 ○紹介　挨拶 ○日本語の練習について ○日本語のむづかしさについて 助詞―い、にが 助動詞―肯、否 ○雑談 ○挨拶 外人　対　青木
6	みかんの花咲く丘（音盤） ○聞く

	○歌詞をよむ…教大の子ども
7	夢の馬車（音盤） ○「のぬけ」で歌う ○聞く ○助詞抜きで歌う （○「のぬけ」で歌う～○助詞抜きで歌う）げき団の女の子？
8	助詞の使い方 ○も ○へとに
9	助動詞の使い方 ○肯、否 質問の仕方、受け方 終結

冒頭では、アナウンサーからの放送担当者の紹介に続いて、ごく短時間での「アエイウエオアオ」といった発音練習が入っている。その後に短い「導入」としてその日の題目に関わる内容に入っている。4から9までが具体的な展開となる。「4　大阪ことば」「5　外人との対談」「6　みかんの花咲く丘（音盤）」といった具合に、短い時間の間にも関わらず、具体的な参考教材や練習場面の設定、歌のレコードを用いた言葉の使い方の練習などと、場面展開が変化に富んでいて、視聴者に飽きさせない配慮がなされていることが分かる。

3　展開に際しての多彩な工夫

さて、放送を展開していくに際しては、様々に多彩な工夫が施されている。それらの一端について見ていってみよう。以下に示すのは、昭和二十九年四月二四日に放送された「うつくしい花（ことばの使い方2）」の展開部分である。

三、「よびかけ」を聞く

男全「山だ。」
女全「山だ。」
男A「なつかしい、ぼくらの山。」
女A「やさしい、わたしたちの山。」
女全「晴れた日も。」
男全「雨の日も。」
女全「風の日も。」
男B「この教室から。」
女B「よびかける山だ。」
男全「おーい。」
女全「おうい。」
男C「きりが　はれてくる。」
女C「きりが　ながれていく。」
男全「遠い山も。」
女全「近い山も。」
男A「もう、すっかり、青い山だ。」
女B「山は、みどりだ。」（以下略）

四、街頭会話

……　……　……　……　……　……　……
「よびかけ」ですね。
教室から見える山。教室から見える雲。
教室にふきこんでくる風。
どこにも、ここにも、はや夏がやってきている。
そんな、「よびかけ」ですね。
○口をよくあけてことばをはっきり
○声をそろえて、強く、また弱く
○はやく、またゆっくり
○男の声、女の声
○一人の声、みんなの声
○ことばの感じをよく生かして、読んでいくのですね。
○声だけでなく、いろいろな音などをまぜてやるのもおもしろいね。
さて、この「よびかけ」にも、
　・なつかしい／・やさしい／・遠い、近い／・青い／・軽い／・高い／・すずしい／・こころよい
などと、この仲間の言葉が、いろいろつかわれていますね。
さて、つぎを聞いて下さい。
乙「このかた、おじょうさまですか。」
甲「ええ、今年、一年生に入学したのよ。」
乙「まあ、そうでいらっしゃいますか。かわいらしいお嬢様ですこと。」

よびかけ

録音

五、子どもとんち教室

甲「いいえ、もう…。」
乙「大きい一年生ですね。お母様に似て、おきれいですこと。」
甲「どういたしまして。まだあかちゃんでこまりますの。」
子「わたし、もう、赤ちゃんじゃないことよ。先生、りっぱな一年生っておっしゃったわよ。」
乙「まあ、まあ、そうね。お嬢さんの先生どなた。」
子「川村先生っておっしゃるの。」
乙「どう？　やさしい先生でしょう?」
子「そうね、ちょっとこわいの。でも、とってもやさしいの。」
乙「ホヽヽヽヽ。そう、おもしろいわねえ。学校、おすき?」
子「大すきよ、まり子。」

さあ、どうです。いまの話わかりましたか。話合っているのは、何人かな。
もう、みなさん、ちゃんとわかっていますね。そうです。
○かわいらしい／○大きい／○きれい／○こわい／○やさしい／○おもしろい
一年生のまり子ちゃんも、こういうことばをうまくつかっていますね。
（中略）
「トンチ教室」のテーマ及び最初の部分
おやおや、とんち教室が急にはじまってしまいましたね。
それでは私たちも一つしてみましょう。
「子どもとんち教室」をはじめることにしましょう。
［始業のベル　効果］

「わたくしは、子どもとんち教室」の青木先生です。出席をとります。
静岡のみかん君………はい
山梨のぶどう君………はい
青森のりんごさん……はい
岡山のもも太郎くん…はい
鹿児島のびわ子さん…はい
「今日の生徒さんはこの五人です。宿題の発表はあとまわしにして、さっそく問題をさし上げましょう。最初に、『ものはづけ』です。さあ、おもしろいお答えを出して、ラジオをお聞きの三年生をうんと笑わしてあげて下さい。『ものはづけ』の題は『むずかしいもの』というのです。さあ、むずかしいもの、むずかしいものはなんですか。」
生徒「はい、はい、はい、はい。」
先「　せいに、手があがりました。子どもとんち教室の生徒もみな優等生らしいな。はい、みかん君、どうです。」
み「むずかしいものは、算数の宿題。」
先「むずかしい算数の宿題、みかん君は、算数がにが手らしいな。…でも、このお答えはあまりおもしろくない。平凡ですよ。ほかに、はい、りんごさん。」
り「むずかしいものは、しずみかけたお日様をよびもどすこと。」
先「ほほう、沈みかけたお日様をよびもどす、それはむずかしい。まって下さいよ。それは、むずかしいというより、できないことじゃないの。」
り「でも、先生、わたし、この間、お話の本で、お日様をよびもどしたお金持ちのことを読みましたよ。」

先「なるほど、そんな昔話がありましたね。りんごさんは、もの知りだな。でも、むずかしいのとできないのとは、区別して使って下さい。ほかに、ハイ、もも太郎君。」
（以下略）

ここに引用した展開部分で見ていくと、まず子ども同士の「よびかけ」の場面を取り入れて、形容詞の効果的な使い方を理解させる手立てとしている。このような具体的な用例に基づく展開は、全ての「放送台本」に見られる顕著な特徴である。

続いて、「街頭」での会話の場面を劇団の人とのやりとりで流して、放送担当者である青木が〈呼びかけ〉る形で、同様に形容詞の効果的な使い方の事例を提示している。併せて、上記の引用では省略してあるが、形容詞の効果的な使い方をドリルとして提示して定着を図る工夫も行っている。

続いて、当時ラジオの人気番組であった「とんち教室」（この番組は、アナウンサーが青木幹勇と同じ姓の青木一雄という人物であった。）の放送スタイルを真似して、「子どもとんち教室」に仕立てて、台本化している。スタジオで放送に参加している出演者の子どもたちを巧みに使っている部分である。この部分などは、ユーモラスな展開となっているところで、楽しみながら学習が進められるような工夫として優れた点であると見なせる。

4　その他の形式による展開

上記のような工夫の他にも、展開上の工夫には様々なものがある。その中で、最も代表的なもので常套的に用いられた手法が、以下のような「寸劇」形式によるものである。これは、スタジオの子どもたちを使って、話し言葉の実際をリアルに再現していくのに好都合な方法であったからである。

「じょうずなうけこたえ（うけこたえ４）」

第四学年対象　（昭和三十五年七月十一日放送）

このごろ、日本中の小学生の聞いたり、話したりすることが、だんだんよくなってきているということです。うれしいことですね。

さて、きょうは、相手や、場所が変わってもうまく、うけこたえをして話すようになると…。そういう勉強をしてみましょう。

みなさんは、もう「ハイ」「イイエ」という簡単なうけこたえだけでなく、わからないことを聞きかえしたり、相手にわかってもらえたかどうかと、たしかめてみたりすることも、できるようになっているはずですね。

それでは、次の劇を聞いてください。

まずはじめは、子どもたち四人の話合いです。

A　ねえ、ぼくたち四人が八月一日まで、うさぎ当番になったんだけど、どうする。

B　どうするって、吉田さんには考えはないの。

A　考えはないことは、ないんだけど、君たちの考えも聞かせてよ。何しろ生きもののことだから。

C　そうだよ。まちがうと、たいへんなことになるよ。ぼくは、だいたいは用務員のおじさんに（ちょっと小声で言う）、たのんでおいたらと思うんだけど…。

D　だれにたのむの。

C　用務員のおじさんさ。

B　用務員のおじさん、引き受けてくれるかしら。きっとだめだよ、それは。

二、寸劇（１）

兎小屋の前で

（友達同士）

A　おじさんにたのんだのでは、当番の責任ははたせないよ。
D　そうよ。
C　でもね、一度きいてみたらどうかな。
（以下略）

この放送は、昭和三十五年のものなので、それまでの「寸劇」形式に比べて、より練り上げられた内容の台本になっている。「場面」の設定にも工夫が見られる。

次の場面では、「三、寸劇について考える」となっていて、放送担当者（青木）がスタジオの子どもたちと、この寸劇に登場する四人の人物たちの「受け答え」について話し合う形を取っている。その後でさらに、第二場面と第三場面が続けられている。上の引用では、この「寸劇」の第二場面と第三場面とを省略しているが、一つながりの「寸劇」を途中で区切って、スタジオの子どもとの応答を組み込んでいる点に工夫が見られるのである。

この他に、「対談」形式を取り入れた展開場面がある。例えば、昭和二十九年五月八日放送の台本には、スタジオにプロのアナウンサーに来てもらい、放送担当者（青木）と対談するという趣向が見られる。手っ取り早くやれば、青木自身が説明して済んでしまうところを、プロのアナウンサーに話してもらうことによって、説得力を持たせることを期待した趣向である。

また、「ゲーム」形式を取り入れた展開場面もある。例えば、昭和二十九年九月十一日放送の台本には、外国人の人たちが「日本語のけいこ」をしている場面を録音で流しておいて、その後で「つなぎことばあそび」を取り入れるといった趣向が見られる。

こうした「ゲーム」形式は、言葉の使い方を楽しく学習させる手法として時々用いられていたようである。さらに、形の上では「寸劇」形式と同じものであるが、「問答」形式もよく用いられていたようである。例えば、昭和二十九年九月十八日放送の台本には、「漫才形式」の「とんちんかん問答」が出てくる。なかなかよく工夫された趣向で、青木の台本制作に際しての苦労が偲ばれる内容となっている。

この他にも、放送展開の上での様々な工夫が見られる。これらは、いずれも十三、四分の放送時間を聴取者である子どもたちが飽きることなく、楽しく聴いていけるようにとの創意工夫であったわけである。日常、学校で行われている四五分の国語の授業であれば、このたった十三、四分の時間というのは、ほとんど一つだけの学習活動に終始する時間である。この時間の中に、このような多彩な変化に富んだ楽しい活動が盛り込まれて、台本化・教材化されている点にこそ注目しておくべきである。

実は、後述するが、こうした台本化・教材化の工夫こそが青木幹勇の国語教師としての力量形成に大きく関わっているものと見なすことが出来るからである。

四　「ラジオ国語教室」の反省を通して

さて、以上見てきた青木幹勇の手になる「放送台本」を用いての実際の放送は、どのような具合に行われたのであろうか。実際の放送を録音したテープが今日では入手できないので、その詳細は不明である。しかし、昭和二十九年に行われた放送についての反省会の記録が手許にある。同年十一月に開催された中学年部会の反省会記録である。全三二頁からなる冊子にまとめられている。

この反省記録の中には、指導担当者六名の反省が記録されている。青木幹勇のこれまで見てきた「放送台本」

を用いての放送に関しても、詳細な反省が綴られている。そこで、少し長くなるが以下にその記録の一部を掲げて、考察を加えておくことにする。

『ラジオ国語教室中学年部会資料―その一「反省記録から」』

NHK教育部学校課　青木幹勇

放送日記の中から

第一学期

一　ことばあつめ（四月十七日放送）

1　名詞についての語彙拡充、同一物でも、ちがった名で呼ぶという目標であったが、構成に非常に困った。

a　名詞の語彙、兎類といってもとらえどころがなかった。

b　同一物の呼名をいろいろにいってみるということも、無理にみつけるようになって（もっともそれが語彙の拡充ということになるといえばいえないこともないが）うまく構成出来なかった。放送の上でも手薄になった。

2　ことばあつめは、もっと狭いワクを設けて、その中での学習にしないと漠然としてしまってまずい。

3　構成の焦点を

a　アナ君の交番訪問

交通安全週間にひっかけて話題化する。

b　バスガールの東京案内

にしたのだが、どうも策のない、響の弱い放送になってしまった。

語彙の拡充ということが、ことばあつめという形式でできるかどうか疑問である。語彙の確認は出来るかもしれないが拡充はどうだろう。確認活用というテーマならもっとおもしろい方法が考えられそうに思う。（ドリル形式にしてインフォメーション形式にしないやり方でやるとか）放送劇団の某嬢のやってくれたバスガールの真似は、印象的で今でも、記憶にのこっている。

「日記抄」

国語教室（第一回）放送きく。青木先生なかなかはりきっている。アクセントに耳ざわりなもの二、三とび出す。聞いていて非常に短い感じがした。

二　うつくしい花（四月二十四日放送）

1　この放送は、一、二学期を通じて、一番よく出来たのではなかったかと思う。

a　構成に無理がなかった。

b　展開が多彩でおもしろく出来た。

1　歌（レコード）わたしの人形

2　よびかけ（これは少々まずかったが）

3　大人の冗漫な会話

4　修飾語と被修飾語との関係の例

5　とんち教室形式の採用　など

2　放送全体がユーモラスに展開出来た。

みんな、おもしろくやろうと意図しているが、まだそれが不自然で技巧が目立って拙い。その点この放送は、割合に自然に出来た。

三　もっと　ゆっくり（五月一日放送）

1　副詞を適切に使って表現をゆたかに効果的にすることが出来る、という目標であったが、どうもうまくいかなかった。

2　台本の内容が盛り沢山になって、作文の中から副詞を引き出させるようなドリル的な学習が、オミットされて、劇の連続のようなことになってしまった。

劇の「せりふ」の中から副詞をとり出させるような形式になったが、どうも放送の焦点がボヤケたように思う。
3　「効果」によって情景を想像させ、それを話す場合に副詞を使って話すというような廻りくどい方式をとったなどに極めて拙劣であったように思う。
4　最近よくやる、ゲーム形式で副詞の使い方をドリルさせるというような扱いにするとよかったかもしれない。
5　劇形式を余りに使いすぎたきらいがある。
（中略）
第二学期
一　とぬけことば（九月十一日放送）
1　学期の放送で反省したことにもとづいてインフォメーションとドリルの両形式の調和を工夫してみた。
2　外人（二世）と日本娘との対談―（劇形式は）割合いに効果的ではなかったかと思う。
(1)　問題の焦点をはっきり具体的にとり出したこと。
(2)　話題の展開がユーモラスであったこと。
3　放送内容の展開の中に挿入する解説はなかなか手際よくいかない。多くの場合深入りしすぎてゴタついたりモタついたりする（同僚諸兄姉の放送を聞いてもこの感あり）のだが、この放送の場合は、割合いにスッキリとやれたように思う。
4　ゲーム形式をとり入れてみた。一応はよかったと思うが、時間を短くおいこみすぎて、反射的解答になりやすい。（これも同僚諸君のゲーム形式にもよくきかれる）反省されてよいことではないか。聞いていてもいかにもウスッペラに聞こえるし、放送の品位が下がりはしないか。
5　助詞の変化によって意味の著しく変化するという類例の示し方が少かったようだ。

6　クラスの子どもをはじめて使った。子どもたちが割合いに積極的で、気楽に、放送が出来た。

二　おしまいまで（九月十八日放送）

1　助動詞のはたらきを理解させ、語尾をはっきりさせる。

2　この回も二つの、寸劇を取り入れてみたが、どれもあまりピンとくるものでなかった。特に、語尾のアイマイをクローズアップしようとした「とんちんかん問答」は、作りものに堕してしまった感があって赤面した。

3　質問形式の「話しかけの仕方」を強調したのだったが、どれだけ響いたか心もとない。しかし、常々考えていたことで、自信をもって話したのだった。三年生には程度が高かったかもしれない。でも、あまり長広舌にならない限り、また、聞き流さる懸念はあっても、こういう放送は、ことばの教育ではあってもよいと思う。「子どもの為のことば時評」という意味で。

4　ドリル形式も多少とり入れられた。

5　放送者と劇団の子どもとの、カケアイ式に展開していく形式をとり入れてみたが、これは、ちょっと気が利いていて、今後活用できると思った。

6　解説の挿入の仕方もまずまずというところ。

三　それはへんだよ（九月二十五日放送）

1　前二回のマトメ形式の放送であった。昨年度、本年度一学期に経験したマトメ放送の失敗をくり返さないように努力した。

2　二人の外人の招待は一応成功であった。ただ、その相手になった、クラスの子どもたちが、半凡で、気おくれしたために存分の効果をあげ得なかったことは残念だった。

3　大阪弁の音盤はよかった。外人のことばの音盤を、前回に使っておいて、今回本物をスタジオに招いたというようなやり方も、おもしろい。

4　ヤタラに長々とやったのを編集してもらった放送だった。無難にはいっていたが、平板な調子であった。

今後は、十三分三十秒の中にも、起伏、強弱のリズムを持つような、立体的な放送にしたいものだと思う。

これまでの放送は、変化をつける、飽かさないで聞かせるという点では六人とも一応習得できたものがある。さらに一歩、抜け出す為にどうするか。次の課題ではあるまいかと思う。

放送のマトマリ、変化、一応のおもしろさ、ここまではどうやらこぎつけたように思う。これで一年半かかったわけだ。むずかしいと推察された語法内容の放送であったが、私としてはよい勉強になった。放送としてもおもしろくやれそうだし、来年のプランにも入れたらと思う。

（以下略）


ここには、三二頁に及ぶ反省会記録の中から、青木幹勇自身の反省が記述されている部分だけを引用した。この青木の反省記録は、六人の放送担当者の記録を収録した全三二頁の中で十四頁が割かれている。青木の反省記録が最も詳細を極め徹底したものとなっているということである。

冒頭の「放送日記から」という言葉にあるように、青木の場合は、放送の度に「放送日記」を付けてその都度自分の放送に関する反省を記録しておいたと思われる。アクセントから放送に際しての展開上の様々な工夫に関して、一つ一つの反省が具体的に克明に記述されている。

「うつくしい花」の放送に関しては、「一、二学期を通じて、一番よく出来たのではなかったか」と記されている。確かに、構成が自然な形で組み立てられていて、展開も前節でも見ておいたようにとても多彩な工夫がなされていたと言える。「とんち教室」形式を取り入れてユーモラスな展開に仕立てられていた点にも満足していたようである。

反対に、「もっとゆっくり」の放送では、「台本の内容が盛り沢山」になっていた点や、「ドリル的な学習が、オミットされて、劇の連続のようなことになってしまった」などと厳しい反省が加えられている。「劇形式」の使い過ぎにも反省が加えられている点などは、効果的なだけにそのマンネリズムを警戒したのであろう。「とぬけことば」の放送では、「放送内容の展開の中に挿入する解説はなかなか手際よくいかない」という点が指摘されている。この点は、解説がくどくなり過ぎる問題である。放送担当者全員に見られる問題点として率直に指摘しているところに、青木の放送に賭ける厳しい姿勢が窺えるところである。

取り入れられた「ゲーム形式」に関しても、「時間を短くおいこみすぎて、反射的解答になりやすい」と指摘し、「聞いていてもいかにもウスッペラに聞こえるし、放送の品位が下がりはしないか」といった反省を加えていてなかなか手厳しい。

全体的な反省の中にある、「十三分三十秒のなかにも、起伏、強弱のリズムを持つような、立体的な放送にしたいもの」という反省や、これまでの放送においては、「変化をつける、飽かさないで聞かせるという点」で担当者全員が一応習得出来てきたという指摘などにも、放送を通じて青木幹勇自身の放送技術や指導技術が着実に身に付いてきた様子が窺える。

以上見てきたところから、青木幹勇のＮＨＫ「ラジオ国語教室」との関わりが青木自身の話し言葉の力を鍛えたことは間違いのないところであると判断される。また、その上に指摘出来ることは、青木の平生の国語科授業を構想し展開する力量の形成に少なからぬ影響を与えていたことである。

そうした力量は、十三分三十秒という放送時間を実際に生の声でスタジオの子どもたちに話しかけ、その声が待ったなしで全国の子どもたちに伝えられていくという体験を通して鍛えられていったものである。スタジオでの子どもたちとの待ったなしのやりとりは、平生の国語科授業における授業組織の力量に大きく寄与しているはずである。この短い放送時間においても青木は、聴取者を飽きさせない構成に意を用い、実に多様な展開の形式を工夫し、指導の技術と話術とを高めていくことに専心努めていったからである。

また、この短い放送時間を最大限に活かすために青木は、聴取者を飽きさせない構成に意を用い、実に多様な展開の形式を工夫し、指導の技術と話術とを高めていくことに専心努めていったのである。

こうした教材としての「放送台本」の制作体験は、青木の独自教材開発の力量形成にも大きく寄与している。[3]そしてさらに、平生の四五分間の国語科授業を構想し展開する力量を形成していくための大きな礎となっているものと判断されるのである。

注

（1）青木幹勇稿「ラジオとテレビが育てた国語教師―話しことばの指導の側面―」（東京教育大学初等教育研究会編『教育研究』昭和三十五年五月号、十～十三頁）。

（2）同前誌、十一頁。

（3）青木幹勇は教材の自主開発について自ら実践してきている。その考え方や方法に関しては、例えば「教材を探し教材を作る」「持ち込み教材の魅力」（青木幹勇著『いい授業の条件』昭和六十二年十二月、国土社）等を参照。

第V章　昭和戦前期における授業研究

一　「授業ひとすじ」に生きた国語教師

青木幹勇は、その著『わたしの授業　戦前・戦中編』（昭和五十三年二月、明治図書）の中で、「わたしは、格別これといった、取柄のある人間ではありませんが、子どもといっしょにものを学ぶこと、つまり、授業をするということだけは、ほんとに、シンから好きな人間だと少々自負しています」と述べている。

また青木は、「うまく正しく、できるかどうかはとにかくとして、それが授業であれば、音楽でも体育でも、算数でも理科でも、食わずぎらいをせず、けっこうおもしろくやってきました」とも述べている。

青木は、こうした体験が「のちのわたしの授業や趣味のうえに、プラスになったことも少なくなかった」と述べ、「若いときは何でもむきになってやっておくことだ」と指摘している。

とは言え、青木にとって「授業の中の授業は、やはり国語の授業[1]」だったということである。

青木は教師生活の大半を附属小学校で過ごしたので、実際に行ってきた授業は日常の授業の他にも「校内での、授業研究、参観の方々に求められる授業、または、研究会での公開授業など、さまざまな授業」や「他校に招かれて行った授業」もあり、その授業回数は「全国にまたがり、五、六百回は下らないだろう」と述べている。

そして、こうした授業の「多くが失敗の授業、心のこりの多い授業だったといえる」としつつも、「文字通り国語の授業ひとすじに生きてきたわたしは、もうそれだけで、十分の生き甲斐だったと思っています[2]」とも述べている。

加えて青木は、「齢六十（同前書執筆時の昭和五十二年当時。大内注）を越えたわたしに、もし、何ほどかの人間的な成長が、みとめられるとすれば、それは、ほとんど、国語の授業によって得られたものだといえそうに思いますいます」とも述べて、「もちろん、いくらかの読書、多くの師、先輩、知友に教えられ、導かれるところも少なくありませんが、それらもわたしの場合、授業といういとなみを濾過することによって、わたしを育てることになったのではないかと思います[3]」と言い添えている。

以上の文言からも、青木が授業の実践というものに一方ならぬ思いを抱いてきたことが理解されるであろう。

そこで、本章では、青木の国語科授業の実践が青木の国語教師としての成長・力量形成にどのように関わってきたかについて考察を加えていくことにする。

まず、本章では前章までの考察も踏まえつつ、昭和戦前期における青木の青年教師時代を中心に辿っていくことにしたい。

二　教員かけだしの頃の授業との出会い

青木幹勇が初めて授業らしい授業をしたのは、大正十五年九月、「検定によって尋常小学校本科正教員の免許状をもらうための、授業による実地試験」の時である。場所は、試験場となった宮崎県師範学校附属小学校、「初日に教材が示されて、指導案を書き、二日めに、その指導案によって、授業」をする。教材は尋三「俵の山」（尋常小学国語読本巻六、第一）であり、相手は附属の子等であった。

この十年後、青木は宮崎県師範学校の専攻科を出て、その後にその附属小学校に勤めることになる。大正十五年、十九歳の秋に青木は、検定試験に合格して高千穂小学校の訓導に採用された。翌年四月には山の中の大人《おおひと》小学校に二年間勤めることになる。ここで青木は、校長や同僚から教師としての基礎訓練を受け、「読書への目覚め」「学問に対するあこがれ」を芽生えさせたのである。

やがて青木は、昭和四年四月から十年三月まで東臼杵郡（今の延岡市）岡富村岡富尋常高等小学校の訓導として赴任することになる。

この岡富小時代に、青木の「自己形成にもっとも大きな影響」を与えることとなった「まことに傑出したふたりの先達（指導者）」と「すばらしい友人（青年教師たち）」との出会いがあった。青年教師たちとは、共にスポーツ（野球やテニス）を楽しみ、同人誌『けむり』という月刊誌を刊行している。

右の「ふたりの先達」とは、小嶋政一郎と木村寿の二人である。

小嶋は、青木に「音楽、舞踊、演劇という三つの芸術部門について、強烈な洗礼」と「宗教的体験」とを与えている。こうした芸術面での素養が後年の青木の授業実践に与えたと目される事実に関しても、今後の考察の中で取り上げていくことにしたいと考えている。

もう一人の木村寿は、岡富小で二年ほど共に務めた生活綴り方教師であった。この木村寿から青木が受けた影響に関しては、第Ⅰ章において詳細な考察を加えている。

ここでは、本章での考察に関わる部分で、青木が木村寿から受けた影響に関して、筆者が考察した部分に言及しておくことにする。(4)

上記の文言より、青木が、木村の作文（綴り方）教育から、「小学校教育に対する深い洞察」と、作文や表現の素地づくりとしての基礎指導を重視する姿勢とを学び取っていたことが分かる。

なお、第Ⅰ節でも触れておいたことであるが、青木は、木村が「けっして授業のうまい人」ではなく、「『みてくれ』のいい授業をする人」でもなかったが、「担任する子どもたちが、たちまちみちがえるように生々として」きたというエピソードを紹介している。こうした点にも、青木が、木村の実践を通して、小手先の授業のうまさからでなく、「広い実践の裾野」から子どもを育てていこうとする姿勢を学ぼうとしていたように理解されるのである。

この部分で筆者は、青木が木村から学んだ「教師としての根本的な姿勢」と「教育実践の本質」ということについて言及している。

さらに、木村による児童の実態の捉え方から青木が学んだことに関して、筆者は次のように言及している。(5)

この文言の中で、青木は、木村が「子どもの生活の実態」を「文字通り肌で感じとり、からだでうけとめ、記録の積みあげによってすっかり知り尽していたといえるでしょう」と指摘し、木村を「生活綴り方教師の典型そのもの」と認めている。その上で、青木は、戦後の「家庭生活が、都市はもちろん、農山村も大きくかわってきて、親子ぐるみ、教師や、学校と密接するということがむずかしくなってき」たという事実を挙げて、「子どもの生活実態を、あたたかい人間関係の中で知り合うということは、むずかしく」なったと指摘している。

青木は、このような現状認識について述べ、今後は、「もっと身近なこと、従来もやってきたことの中で、いっそう掘りさげることはないか」と訴えて、「それは、平凡ですがやはり授業の中で、子どもを知り、子どもの実態を、多面的に流動的にとらえ、授業を通して、人間関係を豊かにしていくことになります」と、一つの現実的な対応策を提起している。

ここでは、青木が木村の生活綴り方教師としての徹底した実践の有り様を評価しつつも、木村の実践をそのまま鵜呑みにするのでなく、今日的な状況認識に立って新たな実践方法を提起していることが理解される。もう一点、青木が木村の実践から学んだと思われる要素について、筆者は次のように言及している。(6)

青木幹勇が自らの国語教室の読解学習に「書くこと」という言語活動を積極的に導入して後、20年ほどの歳月を経て、「第三の書く」という刮目すべき実践理論へと発展させたことについては、本論考の冒頭にも述べておいた。この「第三の書く」という理論への発展過程において青木は、児童に「視写」の活動における「慣れ」と「筆速」とを身に付けさせようとする注目すべき提案を行っている。青木のこの提案は、木村が提起した「筆力修練」という課題につながっているように思われる。

木村は、その著書『綴方実践の開拓』（昭和十一年十一月、東苑書房）の中で、「教師と児童との共同作業」としての「筆写練習」や「児童文の聴写」、「児童文の視写」等の指導について述べている。木村が行っていた「筆力修練」の指導も「作文、ないしは、表現の素地になるような、基礎指導」であり、青木は、木村のこうした実践にも学ぶところがあったと思われる。

木村寿から青木が受けた右のような影響は、青木の戦後における授業実践にも様々な形で窺われるはずである。それらについては、次節以降の考察の中で触れていくことにする。

三　宮崎県師範学校附属小学校での授業研究

1　教育実習生向け模範授業を通しての修練

青木幹勇は、六年間勤めた岡富小を退職して、昭和十年四月から宮崎県師範学校の専攻科に入学する。青木にとって、この専攻科での一年間は「過去八年半、現場で修得してきたもの、あるいは、独学で学んできたもの」を「一度払拭して、新しい教師生活への再出発をこころみるいい機会でもあった(7)」ようである。

附属小学校での研究教科は「唱歌」であり、その主任を務めることになる。唱歌主任は二年間務め、唱歌の指導は、青木に「発声、発音の鍛錬」「自分の声を鍛える」という副産物を与え、合唱の指揮も「その後の国語の授業に生きてきているのではないか(8)」と述懐せしめている。

さて、青木は附属小三年目に唱歌主任を外してもらい、いよいよ本格的に国語科に取り組むこととなる。その頃、青木は「国語の授業にも、全然といっていいほど自信がもて」なかったとのことである。

ただ、「綴り方」だけは、岡富小時代の生活綴り方教師・木村寿の影響もあり、文集作りなどもしてそれなりに楽しくやれたと述懐している。

当時の附属小には、主席（教頭）に宮崎県で熱心に芦田恵之助を崇拝する高橋末袈裟がいた。青木はこの人物の手引きもあって、芦田恵之助の著作を通して「芦田教式」に学ぶようになる。

そして、青木は師範学校から来る実習生を「猛烈に鍛え」たのである。

青木にとっては実習生を指導することが「非常にたいせつな自己研修」であった。実習生に見せる授業は「つねに模範」でなければならず、「失敗は失敗として、とりあげ、恥をしのんで、その失敗を究明してみせ[9]」なければならなかったと述懐している。

実習の終わる頃には、県内各地へ研修旅行に出掛けて、二つ三つの学校で実習生に授業をさせてもらうといったことも行われていた。

なお、青木はその頃、附属の外に出て宮崎市に隣接していた生目という学校で授業を行っている。「サクラ読本（巻六）」の三年生三学期の教材で「春の雨」を使った授業である。附属ではかけだしの頃の学外授業であったが、青木には「かなり手ごたえの感じられた授業[10]」であったようである。

当時の青木の国語授業は「芦田教式」によるものであった。しかし、この芦田への傾倒振りも、附属の職員同士の授業研究の席上で加えられた一人の同僚からの手厳しい批判によって、「芦田教式の桎梏」からの脱却が目指されていくことになる。

その一つが県下の青年教師達との「授業研究サークル」活動であった。青木の芦田恵之助との関わりに関しては、すでに第Ⅱ章で詳細に考察を加えたのでここでは省略に従う。

ここでは、本章での考察の視点と関わる部分で、青木が芦田恵之助から受けた影響に関して、筆者が考察した部分にのみ言及しておくことにしよう。

筆者は、第Ⅱ章での考察の結論として、次のように締めくくった[11]。


青木幹勇にとって芦田恵之助は、職場の大先輩であったということ以上に一人の巨大な師であった。青木は、その師の教式を模倣することから始めて、やがてその教式への囚われから脱却し乗り超えていこうとする道筋を辿っていく。その道程は、青木が昭和十一年に宮崎男子師範学校附属小学校訓導になってから、昭和四十七年に東京教育大学附属小学校を退官し、その後も全国の教壇で公開授業を行いつつ昭和六十一年に『第三の書く』という著書で刮目すべき実践理論を提唱するに至るまでおよそ半世紀にわたるものであった。

一人の師の実践理論に学び、それを半世紀の長きにわたって批判的に乗り超えていこうとした国語教師の存在を、筆者は、青木幹勇を措いては寡聞にして知らない。その意味でも、国語教師・青木幹勇の芦田恵之助との関わりは、国語教師の形成過程を探る上から大きな意義を有していると言える。

第Ⅱ章において、筆者は、青木が芦田から学び、やがてその克服を目指していった諸点として、①「芦田教式における『書く』作業の実践的超克」、②「『筆写速度』の問題に関する実践的超克」、③「芦田恵之助の思想と実践との隔たりに対する批判」の三点を取り出している。

青木が芦田から受容し、半世紀の長きにわたって批判的に乗り超えていこうとしたのが右のような諸点であったと理解される。

2　授業研究サークル活動を通しての修練

青木は「宮崎市及びその近在に職場をもつ、若手の教師仲間と授業研修の同好会」を作って活動していた。当時の青木には、「附属の国語部員にはともに語る者なし、吾人、すべからく、校外にいでて同志とともに切磋琢磨すべし」といった思いを抱いていたとのことである。

その同好会は、「ほとんど、毎日曜日、どこかの学校に集まって授業」をしていたという。昭和十二、三年頃には、日曜日に子どもを集めて授業を行うことなどは特別なことではなかったのである。

青木は、「何とか、芦田教式のとらわれから脱却しようと努力」していた。

このような研修を続けていた昭和十四年の秋、青木は同志の教員に、一年後に迎える紀元二六〇〇年を記念する「国語教育修練講習会」の開催を提案したのであった。

講習の内容として「講演と授業・合宿研修の三本立て」で、「先輩や大校長などの顔や、力はいっさい借りない。すべてわれわれの力でやること」「参加者がひとりも来なくても、全員ボーナスを醵出する」[12]という方針を立てている。

その講習会の講師には、青木が「絶対この方にという意中の人」であった古田拡を招聘することになった。古田は「芦田一門で断然異彩を放って」いた人物であった。

青木が古田拡に強くひかれたのは、『岩波講座―国語教育』に入っていた『読方教授体系』と『教室論』等を読んでいたからである。

青木にはこれらの著作が、「それまでに読んで来ていた、国語教育の文献とまるでちがって」いて、「ほとばしり出る、新鮮な発想をもてあましながら、いかにももどかしそうに、それをペンの先ですくいあげているといったような感じ」[13]であると思われたのである。

また、青木は、「山口県で行われた芦田一門の教壇修養会」で古田の授業を見ていたのであった。そして、青木達は、昭和十五年の新春早々に宮崎市において三日間にわたる「国語教育修練講習会」を開催したのである。この時の様子については、やはり第Ⅲ章において詳細な考察を加えているので、詳しくはこちらを参照して頂ければ幸いである。

ここでは、本章での考察と関わる箇所で、筆者が考察した部分に言及しておこう。

筆者は、第Ⅲ章での考察の結論として、次のように締めくくっている[14]。

青木幹勇が古田拡と「国語教育修練講習会」において、実質的な出会いを果たしたのは、青木が三十代半ばの時であった。この講習会は、他からお膳立てされての研修とは異なり、青木達の自発的な意志で開催されたものあった。古田を招聘することは、他ならぬ青木の提案によって実現することになった。

青木は当時、「芦田一辺倒の授業」からの脱却を目指してサークル活動を始めていた。この芦田恵之助の高弟が古田拡であった。しかもこの講習会において出会った古田の印象について、青木は後に、「芦田先生にはみることのできない古田先生の魅力」が「まばゆいばかりに映っていた」と述懐している。

この事実は、青年教師・青木幹勇のその後の力量形成にとって極めて重大な意味を持っている。青木の古田との出会い、その授業との出会いは、青木にとって新たに国語教師として目指すべき大きな目標が与えられたことになったと理解されるからである。

第Ⅲ章において、筆者は、青木が古田から学んでいった諸点として、古田の「国語科授業創造への心がけ」「国語科授業創造へのくふう」という観点から取り出して考察を加えた。

①「古田拡の『国語教室の機微』論との関わり」、②「古田拡の『教材研究』論との関わり」、③「古田拡の『筆端で読む』方法との関わり」の三点である。

また、青木が古田から受容した要素として、「『魅力ある教師』への心がけ」「『不断の教室実践の省察』という姿勢」を取り上げて考察を加えている。

これらの諸要素は、いずれもこの後の青木の授業研究に深く関わっていくものと推察されるところである。

さて、古田拡を講師に招聘して開催した「国語教育修練講習」を成功裡に終えた後、青木達は翌年（昭和十六年）の正月にも、兵庫県から芦田一門中の授業の第一人者と言われていた岩瀬法雲を招聘して、第二回目の講習会を開催している。この時の印象について青木は、ほとんど記していない。

また、古田を招聘しての講習会の後に、学芸会において「四年生以上高等科の二年生までの子ども全員をステージに立たせて、あるストーリーを演じさせる台本」を作成し、「大総合」と名付けた演出発表を担当している。

青木は、この体験を通して、「台本を書くこと、それを演出しながら、たとえば、発音とか、ことばのメリハリとか、せりふのうけわたし、間のとり方、シュプレヒコールにおける個と群の声の効果的な扱い方など」を学び、それが「後々の国語の授業に生きてきているだろう[15]」と述懐している。

さらに、青木は昭和十五年に、芦田恵之助の最高弟と言われていた沖垣寛が校長をしていた小樽市緑小学校で開催された研究発表会にも参加している。

この時にも、青木は芦田の授業を参観し、垣内松三の講演を聴いている。この時の芦田の授業に関して青木は「さほど印象に残る授業ではなかった」ようで、記憶には残っていないと述べている。

四　東京高等師範学校附属国民小学校での授業研究

昭和十六年四月からは、国民学校となり、その翌年の五月に青木は東京高等師範学校附属国民学校に赴任することになる。ここの附属の国語部には当時、田中豊太郎を部長に花田哲幸（青森）、小島忠治（神奈川）、森下巌（高知）、篠原重利（福岡）と青木幹勇の六人の部員がいた。

附属での最初の全国公開研究発表会は、昭和十八年六月十二、十三、十四日の三日間であった。戦前では最後の全国公開となった研究会であったとのことである。そして、この後、昭和十九年三月十四日に附属に来て最初の校内授業研究会で研究授業をすることになる。

1　校内での最初の研究授業

この時の「三部五年国民科国語読み方授業案」が残されている。次のような授業案である。[16]

三部五年国民科国語読み方授業案

昭十九・三・一四（火）第六時

授業者　青　木　幹　勇

一　題目　**ばらの芽**（初等科国語巻六・十七）

二　要旨　選ばれた七首の和歌を読ましめて、その伝統的情趣を読み味わひ、一つには、古典和歌理会への途を拓かしめ、二つにはこの古典（国民的）文学型式に自己の情感を表現するの基礎を培ふ。

三　要項1読む力　正しい発音と抑揚・韻律を声調に生かし、十分親熟するまで読みを練る。自然に歌の心を読み声の上にのせて読めるまで読みを深める。

2釈く力　和歌の情趣的世界を読み解く力に展開する（綴り方）。

3書く力　正しく、美しく、速く書く力、仮名遣の徹底。

4作る力　和歌創作の素地に培ふ。

四　計画　所要二時間のところ一時間です。今後歌作指導、詩教材の取扱の際は随時、本時指導の発展を意図する。

五　聯関　和歌教材（初等科国語）

巻五　晴れたる山、戦線和歌（支那事変）

巻六　明治神宮、明治天皇御製…略

巻六　ばらの芽、子規、赤彦、牧水…
巻七　見わたせば、古今、新古今
巻八　みたみわれ、万葉、古今、金槐
巻八　万葉集、防人、人麻呂、赤人
—以下略—

六　**準備**　作者略年表（児童作）
各歌の解釈（宅習）三首・四首と二回に分けて課す。

七　**指導の実際**

主眼　要旨及び要項に準ず
過程
通読　指名により数回通読、読みを正し、歌読まんとする雰囲気を作る。
書写　全歌七首を一気に書く（児童学習帳教師板書）同時進行し字数（漢字五四・仮名一三三）一八七字・所要十分
・入念に正しく美しく且つ相当の筆速をもって書く。
・新しい読解の生まれてくることを期待して、書きつつ読む。
・書きあげて自己検討、文字の正、美、仮名遣
読みの修練
・正しい発音、アクセント、韻律を生かし、正気のある気合の斉った読みを求める。暗誦へ導き各自の工夫ある読みをすすめる。
読解㈠　題目、各歌の主題、季節、語句、作者等について取扱各歌の輪郭を描く。
㈡　読解の発表　各人一首、選択自由「宅習を生かす」で発表する。

・表現に即して衝くべきところを適確に衝いているか。
・表現に即さないで脱線したところ、熟さない解釈はないか。
・行きとどいた、深い卓れた読解の箇所を見出せ。
（以上三項　よく聴く）

㈢　教師の補説と右児童読解の短評

作者㈠　作者の系統…万葉…子規―左千夫―赤彦…現歌壇の主流
　　㈡　作歌の態度…歌に即し単純に、読み且つ釈くことの深化に役立つやうに。

読みの修練

整理
　決戦下の短歌＝時間に余裕を見出した時

右の授業案には、「要項1読む力」の箇所に「自然に歌の心を読み声の上にのせて読めるまで読みを深める」とあって、音読・朗読を通して「読みを練る」こと、そのために舌頭に千転させることを第一義としていた様子が窺える。

また、「要項3書く力」として、「正しく、美しく、速く書く力」とあり、「七　指導の実際」の「書写」の項に「全歌七首を一気に書く（児童学習帳　板書）同時進行し字数（漢字五四・仮名一三三）一八七字・所要十分」と記され、「入念に正しく美しく且つ相当の筆速をもって書く」とその狙いが設定されている。ここには、昭和戦後期に入ってからも青木が追究していくことになる「筆写速度」という指導課題が明確に意識されている。この筆写速度という問題も青木が芦田恵之助から学び、実践的に乗り越えていこうとしてきた指導課題であった。

さらに、「新しい読解の生まれてくることを期待して、書きつつ読む」という箇所にも後年、青木が追究してきた「書きながら読む」という発想による授業づくりへの萌芽が見られるところに注目させられる。

2　最初の研究授業に寄せられた諸氏の批評言

右の研究授業に対する教官会議での授業検討会は十五分か二十分で終わってしまったようである。しかし、青木はその後に耳に入ってきた同僚の教官諸氏による「裏話」としての批評言を取り上げて内省的な考察を加えている。

一つ目は、「ひやかし屋」「毒舌家」として通っていた井上武士という教官からの「青木君、君、見直したよ…」という一言であった。もう一つは、やはり同僚で理科の大先輩でもあった堂東傳からの言である。堂東という教官が、授業のあった翌日、「きのうはどうもいい授業を見せてもらってありがたかった」と述べ、「下の校舎（第四部）では、きのうあの会のあともそうだったが、けさもまた、ストーブを囲んで、君の授業でもちきりだったよ[17]」と話しかけてきてくれたと紹介している。

さらに、当時すでに理科では大御所的な存在であった橋本為次という教官からは、「やあ、この間はいい授業を見せてもらってありがとう。君、なかなか勉強しているなあ。」という言葉を掛けられたと述懐している。

一方、国語部員であった森下巌からの批評はなかなか辛口であった。それは戦後、青木が東京教育大附属小学校を退官するに際して『教育研究』誌に送辞の一部として寄せたものである。森下は、青木のこの時の研究授業を振り返りつつ、「青木さんは、その授業にだいぶん自信のあったようなことを書いているが、わたしは、それほどいい授業だとも思わなかった」と述べている。そして、森下は「ある先輩も『ああいうのを田舎初段というう』と教えてくれたことを思い出す」と述べて、「とにかく、見せ場たっぷりの、匠気に満ちた授業であったという印象が残っている[18]」と述懐している。

この森下が指摘している「見せ場たっぷりの、匠気に満ちた授業」という批評について青木は、森下から見ればば「参観者を意識し、大向をあっといわせようとするたくらみ」がみえた「かなりいやみな授業」であったということなのであろうと内省的に回顧している。

また、「田舎初段」という批評の意味について青木は、宮崎という地方で「がむしゃらにやってきていたが、野武士的な荒削りか、逆に小細工を利かしているなと見える授業」だったのであろうと述べ、「いやに力んでいるが、実力のほどはまだまだと、見すかされていたにちがいありません[19]」と内省的に分析を加えている。

さらに青木は、当時教官室で机を並べていた荻須正義という同僚が三十年程のちにまとめてくれたこの「ばらの芽」の研究授業についての批評文を取り上げている。荻須による次のような参観記である。[20]

感動と劣等と

その頃、愛知の田舎から上京したばかりの若輩のわたしは、不安と寒さにおののいていた。占春園（校地内にある大名の旧庭園）の枯木のような木々、澄んだ池の水、見るものすべて、わたしの心を痛めた。

そのわたしが、青木先生のご授業を拝見することができたのだ。

低い声で、しかも力のこもった口調、多くを語らない青木先生の発問に、ぴりぴりとひびき合う子ども、まったく静中動ありという言葉そのもの、当時、理科を専攻しようと望んでいたわたしには、ほど遠い内容ばかりだ。しかし共に人間であれば、わかるものはわかる。そのときわたしは、自分が消えていくのを覚えた。授業を見ている教官の一人という意識が消えていくのをどうしようもなかった。

紅の二尺伸びたるばらの芽の…青木先生が、何かとわたしにきいている。何だろうと考えているうちに、友だちがさっと手をあげてしまう。その手は、にくらしい程自信に満ちていた。先生の方に向かって伸びた右手、五本の指までそろえてぴんと伸びているのだ。

やがて指名される。友だちの答えたことが、わたしにはわからないのに、青木先生は、なるほどとうなずかれる。どこにそんなことが書いてあるのかと、歌を読みなおすのだが、そんなことは、文字面にはどこにもでていない。

もうだめだ。わたしは劣等生だとわかったとき鐘がなった。四十五分の授業がものすごく短く感じた。感動の一瞬だった。はじめて我にかえった。そして自分は児童ではなく、青木先生と同じ教官の一人であることに気がついたとき、自分の力なさをしみじみと味わった。こんなにみじめな自分をみたことはなかった。

しかし、感激に酔い、みじめな自分を発見し、そこから力強く一歩をふみ出すのだ。そこに男があると、自分をはげましたものだった。

みることからみなおすことへ、読むことから読み直すことへ、そして書きなおすことへ、そこに自分をみがく刀があることに気づいた。

三十余年前、ある日の感激、こうもはっきりとわたしの記憶に残っている。そして、そのことを、このように書き綴るこの日が偶然にも、三月十四日であるとは、

「人生、大いに夢あり、そこに努力あり、また感謝も生まれる。」偉大なる青木先生に感謝の意を捧げるのみ。

（昭50・3・14記）

この荻須という教官は、後に理科教育の権威として活躍をし、その理科の授業では早くから高名な人だったようである。その人が、青木の授業を学習者の立場に立って振り返っている。

右の参観記は授業から三十年後の回想であるから、細部の事実については不分明なところもあろう。が、逆にこの授業についての全体的な印象こそは、ここに記されているほどに鮮やかなものであったということであろう。

青木はこの「ばらの芽」の授業について、前掲書の中で二一頁にわたって紹介している。

この授業は、青木にとっては東京高等師範学校附属国民小学校での最初の校内研究授業であり、そこに戦後の青木の授業研究における実践課題も含まれていたようである。そうした意味でも、この授業は青木にとって記念す

べきものであり、戦後においても営々と継続されていく授業研究への大きな拠り所ともなったと考えることが出来よう。

注

（1）青木幹勇著『わたしの授業　戦前・戦中編』昭和五十三年二月、明治図書、七～八頁。
（2）同前書、八～九頁。
（3）同前書、九頁。
（4）大内善一稿「国語教師・青木幹勇の形成過程(1)―生活綴り方教師・木村寿との関わり―」（『秋田大学教育文化学部研究紀要・教育科学』第五四集、平成十一年三月、十八頁）。
（5）同前稿、十八頁。
（6）同前稿、十九頁。
（7）前掲書、注（1）、一二七頁。
（8）同前書、一四〇～一四二頁。
（9）同前書、一五〇～一五一頁。
（10）同前書、一五四頁。
（11）大内善一稿「国語教師・青木幹勇の形成過程(2)―国語教育の先達・芦田恵之助との関わり―」（『秋田大学教育文化学部教育実践研究紀要』第二一号、平成十一年三月、十一頁）。
（12）前掲書、注（1）、一六一～一六二頁。
（13）同前書、一六三頁。
（14）大内善一稿「国語教師・青木幹勇の形成過程(3)―国語教育の先達・古田拡との関わり―」（『秋田大学教育文化学部研究紀要・教育科学』第五五集、平成十二年三月、十一頁）。

(15) 前掲書、注(1)、一九三頁。
(16) 同前書、二五二〜二五五頁。
(17) 同前書、二六七頁。
(18) 同前書、二六五頁。
(19) 同前書、二六六頁。
(20) 同前書、二六八〜二七〇頁。

第Ⅵ章　昭和戦後期における授業研究

一　長編童話「五十一番目のザボン」の読書指導

昭和二十二年の四月から青木幹勇は一年生を担任している。

この年の暮れに、東京教育大学附属小の国語部は石森延男の奨めにより、満州から引き上げて来ていた山口喜一郎を迎えて研修会を開いている。この研修会の折に青木は山口に授業を公開する約束をしている。

青木が授業を公開したのは昭和二十三年二月十四日であった。教材は『こくご（二）』にあった「五　おはなし」である。青木にとっての戦後初めての研究授業であった。

以来、山口は亡くなる昭和二十七年まで足かけ五年間何度となく青木教室の授業を参観に来校している。青木によれば、山口には当時「アメリカ的国語教育論に対する強い批判、対抗の意識があった」ようであり、それは山口の「言語教育論」が「どちらかというと、西欧的であり、思索的、哲学的であったから」とのことである。

さて、青木は戦後初めて担任した一年生を昭和二十二年から二十八年まで六年間持ち上がっている。この六年間持ち上がりは青木にとってただ一回限りの体験だったとのことである。

この子ども達が五年生になった三学期に、青木は与田準一が戦後いち早く書いた『五十一番めのザボン』という長篇童話を六年生の卒業まで約一年がかりで読み続けるという指導を行っている。

二四〇頁ほどの本を正規の国語以外の時間、放課後の十五分か二十分を充てて子ども達と読んでいくという指導である。この実践は雑誌『言語生活』に取り上げられて、当時国立国語研究所所長だった西尾実が参観に訪れている。西尾は記録者として当時法政大学教授だった高藤武馬を伴ってきた。

高藤の記録には、「青木先生がこの作品を取り上げた動機は、まとまったものを一つ、みっちりと読むことによって、通読から精読、さらにテーマの展開をつかみ取る力を養おうというためのこころみであった」と記され、「先生は、文学作品を読むことによって、社会主義的ヒューマニズムを体得させたいといつもくろみもあった」と記されている。

続けて、この記録には「『五十一番めのザボン』というかなり特殊な作品を取り上げるところにも考えてみなければならない問題もあろうし、学習が終始、先生対生徒の対話調で進められ、クラス全体の討議にまで発展しなかったというところにも、六年生としては問題が残るだろうが、ともかく、学習資料としてのテキストの欠陥を補いつつ、新しい国語教室を創造していこうとする先生の意気は、大いに買わなければならないだろう[1]」と述べられている。

二　学校外の研究会における出張授業

戦後期における青木幹勇の「国語科授業研究」の場は、校内での公開授業は勿論のこと、附属小教官であったことから、学校外での研究会などに招かれての出張授業の場が多くなっている。

戦後最初の出張授業は昭和二十五年の五月に山形県の赤湯温泉に隣接する長井という地区での授業、続いて、翌二十六年二学期に兵庫県姫路市の船場小学校でも授業を行っている。この船場小での授業は、東井義雄が参観していて、氏からの高い評価が得られたとのこと、以来、東井との交流もあったようである。

　この授業で青木が心掛けたのは、山口喜一郎から教えてもらった「授業における子どもの発言のとりあげ方、ないし話のさせ方の指導[2]」であったとのことである。

　また、この姫路での研究会の帰りに淡路島の洲本第三小学校校長・石戸重夫から突然研究会への招聘があり、ここでも青木は授業を行っている。

1　京都市国語研究会主催「全国国語教育研究大会」での授業と講演

　昭和二十七年頃からは、各地の学校や研究会に招かれることが多くなる。同じ場所に毎年のように出掛けることもあり、それらのうち、京都市で行われていた国語研究会には、昭和三十年五月に開催された「全国国語教育研究大会」を皮切りに、以後四回、通算五回出掛けている。この大会は規模も大きく、多くの講演者を招いて様々な問題について話をしてもらっていたとのことである。

　この大会のうち青木が招かれた五回の大会について青木は次のように述べている。[3]

> さて、この大会は、どんな主題で行われたのでしょうか。
> 第一回⑶⓪国語教育実践の指標と開拓
> 第二回(31)国語学習指導はどうあるべきか。
> 第三回(32)国語学習指導の今の問題をどう解決したらよいか。
> 第四回(33)新指導要領を見通して国語学習指導をどう進めたらよいか。
> 第五回(34)たしかな国語学習指導の方法。
> この大会では、毎回十人ほどの人が講演をしました。（ただし、第五回は、講演三名―湯川秀樹、阪本一郎、池

田弥三郎─ほかに十人ほどが、各部会で講話をしている）わたしも毎回、話と授業をさせられましたが、題名も授業の教材も、会の方で決めてこられたものでした。ここには、第一回の講演者と題名を掲げてみます。

国語教育者に必要な言語観　国立国語研究所第二研究部長　輿水　実氏
皆読皆書の国語教育　大阪市教育研究所員　白井　勇氏
国語学習態度建設の捷路　奈良女子大附小教諭　今井鑑三氏
文章読解の段階的指導　東京教育大附小教諭　青木幹勇氏
児童詩の問題「詩の国」　主幹　鴨原一穂氏
国語学習の反省と前進　広島大学附小教諭　大西久一氏
作文教育の正道　東京都世田谷区指導委員　柳内達雄氏
国語教育の革新　岸和田山滝小教諭　地下末吉氏

二回以後のわたしの講演題目は、
第二回　話す力をどのように育てていくか。
第三回　聞く事の指導。
第四回　問題をもちながら読む。
第五回　段落ごとにまとめて読ませるには。
というのでした。また、わたしの授業した教材は、
第一回　五年　線路の友情
第二回　五年　科学者の道
第三回　四年　十和田のひめます
第四回　三年　めがねを落としたふくろう

第五回　四年　大空に道を開く人
京都の大会は、たいそう規模が大きく、前記のように多数の講演者を招き、いろいろな問題についての話をさせること、授業も地元の教師たちとともに講演者にもさせました。

さらに、掲げたテーマに即し、地元の研究者の研究発表、それをめぐっての協議会、講師もそれぞれに分れて、この協議会にも参加するという仕組みになっていました。

わんさとつめかけた参会者を、ひとりでも多くはいってもらおうというので、講堂の椅子は全部とり払い、床一面にゴザをひろげ、その上にすき間なく座布団を敷きつめました。

通路も何もあったものではありません。全部の座布団が参会者で埋まると、立錐の余地なしという形容そのままで、それはまことにすざまじいまでの盛況でした。


右に掲げられている五回の大会のうち、第一回目の講演者と講演題目を見ただけでも、この大会の規模の大きさが理解できるであろう。しかも、招待された講師たちは講演と併せて地元の教師たちと共に授業も行い、また地元の教師達も研究発表を行うという運営の仕方からも、この大会内容の充実振りが窺えるところである。

青木がこのように大きな大会に五年続けて招かれていたことは、青木にとっても得難い教師修行の場となっていたであろうと想像されるところである。

2　古田拡との二人三脚による出張授業

こうした研究会の中でも特筆すべきは、出雲地方で開催されていた国語教育研究会に古田拡と一緒に継続的に招かれていたことである。青木はこの研究会に古田拡と共に昭和三十年から四十四年まで都合十三回ほど出掛けていくことになる。

この研究会の日程は、毎年二〜三日間かけて同一のクラスを続けて指導していくというものであった。古田拡と共に行った授業はほとんどが「読解と作文」である。青木によれば、「あれこれと、いろいろなくふうや、こころみをしてみましたが、快心の授業というのは、ほとんど得られなかったように思います」とのことである。しかし、青木にとってはこれが「まことにありがたい、授業鍛錬の機会」となったと言う。

毎回のプログラムは、「1　地元の先生方の授業、2　地元の先生方の研究発表、3　授業や発表を話題にした学年別協議、4　古田先生とわたしの授業、5　古田先生とわたしの講演」となっていた。

このプログラムに対して、青木の方から「みなさんの中には、わたしたちの授業に対して、いろいろな質問・疑問・批判があると思う」と述べて、「まず、わたしと古田先生とで、お互いの授業を、ここで徹底的に批判をし合う」ことで、「お互いの授業の長短・成否を確かにするとともに、できるだけ会員の皆さんの代弁もつとめる」ことにしたいとの提案が行われている。

青木からのこの提案は即座に古田拡の同意が得られて、二人の講演に充てられていた時間がこの対談に回されることとなった。その対談の様子について、青木は次のように回想している。[4]

当日わたしが、古田先生の指導をどのように批判し、古田先生にどのようにやりこめられたか、そんなことはもう全然覚えていませんが、ずいぶん思いきったことをずけずけと言ったという記憶は残っています。たとえば、

先生が、子どもの発言を鍛えようとされる意図はわかりますが、あれでは、子どもたちはこわがって萎縮してしまいますよ。だから授業は後半あのように下降していって、結局、先生のおしつけ指導という形になったのだと思います。

といった程度のことはしばしば口にしました。

もちろん先生からも、きびしい逆襲をうけました。もう忘れてしまいましたが、よく聞かされた批判のひとつに、

青木君、君は子どもの発言の聞き方がなっていない。これこれの発言は、非常にたいせつな意味をもっていると思うのだが、君はそれを聞いていない。聞いていないからとりあげない。だから授業の突っこみに欠ける。

この批判は後の授業でも、しばしば聞かされたことで、このときのものだったかどうかは、はっきりしません。

批判をするからには、単なる印象ではなく、メモや録音など、事実にもとづいたものでないと、たちまち反論がきて、納得してもらえません。もちろん、先生もつねに、克明に授業の記録をとっておられました。

論戦が白熱すると会場から拍手があったりして、活気が出てきました。

先生には、信ずるところ、なかなか強硬に自説を堅持され、一見相当頑固にみえる一面もありましたが、他方『それはそうだ。いやァ参った』というように、あっさり兜を脱がれるユーモラスなところもあって、談笑のうちに話がはずむということが多かったと思います。

というわけで、ふたりの授業批判は、その後ずっと、この研修会の呼びものになって続けられました。

この古田との二人三脚による出張授業が、お定まりのプログラム通りの関わりだけで済んでいたのでは青木にとっても決して実り多い教師修行にはなり得なかったであろう。

このような古田との歯に衣着せぬ徹底した議論が、青木の授業観の形成や授業技術の鍛錬に少なからぬ影響を

与えていたと推測されるところである。

なお、昭和四十三年七月の研究会は古田と同行した最後の研究会となり、この時には、広島大学の野地潤家も参加して、三人揃っての授業と議論が展開されたとのことである。この時は、野地が行司役を買って出て、「古田先生のご授業には彫りの深い彫刻的な強さがうかが」え、「青木先生のご授業からは、音楽的な流動感が感じられる」と批評されたとのことである。

三　東京教育大附属小学校内での授業研究

1　内地留学生との交流を介した授業研究

昭和三十年頃から附属小学校の青木教室には、当時の文部省を介して沖縄政府からの派遣留学生が毎年のように訪れていた。教職経験も豊富な優秀な教員達であったので、青木の方から特に指導するということもあまりなく、むしろ「助手代わりとなってくださってテストの採点、出張時の学級管理、それに骨の折れる夏休みの宿題調べなど」の手伝いをやってもらったとのことである。

しかし、一日中身近にいて青木は自分の授業を見せてやっていたと思われる。やがて、沖縄との交流も行われるようになり、青木も昭和三十八年の夏休みに沖縄の国語教育研究会からの招きで出掛けている。その時の同行者には、石井庄司、倉沢栄吉、蓑手重則、大村はま等の面々がいた。

また、昭和四十三年から四十四年にかけて、大学紛争が吹き荒れ、学内の研究・教育が一切停止する中で倉沢栄吉の下に来ていた内地留学生に毎週一時間授業を参観させている。これは青木にとって少なからぬ負担ともなったようであるが、青木は「むしろふだん着の授業をしながら、自分の授業能力を高めることができたらと、リラックス・ムードでのぞむこと」にしたと述懐している。

一方、留学生は倉沢の指導の下で、「上位・中位・下位とおよその、ランク付けのできる子ども」を対象に一年間観察記録を取っていくということをしている。この授業記録は『国語の教育』第二五号（昭和四十五年五月号）という雑誌にこの「ゆたかな読書」と題して発表されている。青木はこれらの「留学生の報告は、わたしにとっては、かなり深刻な反省資料」[5]となったと述懐している。

こうした内地留学生の授業参観は、昭和四十四年度からの五年間で約一〇〇回に上っている。授業参観の後の協議会も手ごたえのある話し合いとなったようである。そして、この四十四年度の留学生達との縁がこの後青木が長く主宰していくことになる「青玄会」誕生につながったとのことである。

2　公開研究発表会での「観察記録」文の指導

昭和二十六年に青木は「観察記録」文を書かせる指導を行っている。二年生の子ども達を担任した時である。この実践を行った当時の青木自身による記録には次のように述べられている。[6]

当時のことを書きとめたものを見ると、

1. 一年生のときの理科の指導はおそまつだった。ことしは、もう少ししっかりやるべきだ。
2. 指導の手がかりとして、理科の教科書にのっている「季節だより」を書かせることをやってみよう。
3. 低学年の作文は、ものをよく観ること、観たことをそのまま書く。そこに基本姿勢がありはしないか。
4. 大都市の子ども、特に低学年は、取材が貧困、「季節だより」はそれを救うことにはならないか。

このような、いくつかのねらいで、「季節だより」つまり素朴な観察記録を始めました。まず、記録用の用紙を作りました。半紙半分の大きさです。これを書きためていかせようと考えたのですが、それだけではおもしろくない。散佚のおそれもある。そこで、わたしは、各自に中型のスクラップブックを与えました。そして、書きあげた一枚一枚を、それにはりつけるようにさせたのです。スクラップブックは、ちょうど五十ページありましたので、記録の年間目標を五十枚ということに決めました。

記録用紙は、上の三分の一が絵、下の三分の二に、文章をかくというようにしました。たくさん刷っておいて、自由に何枚でも、持っていってよい。それからもうひとつ5×10の方眼紙を刷ってこれを、スクラップブックの表紙にはらせたのです。一枚書けたら、この方眼を好きな色で一コマ塗るのです。それによって、今書けている記録の数と、学習の進行状態が一目でわかります。そしてそれが、たえず子どもたちの学習意欲をかきたたせる刺激剤にと考えたのでした。観察の対象は、季節的なものを中心にはしましたが、のちにはそれにこだわらず、機械・器具の類などもいいことにしました。

記述の仕方は、箇条書き、書き流しいずれでもいいことにし、絵は全体を書くだけでなく、部分を拡大してかくことも指導しました。

この実践は、一年生の時の「理科の指導」がお粗末だったことの反省から「理科の教科書にのっている『季節だより』を書かせる」ことを思いついたこと、そのために「ものをよく観ること、観たことをそのまま書く」ことを結びつけて、「素朴な観察記録」を書かせることから始められている。「記録用の用紙」を作り、これを各自に持たせた「中型のスクラップブック」に貼り付けさせるという趣向である。スクラップブックは五十頁あったので、年間の目標を五十枚とさせている。用紙の上三分の一が絵、下三分の二に文章を書くのである。

さらに、5×10の方眼紙を作ってスクラップブックに貼らせて、一枚書けたら方眼の目を一コマ塗ることで「子どもたちの学習意欲をかきたたせる刺激剤」となることを企図したのである。記述の仕方は「箇条書き、書き流しいずれでもいいことにし、絵は全体を書くだけでなく、部分を拡大してかくこと」も指導している。

なお、この「季節だより」をスクラップブックに貼り込んでおくだけではつまらないというある子どもの言葉を手掛かりに、みんなで見せ合い、話し合ったり質問し合ったりすることにしている。

この実践に取り組んで二か月の六月七日の公開研究会で青木は、この「観察記録」の指導を公開している。「理科と作文の関連・よく観て書く・よく観ることが、書くことの視野を広げる」ことを狙いとした実践提案であった。

以上は青木が取り組んだ作文指導の一端である。

青木は、教員駆け出しの頃、宮崎県の小学校で生活綴り方の第一線で活躍していた木村寿の感化を受けている。青木は先に見てきたように、戦後しばらくは話しことばの指導や読むことの実践研究に熱中していたようである。しかし、昭和三十年代後半に入ると、作文指導に「教師生活最後の火花を散らそうと、大いに意欲をもやし」始めたのである。この時、青木は五十歳になっていた。

3　初等教育シンポジウムでの授業公開

東京教育大学附属小学校で毎年行われてきた全国公開は六月と秋に開催されていた。昭和四十六年十一月の公開では、従来の協議会形式の運営からシンポジウム形式に転換している。それまでの、校内の部会を中心とした運営方式を改めて、学外から講師を招いてシンポジウムを開催するという趣向である。

テーマは「読書指導の理論と方法の開拓」であった。このテーマを巡って二日間の論戦を目論んだのである。五人の学外講師は、古田拡・西郷竹彦・倉澤栄吉・亀村五郎・椋鳩十という面々であった。

真っ先に古田拡と西郷竹彦が選ばれたのは、一年半ほど前に出版されていた『冬景色論争―垣内・芦田理論の検討』の続きをやってもらい、そこに倉澤栄吉にも加わってもらうことを企図したからであった。

この三つ巴の論争のネタ、仕掛けのために授業者を青木が引き受けることになる。授業は「大造じいさんとがん」を取り上げることになっていたので、原作者の椋鳩十もゲストに選ばれ、さらに読書指導の実践で豊かな実績をもっていた成蹊小学校の亀村五郎にも加わってもらうことにしたとのことである。

青木がこの時に行った「大造じいさんとがん」の授業では「第四節、大造じいさんが、健康と体力と気力を回復した残雪を放してやる場面」が指導されている。

この授業については、『国語教室』九七号（昭和五十四年六月）～一〇九号（昭和五十五年六月）までに詳細に紹介されている。また、二日間にわたるシンポジウムと青木の授業の全記録は、東京教育大学附属小学校初等教育研究会編『国語科読書指導・理論と方法の開拓』（昭和四十七年六月、東洋館出版社）という書物にまとめられて刊行されている。

青木は授業後の「解説」の中で、「わたしたちはいつでも、一発必中の授業をやらなければいけない」と主張している。また、使用された教材「大造じいさんとがん」については、「もう十回くらい授業した」が、「何回やっても思うようにいきませんが、十回重ねてくる中で、いろいろな発見があった」と述べている。

そして、青木は「わたしはどういうものか、文章を机の上において読むよりも、子どもと授業してみるほうが、よく読めるように思います[7]」とも述べている。青木の授業観が窺える言葉である。

この後、原作者の椋鳩十から授業についての所感が述べられ、参会者からは、「①読書指導と集団思考　②動物物語で心情を読むということ　③物語指導における目標の設定」等についての質問及び感想が寄せられた。続いて、残る四人の学外講師、亀村五郎・倉沢栄吉・古田拡・西郷竹彦によってそれぞれの観点からの手厳しい批判が寄せられている。これらの一つ一つを取り上げることは困難であるからここでは省略に従う。

なお、青木は授業後の協議に臨む際の心持ちについて次のように述べている。[8]

授業のあとのこういう話し合いは、ふつうなるべく、事なかれに運び、下心としては自分の授業を守ろうとします。そして、それがよく言いわけになったり、底の見え透いた抗弁になったりするものです。

わたしの場合、てんで中途半端で、不徹底、率直なところ失敗の授業でしたから、開き直るということばは悪いですが、何かしら解放された気持になり、どうぞ存分にと、案外、うまい応対ができました。

うまいというのは、答弁が巧者だということではなくて、質問に触発されて、授業の解明、教材の生かし方の工夫、指導案と授業のつながりなど、肩の力を抜いて話せたということです。いささか手前味噌の記述になりました。ここでコチコチになっていたのでは、あとにひかえておられる先生方の強力なパンチによるダメージが大きくなるので、わたしとしては、あらかじめ、心理的な柔軟体操をやっておく必要もあったというわけです。

ここには、授業研究に取り組むに際しての青木の基本的な姿勢が如実に披瀝されている。授業に対するコメンテーターからの徹底的な手厳しい批判を冷静に受け止め、その批判からも授業者としての力量形成に資する糧を学び取ろうとする青木の巧みな姿勢が窺えて注目させられるところである。

この二日間にわたる提案授業、延べ十三時間に及ぶシンポジウムの一年半後に、青木は東京教育大学附属小学校を退官することになる。

四　全国国語教育研究協議会での「実験授業」

戦後、附属小在職中に青木幹勇が大きな研究会で行った公開授業はいずれも全国国語教育研究協議会でのものであった。

①昭和三十八年の奈良大会、②昭和四十年の松江大会、③昭和四十二年の宮崎大会、④昭和四十四年の浦和大会である。

最初の奈良大会では、奈良学芸大学附属小学校で第五学年「こけし」の読解指導が行われている。青木の担任学級でまずこの教材を読ませ、奈良の子ども達にも「(1)教わったこと(2)作者にたずねたいこと(3)気に入ったところ(4)こけしについての（わたしの）感想」[9]を書いてもらい、奈良の子どもと東京の子どもがこの教材をどう読んだかを一枚のプリントにまとめておいて、二つの地域の子どもが一緒に勉強している格好に仕組むという趣向にしたのである。

翌々年の松江大会では島根大学教育学部附属小学校の第四学年で伝記教材「牧野富太郎」が取り上げられている。

次が昭和四十二年の宮崎大会である。宮崎県は青木が教員生活を始めた場所である。授業は宮崎市立宮崎小学校の第三学年を対象とし、教材は説明文「日本にはなぜ木で作った家が多いのか」が取り上げられた。

指導の際に青木が配慮した点は、教材の中の「問題の明確化」であった。「日本には木造の家が多いがそれはなぜか」という問題を意識させて、「そのわけを知ろう、知りたいという読みの動機をもたせ、読んでわかろうという意欲をもたせる」[10]ことを狙いの第一においている。

この授業は、黒板に「六枚の細長い画用紙」を貼り付けて、そこに各段落の要点を書き入れさせていくという方法で進められていった。この授業は青木の手元の時計が止まっていたこともあって予定の時間をかなりオーバーしたものであった。

授業後、コメンテーターの古田拡と授業者の青木との間で対談が行われている。この時の古田の批評は次のようなものであったと言う[11]。

○授業は、なんと七十五分！（ちょっと揶揄的に）どこかで打切るつもりはあったか。
○指名の配分、発問の質などよし。
○教材を宮崎という土地におろして指導したところは大いに結構。
○書いて読む、読んで書くという持論をこういう舞台でやってのけたところよし。
○授業の進行にともなって、子どもの姿勢や眼がどうなるか、それを見ようと思って、舞台の袖に入れてもらった。あの、カードをはったとき、「あっ！」というつぶやきが聞こえ、眼に輝きがみえた。

青木との二人三脚による教壇行脚の際に古田の授業批評はいつも手厳しいものであったというが、この時の古田の批評は右のように好意的で穏やかなものであったようである。

「指名の配分」や「発問」の切り出し方、教材の取り上げ方、「書いて読む、読んで書く」という青木の持論であった展開方法、カード等で工夫を凝らした指導方法等について、青木のいつものような創意工夫を熟知していた古田ならではの授業批評だったのであろう。

そして、四度目は昭和四十四年の埼玉大会である。対象学年は埼玉大学教育学部附属小学校第四学年。この時も説明文教材で「星座の話」が取り上げられている。

この指導で工夫された点は、「説明的な文章の読解指導にも情緒的な側面への関連を」ということであった。飛び込み授業であるから、「あれもこれもと手を拡げると失敗するに決まっていますが、この教材に関しては、単なる知的理解を越えた、こんな指導も望ましいのではないか」という提案もなされていたのである。

この実験授業の本番までに、青木は自分の学校の同僚の担任学級で予行授業を行っている。その結果は「どうもしっくりと手ごたえのある指導」にならなかったとのこと。

そこで、青木は「子ども向きに書かれた星座や、ギリシャ神話の本」を読んでみたり、理科主任から「当時の理科における天体の指導、さらには、星座の学習、星座を発想した古代人の生活などについてあれこれと教え」を求めている。その上で、もう一回、同僚の担任学級でも授業を行ってみて、「これでよし、いけるぞ、という自信をもつこと」ができたと述べている。

また、本番までに是非一度「本物のオリオン座を見ておきたく」なって、幾晩もこの星座を探したが見ることができないままに、大会を迎えることになった。

初日には、授業を行う予定の埼玉大学附属小の四年生の子どもたちと会って、教室で十五分ほど雑談をさせてもらっている。そして、その日の帰り道で、ふと「渋谷のプラネタリウムを見て来ようと思いたった」[12]と言う。

このような様々な事前準備の末に、青木は十月三一日の午前九時二十分からの授業を迎えている。この時の授業に関する青木の回想の一部を取り上げてみよう。[13]

「星座の話」前半、わたしが指導の対象にした文章の中で、特に注意して読まなければならないところは、天空にかかるオリオン座の位置を書いたところで、ここはちょっとこみいった説明になっています。わたしは、記述と合わせて、オリオン座の星の位置、星座の全体像（といってもここは、この星座の中心部なのだが）をしっかりわからせようと思って、厚紙を、星形に切って用意していきました。子どもを二人ほど、黒板の前に出し、一人が、文章を読み、もう一人が、それに合わせ配置を考え、数個の星を黒板にはるようにさせよう、そうしたはずだと思っていたのですが、今、記録や、写真をみると、星をはることは、わたしがやってしまっています。おそらく、ここのところを読むまでに、時間をとりすぎたため、手みじかにと考えたのでしょう。といっても、子どもの読みとりを確かめながら、かなり入念にはっています。

オリオン座の中ほどにある三つ星の左下に赤くかがやく一等星（ベテルギウス）、そして右上には、青白くかがやく一等星（リゲル）があります。白、赤、青の星形をはり終わり、星の位置が、四角形に定まると、黒板がちょっとにぎやかになりました。

しかし、この星並べをわたしがしたのでは子どもたちのためのごちそうを教師が横取りしてたべるようなもので、いっこうに感心できません。が、それはそれとして、子どもたちに強いプレッシャーのかかるこういう授業の場合には、展開の随所で、息抜きの間をとってやることがたいせつだと思います。その息抜きには、絵や図を見せるとか、動作や、作業をさせるとか、ときには教師が、洒落をとばしてみるとか、手拍子を打ってみるとか、場に即し、指導に即したいろいろなやり方があると思います。

このような何気ない配慮にも青木の平素の授業における工夫の一端が窺えるところである。

この授業の後の協議会でも、古田拡が青木の授業について次のような批評を行っている。(14)

○文学的な取扱いを全面的に否定はしないが、説明的な文章の指導に手ぬかりはなかったか。たとえば、
○浦和で星が見えるか。
○東京で見えないのはなぜか。
と突っこんだ発問をして星を見ることを生活へつなぎ、公害のことへも考えを広げていくべきではなかったか。

といわれるのです。

これに対してわたしも反ばくを書きました。
○そういう発問はしている。
○星座を見ることを生活につなぐことは、深入りをしない程度にやっている。
○星が見えないわけは、最後に冒頭の文を変形するという方法でわりとうまくやれたつもりだ。
○説明文指導はかくあるべしという見方からすれば、いくらか欠けたところはあったかもしれないが、説明的文章の指導にも、ときには情意的な側面が加味されてもいいのではないか。この授業はそういう点でひとつのテストケース。

古田先生の批判は、なかなか執拗で、わたしの反ばくも認められないままで、もう十年たちました。

以上は青木が全国国語教育協議会で行った実験授業である。もう一つ、青木は昭和四十二年の宮崎大会での授業が終わった一週間程して、「芦田先生十七回忌記念教壇研究」という会での提案授業を行っている。芦田恵之助一門の授業者、古田拡・岩瀬法雲らとの授業であった。この授業でも教材は第五学年の説明文教材「車が発明されるまで」であった。

以上は、青木幹勇が昭和戦後期に入ってから昭和四十七年三月に東京教育大学附属小学校を退官するまでに行ってきた主要な「国語科授業研究」である。

青木の場合、毎年附属小で行われていた公開研究会での提案授業に加えて、学校外で開催された研究会等に招かれての一時間ぽっきりの飛び入り授業も数多く行っている。飛び入り授業の場合は、授業研究のテーマや使用教材があらかじめ指定されてくることが多かったようである。

また、対象児童は実態も区々である。そのために、特別に難度の高い授業を行うということは論外であった。そんなところから、必然的に青木の授業では、持論とする展開面での独自の指導過程に加えて、指導事項の精選と、狙いの明確化、子どもたちの興味関心を引きつける指導上のさり気ない工夫等に絶えず意を用いて、授業鍛錬に努めている。

授業後の協議会においては、古田拡との二人三脚による出張授業における歯に衣着せぬ徹底的な相互批判に見られるように、会心の授業を目指すというよりも、授業の長短・成否を厳しく点検しつつ授業者としての力量形成に努めていた様子が窺える。

なお、青木の場合、勤務校であった附属小を訪れる内地留学生達に、平素の授業を絶えず公開していくことによる自らの授業能力の向上という面も見過ごせない体験であったと見なすことができよう。

注

（1）青木幹勇稿「わたしの授業（70）」（『国語教室』七一号、昭和五十二年四月、十一頁）。
（2）同「わたしの授業（73）」（『国語教室』七四号、昭和五十二年七月、十四頁）。
（3）同「わたしの授業（74）」（『国語教室』七五号、昭和五十二年八月、十～十一頁）。

（4）同「わたしの授業（76）」（『国語教室』七七号、昭和五十二年十月、十〜十一頁）。
（5）同「わたしの授業（95）」（『国語教室』九五号、昭和五十四年五月、十〜十一頁）。
（6）同「わたしの授業（84）」（『国語教室』八五号、昭和五十三年六月、十頁）。
（7）東京教育大学附属小学校初等教育研究会編『国語科読書指導・理論と方法の開拓』昭和四十七年六月、一三七頁、東洋館出版社。
（8）青木幹勇稿「わたしの授業（100）」（『国語教室』一〇八号、昭和五十五年五月、十〜十一頁）。
（9）同「わたしの授業（88）」（『国語教室』八九号、昭和五十三年十月、十頁）。
（10）同「わたしの授業（89）」（『国語教室』九十号、昭和五十三年十一月、十一頁）。
（11）同「わたしの授業（90）」（『国語教室』九一号、昭和五十三年十二月、十一頁）。
（12）同「わたしの授業（92）」（『国語教室』九三号、昭和五十四年二月、十〜十一頁）。
（13）同「わたしの授業（94）」（『国語教室』九五号、昭和五十四年四月、十頁）。
（14）同「わたしの授業（94）」（『国語教室』九五号、昭和五十四年四月、十一〜十二頁）。

第Ⅶ章　退職後の飛び入り研究授業

一　研究授業論

青木幹勇は東京教育大学附属小学校を退官してから、改めて附属小学校に課せられていた四つの使命について言及している。「1．教育の理論的、実践的研究　2．新しい教育法の先導的試行　3．教育実習生、内地留学生の現場的指導　4．広く研究や指導の実際を公開する」の四つの使命である。

これらの使命のうち、青木は「広く研究や授業を実際に公開する」という一項について詳しく論じている。

青木はこの「授業の公開」ということについて、「授業は、子どもと教師の内輪のこと」であるが、「閉鎖的であることはゆるされ」ないとして、授業能力の向上のために「まず先輩に、あるいは同僚に、内輪のままを見てもらうこと[1]」が不可欠なことであると述べている。

そして、青木は「授業研修は、授業者だけでなく、参加者にとっても真剣な研修」であることが求められ、「すぐれた授業者になることはもちろん、すぐれた授業観察者、授業批判者になること、授業研修には、この二重の意義がある」とする。

また、青木は「授業ほどマンネリ化しやすいもの」はないとして、「授業が新鮮であるためには、若い教師だけでなく中年の教師、管理職の教師だって、みんなどんな形でか、授業研修を続けなければならない[2]」と戒めている。

なお、青木はいわゆる「研究授業」を「一　初心者が、授業能力を高めるための研修授業」「二　研究を主とした授業」「三　公開の授業」「四　協議会」とに分けて、これらの基本的な在り方について言及している。

一の授業では、「指導の目標、教材の生かし方、指導内容のとらえ方、授業の組みたて、授業のすすめ方（指導案）、発問や教師の話し方、板書、子どもの学習活動の導き方、授業のまとめ方など、いわゆる授業一般について基本的なことを研修」すると述べている。

二の「研究を主とした授業」では、「漫然と『いい授業』をめざすというのではなく、授業者がこれという研究のテーマをもって授業にのぞむ」ものであるとし、「できるだけしぼったねらいで授業すること、そして授業と、そのねらいが授業の上に焦点づけられること、つまりほかのことにかまけて、ぼやけないようにすることが大切」であると述べている。

三の「公開の授業」については、次のような授業を挙げている[3]。

(1)　同じ職場の先輩が、主として後輩や、新米の教師に対し、授業というのは、このようにやるのだよと手引きをするもの。

(2)　授業のベテランが、校内・あるいは地域の教師に、すぐれた授業を公開する。

(3)　研究指定校の研究部員が、研究を生かした授業を公開する。

(4)　お宅のお子さんは、授業中こんな状態です。わがクラスの学習を見てもらいましょうと、保護者に公開する授業。

なお「公開の授業」については、芦田恵之助が行っていた教壇行脚のいわゆる「模範授業」「示範授業」も含まれると言い添えている。

四の「協議会」については、「協議会というフィルター」にかかる前に、「具体的な授業自体が授業者にとっての研究」であり、「その授業を観察し、理解し、問題をとらえようとする側にも研究がなければな」らないのであり、「協議会を実りあるものにするには、授業者と参加者が、具体的な授業を通してとらえた、ナマな資料をなるべく多く持ち寄らなければなりません」と指摘している。「『結構な授業でした。』『たいそう参考になりました。』という、形式的、儀礼的なことばのやりとりになり、研究ということとは程遠いもの」になってしまうことに強い批判的な見解をもっていたからである。

青木は、「こういう陋習は破っていきたい」とし、「協議の方向と内容を授業のねらい、課題にしぼって話し合うのです」と述べて、「新米の人、若い人は思いきって質問をする、率直に意見や感想を述べることを望みます」[4]と要望意見を添えている。

一般に研究授業と呼ばれているものの役割と意義を青木なりに整理しようとしたのである。

二　実践的授業記録論

授業研究の最初で最後の課題が授業記録の問題であると言われている。青木も、この授業記録の問題について詳しく言及している。

1　スケッチブック型授業記録

青木はまず、芦田恵之助が教壇行脚中に記していたいわゆる「大福帳」を使った授業記録から考察を始めている。芦田のこの記録には、「1．教材研究のメモ　2．指導案（板書案を含む）　3．行脚日記（講演要項その他を含む）」等が一体となって構成されている。

青木はこのうちの、「2．指導案」について詳しく分析を加えて、その後に自分の作った「授業記録（指導案等も含めた）」について言及している。

青木が作った授業記録には、「絵をかくためのスケッチブック」が使用されている。記録は、このスケッチブックに教材の全文（原則として）を視写することから始まる。

時間が許せば、毛筆での視写となる。ペンや鉛筆だと速すぎて「授業中子どもたちと同時進行で、文章を板書するための速度感覚をつかむ」のに適しないからだと言う。

「書き上げた字面が、硬筆書きの場合よりはるかにボリウムをもっているし、その行間や、上下左右の欄外に書き込みをするのにも具合がいいから」とも述べている。

右のような方法で全文視写をしていくと、教材の次のような部分が深く読めてくるという。(5)

1．個々の語句の意味やはたらき、どの文字、どの語句をどうとりあげて指導すべきか。即座に注釈の出来ない語には辞書に当たり子どもの理解レベルにおろした注釈を書いておきます。また、ある語についてはすぐに思い出す類語、同意語を側に書き並べておきます。
2．個々のセンテンスの構成―主述、中心語句、修飾―被修飾その他、語の係り合い。
3．文から文へのつながり、段落における主文と従属の文。
4．段落の構成（文と文の緊張関係）、段落から段落への展開など何を指導すべきか。

5．事実に関することは、事典に当たるとか、略画、略図をかいておく。
6．読んでいて、ふっと思い出した経験、ことば、イメージ、人物、書物など。

要するに、教材文を視写しながら欄外には「調べたこと、思いつくこと何でもかでも行間、欄外に赤字で書きこんで」いくわけである。そして、教材文が次第に自分の方に近づいてきて、「隅々まで明るく見えてきます」と述べている。これが青木の場合の「教材研究の第一過程であり、第一次指導プラン」である。

なお、このスケッチブックには、「授業に関係のある、新聞の切抜きや、文献のコピーなどを貼り」、「大きなものは厚い表紙の内側に大封筒を貼りつけて、そこに入れ」るようにしていたと述べている。

この封筒には、さらに「座席表、先方から来た手紙、日程表、研究会のチラシ、観光案内、お寺やお城などの入場券ときには、旅館（ホテル）の勘定書まで[6]」入れておくとのことである。

なお、青木は、授業後の大事な記録として、手を付けただけで十分にはできなかった方法として、子ども達による「授業感想」として、次のようなことを書かせていたことがあったと述べている[7]。

○今読んでいる文章がわかるか。わからないところはどこか。
○指導をうけて、わかったという実感を具体的な事例をあげて書く。
○級友の発言、その他から得た触発。
○学ぶことによって得た興味や感動。
○授業のつまらなさ、退屈したこと。
○学ぶことによってわかった自分の成長。

などを、①記録・報告の形②説明③手紙④母親や弟妹に話す（対話）⑤架空の人物に語る、あるいはインタビューされる形⑥何人かのグループでの鉛筆対談、もしくは共同分担作文にするなど、都合のいい形式で書いてもらうことにしました。

なお、この「授業感想」の方法に関しては、青木幹勇著『問題をもちながら読む』（昭和三一九年三月、明治図書）にも詳しく言及されている。

青木による以上の授業記録は、実践研究の質を高めるための方法として、今日でも改めて見直すべき意義があろう。

2　指導案の在り方

青木は、授業記録の一部でもあり、教材研究の記録にもなる「指導案」の在り方について言及している。

青木は「指導案が、授業者だけのものなら、あえて形式などにとらわれることはないはず」であるとし、「授業を見てもらう人のために書く指導案であれば、その目的にあったように書くべき」とも述べて、固定的な記述形式に囚われる必要はないと断じている。

公開授業のための指導案の場合でも、一時間の指導のために「三枚も四枚もつずった指導案」は「じゃまにこそなれ、授業参観の役にはた」たないと述べて、「指導案は、記述の形式、記述の量だけでなく、何が書かれるべきかという質の問題がとわれなければ」ばならないと提案している。

青木は、公開授業のための指導案の在り方として、以上の留意点の他にも、指導案の文章（文体）についても、次のように詳しく言及している[8]。

(1)大上段にふりかぶったような、はったりの文章は、やめること、やろうとしていることは、きわめて日常的、常識的なことなのに、文章となると、なんともいかめしく、むつかしくなっている。

(2)ばらして箇条書きにすると一目でわかるようなことを延々と書いている。長い長いセンテンスで。

(3)たとえば「教材観」「児童観」「単元設定の理由」などというような固いきまり文句が無反省に使われている。こういう見出しのことば一つについても、指導の内容や、指導の方法に即して、もっと柔軟なことばが用いられなければならない。

(4)ことばが柔軟であることは必ずしもわかりやすいということではないが、文体なども「である」だけでなく、「ですます」体で書いてもよい。

(5)これも、授業を見る側からの批判だが、指導案の後半、つまり、その時間の指導展開をこうするという部分に比べ、前半指導の目標や内容などの解説、いいかえると「頭」の部分が非常に重く、授業を見る者にとっての関心の深い後半が粗略に書かれているという、このアンバランスは、是正されなければならない。

(6)一般に、学校挙げてそれに臨むというような指導案は読んでまことにつまらない。子どものいない指導案というのは、こういうものの中に多い。そういう指導案には、えてして、複雑なワク組みや、目新しい用語が使われている。それも一つの創意なのだろうか。全校的な指導案となれば、形式をそろえることもやむをえないだろう。だが、形式に即しながらも、なお個々の指導に応じた自由な記述がなされなければならないと思う。

(7)わたしは、指導案というものにまつわりついている、様々の形式のすべてを否定するものではない。長い歳月の間に固められてきた、形式には、教材の研究、指導の方法などをまとめたり、それを人に伝えたりするのに便利だというところもある。しかしまた、それにとらわれていると指導案だけでなく授業そのものが形骸化してしまう危険もはらんでいる。

長い引用になったが、ここに述べられていることは、そっくりそのまま今日の教育現場にも重なる問題点である。長い教壇経験を通して身につけた青木の実践知である。

3 「読み物的授業記録」の提案

青木は、かつて芦田恵之助の授業記録を記録した青山廣志という「授業記録の名人」の記録が「先生や子どものことばの単なる文字化ではなかった」と述べ、「ことばに伴う、気息、表情、教室の空気などを、総合的にとらえて授業再現の可能性を高めた」と指摘している。

青木は、この授業記録に倣って「わたしが書こうとする授業は、書くことによって作り出していく授業」なのだと述べている。それを「読み物的授業記録」と命名している。

その内容としては、「『うまくいきました。』『子どもたちは活発に発言しはじめました。』というような、かっこいい場面を得意然と書くことはなるべく控えめにして、むしろ失敗、失敗とまではいえないがうまくいかなくて、難渋し、困惑する場面など、外からはわからないことを内側、つまり教師のつぶやき、告白として書いてみたら」と提案している。

読み物風の記録なので、「なるべく固苦しい、理屈ばったことは避けるように」し、「問答や、話し合いを克明に書くことはなるべく少なくしたい[9]」とも述べている。

こうした授業記録の実際を青木は「わたしの授業」に五回にわたって記述・紹介している。

その記述方法の一端を以下に見ておこう。(10)

あの手この手で、子どもたち各自のもっている「すきなことば」をひき出してみました。それぞれに、いくつかのことばが、ノートされています。

ここで、もうひとつの学習がもくろまれています。その学習というのは、各自のみつけ出したことばについて、そのことばとめいめいのつながり、たとえば、それがなぜすきなのか、そのことばについての思い出など、それを、十分そこそこで短い文章に書くのです。

しかし、いきなり書けといってもすぐに鉛筆はとれません。そこで次のような文章を提示して、手引き、あるいは誘いの水にします。

新　鮮

私は新鮮ということばが好きだ。
中学へ入学したとき
はじめて聞いて覚えたことば。
いつも新鮮な心をもっているようにと
何度もいわれたものだ。
朝早く起きておなかいっぱいに
新鮮な空気をすう。
野菜が新鮮。

くだものも新鮮。
心まで新鮮になれたらいいなあ。

この文章を書いた紙を黒板に貼ります。授業も後半になって多少ダレ気持《ママ》になっています。そこで、この文章を何度か音読をさせるのです。六年生の子どもにとって「新鮮」ということばの意味はさほどむずかしくないでしょう。ただ「新鮮ということばが好きだ」といっているこの生徒のことばのとらえ方については注意深く指導すべきところであります。この生徒にとって「新鮮」も生活の信条にはなっていますが、「努力」「忍耐」などとは一味ちがいます。

また、おもしろいことに、この文章には、ことばとことばのはたらきが、教師から生徒へ伝わっていく具体的なすがたがみられます。

「お前たち、きょうから中学生だ。新しい生活が始まったのだぞ。何をするにも新鮮な心をもって当たるんだな。」

入学当初の生徒に、この先生は、何度もこういっておられます。これを聞く、当の中学生には、文字通りこのことばが新鮮にひびいたのでしょう。なるほどそうだ、そうすべきだと共感がもてたのです。

ですから、これまでの朝寝坊をぶっとばして、早朝に起床、新鮮な空気の深呼吸、野菜や、くだものの新鮮さが見えてきた。そして先生の望まれる、心の新鮮さに関心をむける。つまり、この「新鮮」という一語が、この中学生を前へ前へと突き動かしているようすがうかがえます。

これが青木の言う「読み物的授業記録」である。授業の実際を忠実に再現しようとする記述ではない。しかし、授業の狙いや展開のポイントが簡潔に分かりやすく語られている。
授業記録の在り方として参考にすべき提案である。

三　国語授業の基本的な在り方の提案

1　効果的な指導のための三本の柱

青木は毎日の「指導が効果的であるため」に三本の柱が大切であると述べている。
①「『音読の指導』を怠らない」、②「いろいろなバラエティーをもった『書くこと』を授業の中に織りこむ」、③「子どもたちの『話し方』の観察とその即時的な指導」の三つの柱である。
右の③の「話し方」の指導に関して青木は次のように述べている[11]。

わたしは、授業中、できるだけ多くの子どもに話をさせようとします。それは、四十人を一人残らず学習の中へ参加させなければと考えるからです。したがって、挙手をしている、いないなどはあまり気にしません。どの学習にも授業中、かげにかくれたがる子、発言を躊躇している子、学習にそっぽをむいている子、その子どもたちにも発言を求められる、求めなければならないチャンスというものは必ずあるはずです。
わたしは、授業中しばしば、子どもの話っぷりをとりあげて言い直させます。これはちょっとした危険を伴っています。それは、へたをすると、そのために気の弱い子はもちろん、ことによったら、学級全体が、ショックを感じて口を閉してしまうことになるおそれがあるからです。しかし、わたしはあえてそれをこころみます。ただそれが、子どもの「話し方」の批判、悪くいえば「いじめ」になってはいけません。

A「もう一度、ゆっくり言い直してごらん。」
B「あなたの言いたいのは、〇〇〇ということでしょう。それがよくわかるように言ってみなさい。」
C「今いったことは「〇〇〇」といったらよくわかる。そのようにいってみなさい。」

これは、ほんの一例ですが、Aの場合は、軽症であり、子どもに自己訂正能力があるとみた場合、Bは、盲点を指摘しているところ、Cは、教師が模式を示して、復唱の形にしている場合です。

また、①の指導に関しては、多くの国語の授業が「発問中心の問答に堕している」ことを指摘して、「しっかりと読めること、それも音読のできることが非常に大切」で、「全員がりんりんとよく響く声で、心をそろえ朗々と読んでいる、そんな国語教室こそ、より健全なのではないでしょうか」と訴えている。

なお、この「発問」を巡る問題については、稿を改める形で三回にわたって論じているので、後で取り上げることにする。

そして、②の指導に関しては、「書くこと」の「授業への組織化は、音読のように手軽にはいきません」と述べ、「『書くこと』を授業にがっちり組みこんで授業ができるようになってはじめて、国語教師は一人前だといえる[12]」と断じている。

そこで青木は、稿を改めて青木自身の授業と「書くこと」との関わりについて、七回にわたって論じているので、この後で取り上げることにする。

2　「書くこと」の「授業への組織化」

『国語教室』誌の中で青木のこの「書くこと」論が展開されているのは、「わたしの授業」第一一七回（昭和五十六年十一月）から第一二四回（昭和五十七年五月）までの七回にわたってである。

この論は、青木の『第三の書く―読むために書く書くために読む―』（昭和六十一年八月、国土社）が刊行されるほぼ四年前のこととなる。

青木のこの「書くこと」論は、勿論、作文からはみ出す書くことの活動についての考察である。「第三の書く」に結晶する考察の一端となる。

ただ、青木の国語の授業における「書くこと」論の積極的な展開が始まったのは、この時期を二十年ほども遡ることになる。その実践研究の一端は青木の『問題をもちながら読む』（昭和三十九年三月、明治図書）、『書きながら読む』（昭和四十三年二月、明治図書）にも紹介されている。

さて青木は、この国語の授業における「書くこと」の意義について論じるに当たって、芦田恵之助の「読むことを支える書くこと」の活動の導入という発想に関して詳細な考察を加えている。芦田の「七変化の教式」に関する考察である。

芦田の「七変化の教式」がほぼ整った形で出現するのは、大正十年に刊行された芦田の著『読み方教授』であるが、「七変化の展開過程が確立」された形で登場したのは、教壇行脚十年の後の昭和十年に刊行された『国語教育易行道』であると、青木は見なしている。

なおまた青木は、芦田の「七変化の教式」が「結晶化ともいうべき姿でしめされ」たのは、昭和十三年に刊行された芦田の『教式と教壇』であるが、このような「かっちりした形態をそなえ、それを授業に機能させることができたのは、芦田先生が教壇行脚という、実験・実践、つまり修練の場を豊富にもたれたからだといえるでしょう(13)」と論評している。

芦田の教壇行脚を通しての修練を青木自らの授業実践による教師修行に重ねて考察していると推測されるとこ

ろである。

ところで、青木は芦田のこの「七変化の教式」に「書くこと」を導入したことを国語科授業史上における創見と見なしている。

しかし、一方で青木は、芦田のこの教式における「かく」活動を批判的に乗り越えようともしている。

その青木の批判的な見解の一つは、芦田が「正味10分間に80字」「一分間に8字」というスピードで書かせたことに対するものである。

青木は、今日行われている「読むための書く」が、芦田時代と異なって「時間中に文章をかなりたくさん視写をするとか、感想や意見を書くとか、想像したこと、あるいは要約文を書くなど、ずいぶん広がりをもって」きているため、「一分間8字というようなスピードではとても学習の支え[14]」にならないと判断したのである。

青木の経験では、「クラスの平均、視写の速度にして、分速六年生で25～30字、中学年で20～25字、低学年で15～20字くらい[15]」という筆速が必要であるという実態が導き出されたのである。これが芦田の『かく』活動批判への拠り所であった。

青木は、以上のように芦田の教式における「かく」活動の筆写速度を批判して、「いろいろな方法でもっと高い筆速を育て」るために、「筆速を意識させ、継続的に指導していくと、特別にハードな練習などしなくても、正しく、速くと両者の統合ができる」ようになると、その方法を提案したのである。

3　「発問」を巡る問題

先に青木が、「音読の指導」の大切さを強調する中で、多くの授業で「発問中心の問答に堕している」という現状を指摘していた事実を取り上げた。

青木は改めて「発問について考える」という稿を起こしている。

ここでも、青木はまず「まずい授業ほど発問が多い」と言い、「発問が多くなるほど、授業は低落してい」くと断じている。青木は、発問が「マイナスに作用する最も顕著な事例」として、「思いつきの発問、反射的にとび出す発問」を挙げ、そのような発問は「たいていつまらない発問、しなくてもいい発問」であると断じている。このような発問が連発されると、普通の教室では、次のような状態になると指摘している。[16]

発問に応答してくる子どもの数は、クラスの二割か三割で十二、三人、この十二、三人が常に挙手しておれば、その教室は、かなり活発に学習しているようにみえるでしょう。しかし、その他の三十人はどうしているか、挙手はしていなくても、学習に参加し、応答のできる子どもたちがまだ十人くらいはあると想定しています。あとの二十人、この二十人が、授業のラチ外にいるとはいえませんが、この子どもたち、ことによると発問によってだんだんと、教師の授業から、離れていく子どもになりかねません。


このような疑問を投げかけ、こうした子ども達を日常的に生み出していることが「発問をマイナスにする大きなおとし穴」だという訳である。

そして、発問のこうした弊害を取り除くために、青木は次のような具体的な提案を行っている。[17]

多くの授業者は、挙手児童の指名を一人、せいぜい二人止まりにし、あとは授業者が、応答内容を復唱したり、欠けたところを補ったりしてすませます。このとりあげ方はまずい。挙手の子どもを指名するにしても、一挙に五、六名指名してはどうでしょう。いや、挙手児童だけでなく、挙手児童の中に、挙手していない子どもも混ぜて同時に指名していくようにします。この場合、応答の内容が同じということがあっても「ぼくは○○君と同じです。」とは言わせず、同じだという内容を、その子なりに話させます。

重要な発問であればあるほど、大勢の子どもの発言を求め、それぞれが独自な（内容、思考、話し方）応答をするように、始終気を配って指導していきます。

このように、青木は必ずしも「発問」の意義を否定しているわけではない。「発問」をマイノスにするおとし穴を克服するための手立てを具体的に提案したのである。

一方、青木は、望ましい発問例として「思考をゆさぶる発問」についても取り上げている。ただ、この場合にも「多くの子どもが積極的に応答してくるような発問をするとともに、教師の指名もできるだけ、多数に広げたい」と訴えている。

そして、青木は「発問は、発問だけのひとり歩きでなく、他の学習指導とからみ合わせることによって、その機能を生かすようにすべき」であるとして、例えば「発問に対する応答を、口答、つまり話しことばの形で求めず、まず、筆答をさせ」てみることを挙げている。「書く」ことで「即答をせまられること」がなくなるから「めいめいが思考をはたらかせる余裕」を持てるようになるというわけである。「書く」活動の導入である。ここに授業における「書く」活動の意義が浮かび上がってくるのである。

こうして、青木は発問で引き回す授業から、「書く」活動の導入によって子ども一人ひとりが思考を働かせる余裕をもった授業への転回を図ろうとしていったのである。

以上が、青木が東京教育大附属小を退官して以来、ほぼ十年間、全国各地での飛び入り授業を通して再確認してきた自らの授業研究論の一端である。

注

（1）青木幹勇稿「わたしの授業（102）」（『国語教室』一一〇号、昭和五十五年七月、十四～十五頁）。
（2）同「わたしの授業（103）」（『国語教室』一一一号、昭和五十五年八月、十一～十二頁）。
（3）同「わたしの授業（105）」（『国語教室』一一三号、昭和五十五年十月、十頁）。
（4）同前誌、十一頁。
（5）同「わたしの授業（107）」（『国語教室』一一五号、昭和五十五年十二月、十一頁）。
（6）同「わたしの授業（108）」（『国語教室』一一六号、昭和五十六年一月、十頁）。
（7）同前誌、十一頁。
（8）同「わたしの授業（109）」（『国語教室』一一七号、昭和五十六年二月、十～十一頁）。
（9）同「わたしの授業（111）」（『国語教室』一一九号、昭和五十六年四月、十～十一頁）。
（10）同「わたしの授業（114）」（『国語教室』一二二号、昭和五十六年七月、十頁）。
（11）同「わたしの授業（110）」（『国語教室』一一八号、昭和五十六年三月、十～十一頁）。
（12）同前誌、十一頁。
（13）同「わたしの授業（121）」（『国語教室』一三〇号、昭和五十七年三月、十五頁）。
（14）同「わたしの授業（124）」（『国語教室』一三二号、昭和五十七年五月、十一頁）。
（15）同前誌、十一頁。
（16）同「わたしの授業（128）」（『国語教室』一四〇号、昭和五十八年一月、十五頁）。
（17）同前誌、十五頁。

第Ⅷ章　詩「花いろいろ」の公開授業

本章では、青木幹勇が、昭和六十一年十月三一日（金）に大分市で開催された全国国語教育研究協議会において、大分大学教育学部附属小学校四年生を対象に行った授業「詩『花いろいろ』」（青木幹勇著『授業＝詩「花いろいろ」』昭和六十二年三月、国土社）を中心に考察を加えていくことにする。

なお、右の著書の目次は「Ⅰ　手書き　朱入教材文／手書　授業展開メモ」「Ⅱ　国語科学習指導略案」「Ⅲ　授業の展開記録」「Ⅳ　教材のまとまるまで」「授業を終わって」の五章から成っている。

一　教材の開発

青木幹勇はこの授業実践に取り組むに際して、まず教材の選定に掛かっている。

取り上げられた詩教材「花いろいろ」は、青木の宮崎師範附属小時代の教え子の一人、重清良吉の作である。重清は既に詩集『村・夢みる子』『街・かくれんぼ』『おしっこの神さま』等を上梓していた詩人である。

青木は最初、自作教材でということも考えている。青木には、手作り教材「けやき」の創作と実践に関する報告もある。青木は、青玄会の機関誌『国語教室』に連載していた「わたしの授業」一三一、一三二、一三三、一三七、一三八、一三九、一四〇、一四一、一四二、一四三回（『国語教室』第一四三〜一五八号）と断続的に手作り教材「けやき」について論じている。

青木はこの「わたしの授業」一三一回の中で「教材の鮮度」ということについて次のように述べている。[1]

1　教材には鮮度の高いものとそうでないものとがある。
2　鮮度の高い教材は子どもの学習意欲を触発する力をもっている。
3　教材の鮮度如何は、教材そのものの属性でもあるが、それよりも、それを学ぶ学習者と、その教材との関係がそれを左右する。
4　教科書の教材の場合、必ずしも鮮度が高いとはいえない。むしろ鮮度の落ちていることがある。（名の通った教材についても）
5　鮮度の高い教材でも、指導の如何によって急速に鮮度が落ちる。
6　鮮度の高い教材を発掘する、創り出す、つまり教材の開発は、いい授業をすすめるための大切な条件である。
7　それとともに、ともすると鮮度の落ちたがる教材の鮮度を保つこと、落ちた鮮度を引上げる指導の技術も求められなければならない。

青木は、鮮度の高い教材の供給のためには、教材の発掘・創作ということを視野に入れなければならないとし、それが良い授業を進めるための大切な条件であると断じている。

青木は、その著書『いい授業の条件』（昭和六十二年十二月、国土社）の中では、教材の簡便な見つけ出し方、創り出し方について次のような方法を挙げている。[2]

1　現在使用している教科書以外（他社）の教科書から教材を探す。
2　少年少女向けの読み物の中から探す。
3　新聞や雑誌の記事、コラム、投書、広告、文芸作品、写真、ポスターなどから。
4　電車やバスの中の広告やポスターなどにもちょっとおもしろいものがあります。
5　岩波文庫の中にある『ことばの花束』『ことばの贈物』のような、いわゆる「名句」「名言」集、あるいは、「ことわざ辞典」なども教材発掘の資料になる。
6　子ども向きに書いた教師の文芸的な作品──小説、童話、詩、短歌、俳句、川柳など。
7　教師の作るいろいろな手引きも非常に大切な教材です。

青木は、このようにして教材を創り、探し、整えることも含めて、教材研究なのだと考えなければならないと述べている。

さて、教材開発ということに関してこのような考えを持っていた青木であったが、この時は諸般の事情からその余裕もなかったとのことであった。そこで、既に取り上げたことのある教材から候補をとも考えたが、やはり「教材の鮮度」ということを考えて、重清に詩作品の創作を依頼することにしたのであった。

青木は重清から最初送られてきた一編ほどの作品の中には（重清氏本人の証言によれば、最終的には実際に送られた作品は六篇だったとのことである）使えそうなものがないと判断して、彼に電話を入れ、「ぼくは詩の授業をこういう風にやってみたいんだ」と話して、その後二十日ほど経ってから送られてきたのが、「花さがし」という詩であった。

しかし、青木が何度か口に乗せてみているうちに、気になる点が目に付いてくる。そこで、重清とさらに幾たびか電話で話し合った末に、合意の上で大幅な修正を加えてまとまったのが「花いろいろ」という詩教材であった。題名も最初の原作品「花さがし」から変更が加えられている。参考までに原作品は次のようなものであった。[3]

花さがし

春は　□
まだ寒い　枝のさき
ひとひらの雪が　花になって

夏は　□
背のびして　空にとどこうと
花は　太陽に恋している

秋は　□
なよなよと　やさしい風に
やさしい人を　おもいだす

冬は　□
ゆうべ木枯らしの　忘れもの

どこかで　たき火のにおいがする

この原作品は、青木によって教材として使いやすい形へと、題名も含めて四つの連の全てにわたって表現の改変が加えられた。それが次の詩教材「花いろいろ」である[4]。

春は　□
えだの先に　雪のひとひら
いや　あれは花　ほのかなかおり

夏は　□
せいいっぱいに　せのびして
お日様もっと　力をください

秋は　□
静かな風にも　ゆれ動く
やさしかったあの人　今遠い国

冬は　□
どうしてそんなに　散り急ぐのか

どこからか　たき火のにおい

原作品の味わいも残しながらの、大胆で思い切った改変である。原作者の重清との度重なる話し合いがあったからこそ可能となった改変であろう。

二　授業の構想

1　「教材調べの覚書き」メモ

『授業＝詩「花いろいろ」』には、冒頭に掲げたように、第Ⅰ章に「手書き　朱入教材文／手書き　授業展開メモ」が収録されている。この部分は「スケッチブック」に書かれた原文の写植の形で収録されている。

青木はこの「教材調べの覚書き」を作り始めた当初には「大学ノート」に書いてきていた。

それが、出張授業に出かけることが多くなってからは、大学ノートを止めて「画用紙をとじたスケッチブック」に替えている。それまでの雑然とした記録から、授業に活かせる形のものにしようとしていったのである。

このスケッチブック型授業記録のことを青木は「簡易教材研究ノート」と呼んでいる。

このようなノートが青木には三〇〇冊ほど（一冊三つか四つの教材で一〇〇〇回ほどの授業になるとのこと）あったとのことである。

なお、教材文「花いろいろ」の視写と授業展開メモはどちらも毛筆で書かれている。

教材を毛筆で視写する理由について、青木は「毛筆で書ける速度と、わたしの理解、分析、授業発想の表出などが、なんとなくぴったりしている」からだと述べている。

教材文の全体を視写することについては、少々時間がかかっても「教材を身近に引き寄せ、自分の理解にくるんでいくには、わたしにとっていちばんいい方法」であると述べている。

「手書き　朱入教材文」の頁には、広く取られている行間や欄外に赤ペンで、「発問、補説、学習活動、教材文に関係のある文献など」がメモされ、その他に「指導すべき語句は辞書に当たり、類語や、用例などを、その語のそばに書き並べたり、これはと目にとまった表記、文法に関する事項などの指導メモ、図や略画をかき、少しこみいった資料などはコピーしてはって[5]」おくようにしたと述べられている。

青木はこの「教材文の視写」と「書き込み」を重ねた「簡易教材研究法」の意義について、青木幹勇著『いい授業の条件』の中で八項目にわたって次のように述べている[6]。

1　視写することによって音読や黙読より一層よく文章を読むことができます。
2　視写は一センテンス毎に改行して書くことにします。こうすると視写することによって、語句や、文、文脈、文章の構成などがよくわかってきます。
3　一文毎の改行だけでなく、詩歌のようなものは、さらに細かく、語や分節によって改行してみることもいいでしょう。啄木は自作の短歌を三行に書いています。
4　このような視写をしてみると、取り上げて学習の対象とすべき、語句や、文法、表記、さらには、書かれていることがらや、心情、論旨などもよくわかってきます。
5　このようにしてわかってきたことは、行間や、欄外に赤字で書き込みますし、さらには他の紙片に書いて貼っておきます。
6　また、辞書、事典によって調べたことは、要点を書き取ったり、コピーにしてこれも貼り込んでいきます。

7　これらの作業を一気にやろうとするとなると、ちょっとたいへんですが、たとえば、ある教材を十時間かけて指導するとなると、前半の五時間くらいまでに、ほぼまとまりをつけておくようにします。もちろんその後も、指導についての発想や、教材についての発見、子どもの発言なども記録していきます。

8　わたしはこの教材研究ノートに、スケッチブックを使いました。はじめは、大学ノートでしたが、コピーしたものや子どもの書いたものなどを貼ったり、持ち歩いたりするには、こちらの方が何かと便利なことがわかってきたのです。

この中で、青木は、例えば十時間かけて指導する場合には、前半の五時間くらいまでに右の六番目までの様々な作業を行っておいて、指導後にも指導の発想や教材に関する発見、子どもの発言等も記録しておくと述べている。

要するに、教材研究は、授業以前に行うことは勿論のこととして、授業を進めながら行っていく場合もあれば、授業後の記録と一体として行っていくべきであるというわけである。

そして、こうした授業記録を十冊、二十冊と書き続けていくうちに、教師は授業者として成長していくはずであると論じている。

2　指導展開の構想メモ

なお、同様に「手書き　授業展開メモ」の部分も、六頁にわたってスケッチブックに毛筆で書かれている。次のように書き込まれている。(7)

一、題名がちょっとかわっている
　作者は得意
　ほかの題にかえてみると……
二、めいめい好きな（知っている）花の名をノートに書いてみよう
　一分間にいくつ書けるか…気分をほぐす
　三、四人発表
三、詩を視写してテキストをつくる
　百文字、五、六分で書く
　伏字のことにはふれない
四、書いた詩を音読してみる
　音読の様子を打診する
五、花がない
　「花いろいろ」なのに花がない
　なぜだろう…作者の意図を話す
六、花をさがそう
○花の名を書き入れるとすると…
○板書に□を書き入れる
○花を見つけるには…手がかりになることば
七、花をみつけてノートに書きこむ

机間を回ってみる
各連五、六人　花の名をカードに書いて黒板に
八、みつかった花―それでいいか
解釈　検討　補説―読みを広げる・味をつける
九、花の名を［　　］に入れて詩の音読
一〇、四つの連をくらべてみる
共通点とちがい　補説
一一、作ることをすすめる
サンプル　夏は　松葉ぼたん
暑い日ざしの中
いっしょうけんめいにさいている
須藤右希
一二、暗唱まで

覚書風のメモであるが、実際の指導展開に際しての子ども達の学習活動がほぼ網羅される形で書き出されている。勿論、この段階では実際の指導過程と順序は不同である。

3　教材「花いろいろ」の学習指導案

『授業＝詩「花いろいろ」』の第Ⅱ章には「国語科学習指導略案」が収録されている。「一　教材」「二　授業

とそのねらい」「三　指導の展開」の概略が記載されている。「三　指導の展開」の部分の「学習活動」は、上記の「授業展開メモ」に記載されている内容とほぼ重なるので、ここには、この「学習活動」の下に記載されている「学習活動の支持」という欄を紹介しておこう。(8)

◇リラックスして学習に臨むように配慮する。
○花の名を自由に書くことによって学習への導入とする。
○教師は板書、子どもはノート、同時進行の形で書く。各連三行、四連、約一〇〇字、五分～六分で書きあげる。
　詩には四箇所欠落部（伏字）を設けておく。
○伏字のところを意識しながら読む。
○どうしたら伏字の箇所が埋められるか。
○ここは、次の展開5とともに本次学習の重点である。
○子どもの思考・理解の熟するのを、ゆっくりと待つ。
○発表は、短冊に書き、黒板にはって行う。
○できるだけ多くの子どもに発表させる。
○どの花に決めるか、みんなに考えさせる。
○しっかりとした声、発音、速度、間などに気を配りながら読む。
　四連を比べることによって詩の読みを深める。
・一、二連と三、四連との違い

・梅はかおり―たき火はにおい
・ひとひらの雪―散り急ぐ
・静かな風にも―ゆれ動く
（注意することば）

※作ってみる時間はない。作ることを奨めてみる。他校生の作品を提示
○この一時間の感想は？

本時の展開の中心場面は、「学習活動」場面で見ると、「4　伏字にされていることばを見つける」と「5　見つけた花の名を発表する」のところである。もう一つの山場は、「8　音読する」場面である。ここは、学習指導案では、「学習活動の支持」として、何も記載されてはいない。どのような趣向で音読させたかは、後述する「展開記録」に詳しく報告されている。

続いて、第Ⅲ章の冒頭に「一　授業に臨むまで」として、教材の紹介とその扱い方の概略が述べられている。詩教材「花いろいろ」については、重清良吉が作った原作に「授業者が手を加え、合意の上で、教材として仕上げた」旨が述べられている。

ところで、この教材には、各連の一行目にそれぞれ伏字（欠落部）がある。この伏字の部分の教材としての意義について青木は、次のように述べている。(9)

この教材の場合、この欠落部を、埋めることは、この教材を読むこと及び、理解することと極めて密接な関係にある。これを少しオーバーにいうと、それは、この詩を読むことであるとともに、作ることでもあるといえるだろう。つまり、子どもたちは詩を読みながら、詩を作るという、学習をすることになるわけであ

る。

要するに、伏字によって、この詩教材が「読み手が、作り手にもなるという形」、すなわち鑑賞と創作という二つの学習活動を成立せしめることを可能にしているというわけである。

青木は、この教材「花いろいろ」の場合のように、「指導の意図により、例えば、物語教材をいくつかに分割して提示」したり、「一部は文字にせず『読み聞かせ』」にしたりといった、教材の改変を奨励している。指導に際しての教材の再構成の意義を積極的に認めていたのである。

三　授業の展開

本番の授業は、大分大学教育学部附属小学校の体育館で、ステージの下に移動式黒板を三面並べ、その前に教卓を置き、子ども達の机は四列四十名でしつらえてあった。この周りを五、六〇〇人位の参観者が取り囲んでいた。

以下、青木の記録にしたがって本時の授業展開を見ていくことにする。

①　授業開始

題名を板書して、題名について軽い問答を行い、一分間で今すぐ思い出せる花の名を書かせる。この活動は、後で伏字の部分に花の名前を入れる活動につながる。

②　視写の導入

教材は配布しないで、教師は一連ごとに詩句を口誦しながら黒板に書いていく。子どもはノートに聴視写をする。ところどころ教師が語釈を加えながら進める。
書き終えたところで、全員で二回斉読する。

③　伏字にされている花の名前を見つける

読んでみて、「花いろいろ」という詩なのに、花の名前が全く出てこないことに気づかせる。各連に伏せられている、春、夏、秋、冬の花の名前を見つけさせる。見つけた花は短冊に書いて、黒板の伏字の場所に貼り出させる。

子ども達が見つけ出した花は様々である。それらの花から最も適切な花を話し合いによって決めていく。春は「うめ」、夏は「ひまわり」、秋は「コスモス」、冬は「さざんか」と決まっていく。

なかなか見つかりにくかったのは、春と秋と冬であった。

しかし、教師の巧みな誘導の下で、秋は教材「一つの花」との関係から、冬は唱歌の「たきび」との連想からそれぞれの花を見つけ出すことが出来た。

青木は花の名前がすぐに分からなかったことが逆に適度な抵抗の下でこの詩をよく読み込んでいくことにつながったのではないかと指摘している。教材の難度という課題がここから見えてくる。

ここで再び、教師が持つ指示棒によるリードで二、三度、声を張ってリズミカルに斉読をさせている。

④　四つの連を比べて、詩の読みを深めさせる

四連構成であることと、各連三行から出来ていることを確認し、一、二連と三、四連とが作り方が異なっていることに気づかせる。一、二連は、花を目の前にして書いていること、三、四連は、花とは直接関係のない連想やその花にまつわるムードのようなものまで書き添えていることなどである。

この場面の指導は、子どもの学習状況を見計らって進めればよいと述べられている。当日は時間的な制約から

実施出来なかったようである。

⑤　各自好きな花の詩を作る

この教材の表現の形に合わせて、各自に好きな花の詩を作らせる。まず、花を一つ選ばせて、季節を決めさせ、花の特長（色、形、大きさ、匂い、花のムードなど）を取り出させて、その花について連想することもあれば、書き添えさせておく。

この活動は、一応計画はしておいたとのことであるが、時間的に実際の指導の余裕はなく、参考作品を見せただけで留めている。

⑥　音読から暗唱へ

子どものリードで音読をさせる。

リーダーが「春は」と読み、全員が「うめ」と応じる。次に、リーダーが「えだの先に　雪のひとひら」と読み、全員が「いや　あれは花　ほのかなかおり」というように、掛け合いで音読させる。最後に、リーダー以外は全員が瞑目し、リーダーが「夏は　ひまわり」と読み、全員が二、三行を暗唱する。

授業の終末部になると、大部分の子どもがおよその暗唱が出来るようになっている。目を閉じさせて、リーダーと掛け合いで読ませると、文字を見て読むよりも、「全員がずっと読むことに集中」し、「瞑目することによって、読み声に耳をすますので、声に張り、ことばにひびきが加わってくる」（四五頁）と述べられている。

青木は、このように読ませていくことで、詩についての「理解が心の隅々にとけこんでいくにちがいない」と指摘している。そして、「頭だけの、知的なわかり方ではなく、体で日本語をという授業が望まれる[10]」と提唱している。

本授業の展開からも、青木が「視写」（＝筆端で読むこと）と「音読」（＝舌頭で読む）と、頭の先で読む読み方でなく、体で読む読み方を重視していることが分かる。

四　授業後の反省

青木の詩教材「花いろいろ」の授業は、事前の事務局との約束で、授業時間は七〇分ということになっていた。この時間、子ども達の集中は途切れることがなかったと記されている。

ただ、青木自身、二日間にわたって二時間をかけることが出来れば、ゆとりのある授業になると述べている。特に、後半の「④　四つの連を比べて、詩の読みを深めさせる」、「⑤　各自好きな花の詩を作る」場面は、実際には実施することが叶わなかったために、結果的には学習活動の充実を期すことは出来なかったと記している。

この授業のポイントとして、「詩の欠落部を埋める」場面の「花さがし」、つまりこの詩の読解学習の場面で、「クイズ方式」を導入したことが、子ども達の「学習に対する興味や関心をもりあげるという点では、充分効果的であった」と振り返っている。特に、このような飛び入り授業の場合は、子ども達の「固さをほぐす『遊び』の要素を加味するゆとりを用意しておくべきだろう[11]」と指摘している。

青木が取ったこの「クイズ形式」のような「遊び」の要素の導入は、日常の授業の中でも積極的に行われていくべきであると判断される。何故ならこうした活動の導入は、単に教材や学習に対する興味・関心の喚起ということだけでなく、その活動自体が子ども達の読みを深め、創作活動への橋渡しともなり、思考への集中を促し想像を広げる一助ともなっていくからである。

全体の展開としては、「一人の子ども（女の子）をリーダーにしたてたあの音読の練習は、なかなかおもしろかった」として、「リーダーと掛合いのちょっとしたシュプレヒコールは、音読を楽しくした」と振り返っている。

青木は、本授業の展開全体を振り返って「書いては音読、見つけては音読、最後には音読から暗誦へと、声に出して読むことは、かなり学習した」と述べている。やはり、青木の授業では発問だけで引き回す指導でなく、視写や音読の活動を取り入れて体で読むという指導が徹底されていたことがよく分かる。

最後の場面に関しても、「全員瞑目、暗唱にはいった、この授業のフィナーレでは、子どもたちの声が美しくはずみ、澄明に響いてすばらしかった[12]」と最大級の自己評価を下しているところから、この授業は青木としても、全体的に満足のいく展開になったと理解される。

今回取り上げた青木の授業記録からも、青木の国語科授業づくりに臨む姿勢が如実に窺えよう。

注

（1）青木幹勇稿「わたしの授業（131）」（『国語教室』一四三号、昭和五十三年四月、十頁）。
（2）青木幹勇著『いい授業の条件』昭和六十四年十二月、国土社、四八～五五頁。
（3）青木幹勇著『授業＝詩「花いろいろ」』昭和六十二年三月、国土社、五十～五一頁。
（4）同前書、二四～二五頁。
（5）同前書、四～五頁。
（6）前掲書、注（2）、七五～七七頁。
（7）前掲書、注（3）、十四～十九頁。
（8）同前書、二二一～二二三頁。
（9）同前書、二六頁。
（10）同前書、四六頁。

(11) 同前書、六十頁。
(12) 同前書、六二頁。

第Ⅸ章　詩を書く「風をつかまえて」の公開授業

本章では、青木幹勇が昭和六十三年七月三十日（土）に国立教育会館で開催された日本国語教育学会全国大会において筑波大学附属小学校五年生を対象に行った授業「詩を書こう―風をつかまえて―」（青木幹勇著『授業＝詩を書く「風をつかまえて」』平成元年八月、国土社）を中心に考察を行っていくことにする。

一　公開授業に向けた心構え

青木はこの「公開授業」という一回きりの授業の性格を踏まえて、その心構えについて次のような考察を巡らしている。

第一には「授業を見る人の授業意識（意欲）に波紋を起こさせること」で、授業の「巧拙、成功、失敗」はともかくとして、「触発性の強い授業」でなければならないと述べている。青木が考えた「触発性の強い授業」とは次のような授業であった。[1]

◎おいそれと見られない特異性をもった授業

◎構想が卓抜で冒険を孕んでいる授業

◎あんな授業を、自分もやってみたいと思わせるような授業
◎自分ならこうするなと、あれこれの試案が浮かんでくるような授業

また青木は、せっかくの機会なのだから、「思い切って少々危険を孕んだ授業」にしてみようと考えて、「詩の授業、それも詩を読むのではなく、詩を書く授業」を行うことにしている。

「詩を書く授業」を行うに際して、この授業は飛び入りなので「小刻みに作詩の階段を登る時間」がないとして「短期速成のコース」での指導に向けた決意を固めている。

二　授業の構想

1　公開授業に向けた模索

「詩を書く授業」を行うことに決めた後、青木は本格的に授業の構想作業に取り組み始めた。具体的に、「どんな授業」で「どんな学習内容」をもって対応するか、「参会者のみなさんが見たいと思っておられる授業」、「世間ではあまり見かけない授業」[2]へ向けた模索を行っている。

この時点で、青木は本格的な「作詩指導」ではなく、「ことばの学習」の一環として次のような指導を考えている。[3]

1　『ことば遊び』の発想を生かして詩を書く
2　連想や想像によることばのおもしろさを生かして書く

3　ものの在り方を比喩的な表現によってとらえる
4　だれかの作品をタネにして、そのパロディーを書いてみる

青木は、わずか四五分の授業にあれこれ盛りだくさんの指導内容を盛り込むことへの懸念から、このような指導の在り方を考えたようである。

2　本番に向けた地ならし事前授業

青木は、公開授業の本番に向けて、事前に授業対象の筑波大学附属小学校五年生の教室で計五回にわたって、地ならし授業を行っている。

詩の創作授業に向けた青木の様々な工夫が窺えるので、次に少し詳しく辿っておくことにする。

①　第一回目の授業—五月二十日

まず、一回目は次のような「ことばのクイズをして遊ぶという馴れ合いの時間」としている。(4)

(1)　子どもたちが、テレビ放送の番組（ＮＨＫ）「連想ゲーム」に興味をもっていることがわかり、これを授業の手がかりにと考えた。
(2)　あることばを提示して、連想されることばを書き並べさせてみる。
(3)　連想することのできることばは、よく知っていることば、経験とつながることばなどであることを話し合う。
(4)　用意した次のような子ども俳句『俳句の国の天使たち』（日本航空広報部編）を読んだり、これを教材に

して連想（想像）を楽しむ。

たんぽぽの種はどこかへ行くとちゅう
母の日です茶わんあらいをかくれてする
赤ちゃんがよくわらうなあ［　　］
先生がたいいんしたよ［　　］さん

(5) 次のようなテーマで荒唐無稽な想像や、パッとひらめいたイメージを書いてみる。

きりんの首はなぜ長いのか
大きなキャベツをザクッと切った、さてその切り口を見てひと言

この子どもたちは、これまでに作詩の経験がほとんどなかったとのことである。そんな子どもたちに、「ことば遊び」の発想や連想や想像によることばのおもしろさを生かして詩的な表現を引き出すという手立てを講じた授業と見なせよう。

② 第二回目の授業―五月三一日

二回目は、子ども俳句等を教材に用いて「表現をくらべる―表現の飛躍」に関する理解を促している。

青木は、自らが主宰する月刊雑誌『国語教室』二〇五号のエッセイ「授業閑話」に「文章表現における飛躍と屈折」と題する一文を書いている。この中で青木は、二つの詩的表現を比較して、一方の表現に認められる「飛躍と屈折」という特質について考察を巡らしている。

二回目の授業では、子どもたちに詩的表現におけるこのような特質についての指導を行っている。この際に、青木が使用した教材は次のようなものである。(5)

ことばが　はねている（とんでいる）

●表現をくらべる─表現の飛躍

(A)　春になると
うめやさくらに
うぐいすが
春を知らせるように
いいこえでなく

(B)　赤ちゃんがよくわらうなあ春の風（前回プリント、今回は板書）

(C)　立春やスキップで通る歩道橋

◎　○○は□□のようだ

◎　○○は□□だ

◎　りんごのように　赤いほっぺた

◎　ぶどうのような　黒いひとみ

◎　象のように　□

◎　きりんのように　□

◎　ピーマンはおなかをすかした野菜だ

◎　キャベツは　□

◎　トマトは［　　　　］

右の教材の中で、(A)と(B)の表現の比較を通して、(B)の表現には、「赤ちゃんがよくわらうなあ」という部分と「春の風」との間に「飛躍のおもしろさ」があることを指導している。

また、(C)の俳句では、「各自に直感したこと、ここがこの詩の急所だということば、作者の心の中をのぞいてみると…」といったことを書き込ませている。

続いて、◎印がついた教材で、直喩表現の練習をさせている。

詩の表現の特質を取り立て的な指導によって理解させようとの試みと見なせる。

③　第三回目の授業―六月二八日

この前の六月二二日に千葉県立教育センターで、「詩を書く」授業を行っている。その際に、「花」をテーマにした短い自由詩を書かせている。三回目は、この授業経験を基に「あじさいの花」を題材として、「雨にぬれたあじさいの花は」「青い大きなガラスの球だ」という「比喩による飛躍」の表現に気づせる指導を行っている。

④　第四回目の授業―七月十二日

前回宿題としていた「ひまわりの花」を題材として書いてもらった詩作品を取り上げて、「比喩」や「文末の表現」にふれた指導をしている。

⑤　第五回目の授業―七月十九日

この日も、前回の宿題「野菜と果物の詩」の検討を通して、詩の表現法に関する手ほどきを行っている。

3　指導案の作成

青木が公開授業のために指導案を書き上げたのは七月十一日であった。青木の公開授業が行われたのが、七月三十日であったので、授業本番の二十日前である。公開授業を引き受けたのが四月十九日だったので、指導案完成はそのほぼ三ヶ月後のこととなる。[5]

青木の指導案は簡潔に一枚にまとめられている。授業を参観する人が、指導案を「授業直前に手にされ、授業を見ながら読」むわけだから、「むずかしい記述だったら読んでもらえない」し、「授業もよくわかってもらえない」[6]だろうとの持論から、「読みやすさ、わかりやすさを第一」にまとめられている。

なお、本書には、二頁にわたってこの指導案が転載されているが、これらについては、この後の授業の展開を辿ることで自ずと明らかになるので、ここでは省略に従う。

ところで、青木は、指導案というものに関して、その中に「文章化できないこともかなりたくさんある」と述べている。要するに、授業は「やってみないとわからない」ということ、「授業のおもしろさは、そういう試み、たくらみ、冒険、実験的要素を孕んでいるところにある」ということである。

青木は、指導案に沿って授業を具体化することは当然だが、その「タテマエを果たすことだけで手いっぱいという授業ではおもしろくない」として、「プラス・アルファの余韻がエコーする授業ができたら」という願いを披瀝している。

また青木は、授業には「計画はずれ」ということがあり、その一つは「失敗による消極的、退却的な計画変更」、もう一つは「思いがけない指導契機の発見による、積極的脱線、つまりアドリブ指導[7]」であると指摘している。

以上は、青木の長い授業実践の体験に基づいた、指導案というものに関する本質的な考え方であると言えよう。

4　教材の発掘、開発

青木が行う授業に関しては、授業で使用する教材の発掘、開発ということがかなり大きな位置を占めている。前章で取り上げた公開授業に関する考察の中でも、「花いろいろ」という自作の詩教材に関して詳しく考察を加えた。

本章で取り上げている「風をつかまえて」の授業でも、「第48回海の記念日」に因んで制作された「帆船ポスター」が使用されている。このポスターは、公開本番が十日に迫っていた時に、青木が地下鉄駅のホームで偶然目にしたものである。

このポスターには、風を帆いっぱいに孕んで海洋を疾走する帆船が映し出されている。青木はこのポスターに釘付けとなり、これを公開本番で使用したいと目論み、苦労の末に手に入れている。「風をつかまえて」という題材で詩作をさせる時に、表現を触発する材料として使用することを企図したものである。

青木の授業構想に関して考察を行う際の見逃せない一つの要件と言えよう。

三　授業の展開

本番の授業は、東京虎ノ門にある国立教育会館の一五〇〇人ほどを収容できる大ホールのステージで行われた。授業を受ける筑波大附属小の五年生児童は、夏休みという事情もあり三十数名であった。

この日は、第五回目の事前授業から数えて十一日目である。

以下、青木の記録に沿って本時の展開を見ていくことにする。なお、本書の記録には、フリーカメラマンの小野成視氏の写真映像がふんだんに添えられていて、授業風景が手に取るように窺える。

① 授業開始

授業は、緊張している子どものことを配慮して、「軽く、短く、さらっと授業へ引きこむ」ように開始された。

教師の方から、書く詩の題を「風」と提示する。詩の題を授業本番のその場で決めることは、事前に子どもたちとの約束になっていたことであった。事前に大部分の子どもたちが「題は決めておかないほうがいい」と述べていたからであった。

導入部分では、事前授業でも取り上げられていた『俳句の国の天使たち』の中から「赤ちゃんがよくわらうな あ春の風」という子ども俳句を取り上げることで教室の空気をほぐしている。

その後で青木は、子どもたちに目をつぶらせて例の帆船ポスターを取り上げている。

青木は、このポスターを子どもたちに示してから、「あそこに風が見える！あれが風だというところを、だれかにきて指してもらおうか。」と誘いかけている。

② 「風を見つける一分間」の小課題作業

次に青木は、「どの子にも取り組める一分間の学習」として、子どもたちの身の回りにある「風を見つける」という小作業を課している。青木が日頃よく用いる手法とのことである。

作業中、ノートを見て回り、何人かの子どもに「小さなアドバイス」をする。その会話は、胸のマイクから客席に届いていた。

十人ほどの子どもに見つけた「風」を発表させる。取材活動に当たる内容である。次のような「風」が子どもたちから発表されている。(8)

◎ぼうしを飛ばす風
◎はだに感じる寒い風
◎さびしい感じをさせる秋の風
◎冬の寒さをふきとばす春の風
◎木の葉を散らす秋の風
◎わたしたちをかぜ（風邪）へ追いやる冷たい風
◎空高く風船を飛ばす風
◎春、夏、秋、冬を運んでくる風
◎雲を動かす風
◎かざ車を回すやさしい風
◎さくらの花を散らす風―花ふぶき
◎遠足のときビニールシートをとばす強い風

③「子どもの作詩への関心を刺激する」

一分間の作業で、子どもたちの中に「風の姿」を浮き上がらせた後に、さらに、作詩への関心を刺激していく手立てとして、青木が用意してきた「風鈴の子守歌」という「手引の詩」を一行ずつ模造紙で提示する。一行ずつ子どもたちの想像を広げさせていく趣向であろう。

最終的に黒板に貼り出された「手引きの詩」は、次のようなものである。(9)

風が風鈴を鳴らしていく
風がカーテンをゆすっていく
その白いカーテンの向こうで
赤ちゃんがいま昼ね
風の鳴らす風鈴の音は
赤ちゃんの昼ねの［　　　］

まず一行目を貼って、みんなで音読させる。

二行目の「カーテン」は夏のカーテンだから、「白いレース」のカーテンであることを確認する。その「白いカーテン」の向こうに「だれかがいる」と述べて、「だれがいたらいいか」を想像させている。子どもたちからは、「赤ちゃん」「女の人」「子ども」「白い妖精」等が挙げられている。

そこで、「赤ちゃん」がいたこととして、四行目を貼り出し、ここまでで一応まとまったことを確認している。

さらに、五行目を貼って音読をさせてから、最後の六枚目を貼り出している。

ここで、六枚目の［　　　］の中に「みなさんの想像」を書くように促している。

十人ほどの子どもたちに発表させると、全員が「子守歌」と答えている。

④　「『風を書く』ヒント集」の提示

ここまでで三十分ほどが経過している。青木はここでもう一押し、子どもたちに「風を書く」手掛かりを与えるヒント集を配布する。青木のこの方法は、「風をつかまえて」という題材を決めて間もなくに手が付けられていて、およそ百ほどのヒントが考えられていたという。

このヒント集には、大きく五つに分類された次のような風が総計三二個提示されている。

これらの風の中には、ところどころに青木がよく使う伏せ字が設けられていて、連想ゲームの手法で想像を広げさせる工夫が見られる(10)。

一、季節の風

1　さくらの花をふき散らす風…花ふぶき
2　青田の上をふきわたってくる風
3　花のかおり（くちなし・もくせいなど）を運んでくる□風
4　若葉の森をふきぬけてくる
5　たんぽぽの綿毛をとばす初夏の風
6　コスモスの花をゆすり続ける初秋の小さな風
7　ポプラ並木のこずえをふきわたる風
8　降る雪をふぶきにする強い風
9　ちらちらと降る雪を「風花《かざばな》」にする風

二、風とスポーツ

1　平凡なセンターフライをバックスクリーンに飛びこませる風
2　いっぱいに帆《ほ》をふくらませて、ヨットを走らせる風
3　マラソン選手を苦しめる□風
4　大小の凧《たこ》を大空へふき上げていく風

三、くらしの中の風

1　いっぱいにあけた教室の窓にふきこむ□風
2　運動場の土をまきあげるからっ風
3　カーテンをゆすって通る風
4　風鈴《ふうりん》を鳴らしていく□風
5　シャボン玉を飛ばす□風
6　鯉のぼりのおなかをふきぬけていく風
7　風《かざ》車や風《ふう》車を回す風
8　こうもり傘《がさ》をおちょこにする風
9　壁《かべ》や戸のすき間からふきこむすき間風
10　洗たく物をかわかしてくれる風
11　開会式！　何千何万というゴム風船をふき上げる風
12　コップにあふれてくるビールのあわをふきとばす風

13　若い人の髪の毛やマフラーを長くなびかせる風
14　火事場の火をあおりたてるおそろしい風、悪魔《ま》のような風

四、風の中の生きもの
1　すれちがうときの鬼《おに》ヤンマの羽を光らせる風
2　走る馬のたてがみをなびかせる風
3　流氷のオホーツク海に尾白鷲《おじろわし》を飛ばす風

五、歴史の中にふいていた風
1　海賊船の帆《ほ》柱にはためいていた風
2　「風林《ふうりん》火山《かざん》」ののぼりをはためかせた風

この「ヒント集」の提示によって、子どもたちの「風を書く」手掛かりが十分に与えられたことは、この後の作詩への集中によって証明されていると推測される。

⑤　作詩への集中

子どもたちの作詩への準備が整った頃合を見計らって、「風を書く」作業に取りかからせている。要した時間は、意外に短く九分足らずであった。遅速の落差がほとんどなかったことも、作詩に向けて、子ど

もたちの機が十分に熟していたことを物語る事実であろう。

⑥　自作を読む

ほとんどの子どもが書き上がった頃合を見計らって、ステージ中央付近のマイクの前で、三人ずつ自作の詩を発表してもらう。

散漫でまとまりのない詩については、「風の寄せ集めになっていやしない？」、「まるで風の百科事典みたいだね」、「これでは、読む人にひびく力が弱くなるよ」という具合に、なかなか手厳しい批評が加えられていく。子どもたちが創った詩に関して、青木は「記憶や想像によって書いたもの」よりも「生活実感の裏づけ」のある詩が「聞き手に（読み手）に迫ってくる」という基準で批評を加えている。

最後の発表者になった女の子の詩は以下のようなものであった[11]。

青い風

大石美菜子

雲を動かす　青い風
青い空をつくる　青い風
その青い風のうらで
たこが　空を泳いでいる
雲を動かす　青い風は
たこたちに笑いを
うかばせる

青木は、この詩を「うまい!!　これは傑作！」と褒め讃えている。「青い風」という着想について褒め、「風のうら?　青い風のふいている空とは離れた所、そこにたこをもってきたのもおもしろい」と批評を加えている。最後の発表が終わっても、まだ時間に若干の余裕があるということで、子どもたちには自作についての自評をさせている。青木は、この時子どもたちの顔に明らかな疲れを看取っている。後で授業のビデオを見て、「このあたり、未練がましく授業を引き延ばしている様子がうかがわれました」と反省を加えている。授業の締め括り方についての貴重な教訓となる部分である。

四　授業後の反省

公開授業が終わって、後日、担任から他の子どもたちの未発表作品と授業についての感想が届けられている。そこに取りあげた四編については「かなりのできばえ」であったと評価している。

青木は公開授業後の反省を記している。

青木は、まず公開本番の中で「何かが書けること、逆になんにも書けなかったという子がいないようにと、それを念じました」と述べている。

導入部で三十分以上を充てたことに関しては、「綱渡りの時間」だったと述懐し、特に「ヒント集」を取りあげる際には、かなりのためらいがあったようである。しかし、結果的にこの手立てが功を奏したことを事後の子どもたちの感想から確証したようである。

青木は、この三十分以上の時間を「導入」としている。しかし、この部分は単なる導入ではなく、子どもたちの詩の創作に向けた欠かすことのできない指導のプロセスであったように判断される。

また、本番で子どもたちが書き上げた詩に「羅列型」「百科事典的表現」の作品が多かったことに関して、次の段階に「集めた詩を整理し、表現を整える学習が待っている」と指摘している。

しかし、現実の詩作指導に際して、青木の思いとは別にこの詩作品の推敲に関しては、どの部分・表現に焦点を絞って指導するかが少なからぬ課題となるのではないかと考えられる。

最後に、青木は「余響」として、この授業を参観した人々からの感想を紹介している。

なお、これらの感想の中に、青木と昵懇の少年詩作家の重清良吉氏が『国語教室』二〇七号に寄せた参観記の一部が取りあげられている。

重清氏は、①「青い海と空に順風満帆のまっ白な帆船のポスター」いうアイディアによって「日常から、みごとな詩への飛躍」を期した点、②「〈風を書く〉ヒント集」によって、「風」を「広角アンテナでキャッチ」させるという手立てを講じた点の二点を高く評価した。

そして、重清氏は「わたしがもっともひきこまれた部分」として、「『〈書くこと〉へ集中する』十数分の沈黙の時間⑫」の緊張した美しさを讃えている。

青木の授業への適切な評価と見なせよう。

なお、本書に再現された青木の公開授業については、『国語教室』誌の中で、浮橋康彦氏と庭野三省氏の両氏が論評を加えている。

浮橋氏は、二二一号において、①「五回にわたる事前の授業」に関して、「教材や指導の要点、子供の作品・達成度に及び明快に述べられており、授業の『発展的な積上げ』がいかに大切で、またどのようでなければならないか」が理解されるということ、②授業の進め方に関しては、青木が「子供一人ひとりに対して、絶えず細かな指示と誘導と評価を繰り返され」たこと、「教材を計画的に少しずつ出して、子供の想像を誘い出し、確かめ、場面のイメージを漸層的に形成していく指導」であると認め、「『風を書く』ヒント集」については「先生の優れた取材感覚と新鮮な対象把握力がこの資料に満ちている[13]」といった賛辞を呈している。

また、庭野氏は、二三二号において、実践家の立場から、本書の授業記録から学んだことは「青木先生の広い意味での国語科授業観」であるとして、①「授業は笑顔でするものだ」ということ、②「授業をすることにわくわくしているか」ということ、③「私達にもできる[14]」授業であるということ等を挙げている。

両氏による以上のような論評も、授業に臨むに際して、青木がどのように授業を構想し、どのように授業を展開しようとしていたのかということと併せて、その授業研究に向かう意欲と覚悟とを如実に窺わせるものとなっていると言えよう。

注

(1) 青木幹勇著『授業=詩を書く「風をつかまえて」』平成元年八月、国土社、二九頁。
(2) 同前書、三二頁。
(3) 同前書、三七頁。
(4) 同前書、三九～四十頁。
(5) 同前書、四二～四三頁。
(6) 同前書、六十頁。
(7) 同前書、六一～六四頁。
(8) 同前書、九二～九三頁。
(9) 同前書、九七頁。
(10) 同前書、一〇二～一〇三頁。

(11) 同前書、一二六頁。
(12) 同前書、一四九～一五〇頁。
(13) 浮橋康彦稿「創り出す子供を育てる授業の創造―青木幹勇氏の公開授業―」(『国語教室』二三一号、平成元年十月、四～五頁)。
(14) 庭野三省稿「『詩を書く―風をつかまえて』を読む―実践家として学ぶこと―」(『国語教室』二三二号、平成元年十一月、十～十一頁)。

第X章　俳句の鑑賞・創作指導に関する発想の転換

本章では、青木幹勇の俳句授業観を根底から覆すきっかけとなった俳句の鑑賞・創作指導に関する実践を取り上げて考察を加えて行くことにする。

対象とする文献は、主に「青玄会」機関誌『国語教室』の連載論考「授業閑話」と青木幹勇著『授業・俳句を読む、俳句を作る』（平成四年六月、太郎次郎社）等である。

一　俳句授業観の転換

青木幹勇が自らの俳句の授業に関して、大きな転換を宣言したのは、青木が東京教育大附属小を退官してから十七年程も経った平成元年のことである。青木は「青玄会」の機関誌『国語教室』二二〇号（平成元年九月）の連載論考「授業閑話㊹」に「俳句の指導を変えてみる」と題した一文を発表している。この時、青木はすでに七十七歳であった。

この中で青木は、「俳句の授業はかつて何回もしたことがありますが、そのほとんどが意に満たないものでした」と述べて、それは「授業者のわたしが、現時点での俳句指導観に立って、過去の授業を見返るとき、どれもこれも拙い授業になってしまうのです」とその理由について触れている。

青木はこれまでの一般的な俳句指導を振り返って、以下のような指導の転換点を提起している。[1]

1．これまでの指導は、俳句の典型、お手本を大人の俳句に求めていた。ことばを変えると大人の感性や認識から表出される、いわゆる花鳥諷詠的俳句を子どもにもという指導でした。

2．また、俳句であるからにはどういうことで、季語、定型、その他、表現上の約束ごとにのっとることをタテマエにしていました。

さて、わたしはいまどういう俳句の指導をしてみたいのかというと、

1右の花鳥諷詠、有季定型をことごとく否定するわけはありませんが。これにこだわることのない指導を志向する。

2俳句を読む、俳句を作るという学習を特殊なこととは考えない。俳句も短作文の仲間として扱う。

3もうひとつの大きな変化は教材です。これまでのように古典俳句、あるいは、現代の名作を教材にすることをひかえ、もっぱら子どもたちの作品をとりあげる。

4したがって作品の理解・表現の目標は、すぐれた、子どもの作品が指示してくれることになる。

右の提案の中で、青木がとりわけ強調しているのは、当時盛んに作られるようになっていた「子ども俳句」を「新しい俳句の教材」として取り上げるべきであるという考え方である。

青木はその頃、日本航空広報部の編集によって相次いで出版された『俳句の国の天使たち』（あすか書房）、『世界のこども俳句館ハイク・ブック』（平凡社）を取り上げて、その中の俳句が「子どもたちの発想による、子どものことば、子どもの生活の自由な表現」によって作られたものであることを指摘して、これらの子ども俳句の

教材化を提起したのである。

二　子どもの俳句を読む授業

青木が「子ども俳句を読む授業」の実践について最初に紹介したのは、「授業閑話45」（『国語教室』二二二号、平成元年十月）においてである。この実践で青木が取り上げた子ども俳句は、「先生がたいいんしたよとんぼさん」「赤ちゃんがよくわらうなあ春の風」「おりがみさんいまペンギンにしてあげる」「天国はもう秋ですかお父さん」等である。この時の取り上げ方は、子ども達に「各自の理解と想像による、コメントをもたせ」るものであった。

やがて、青木は「授業閑話70」（『国語教室』二五九号、平成四年十二月）に「だれもができる俳句の授業（読むこと）」と題して、「作品の散文化」という手法を取り入れた指導実践を紹介している。

この手法を取り入れた実践が青木著『授業・俳句を読む、俳句を作る』の中に詳しく紹介されている。実践は、平成二年十一月十七日に盛岡市立桜城小学校で六年生を対象に行われたものである。学習指導案も掲載されているので、以下に「学習活動」の部分のみ引用してみよう。(2)

① 本時の学習についての説明を聞く。
② 知っている俳句を発表してみる。
③ 俳句を読む
※ノートへ視写する。

※音読してみる。
※句の印象（理解）を発表。
④　想像を加え、理解を深める。
※手引きを参考に句の理解を書いてみる（俳句の散文化）。
⑤　物語俳句を読んでみる。
※句に詠まれている物語は？
それはどんな場面か。
⑥　俳句を作ってみよう。
※掲示の句をノートに写し、欠落部を補う。
⑦　③の俳句の散文化したものを発表する—評価。
⑧　まとめ。

この実践では、「子ども俳句ブーム」が全国的に広がっているという事実について子どもたちにも紹介している。この中で、六句の「子ども俳句」を紹介している。

続いて、「先生がたいいんしたよとんぼさん」「おりがみさんいまペンギンにしてあげる」「赤ちゃんがよくわらうなあ春の風」「天国はもう秋ですかお父さん」「母の歌せんたく物もすぐかわく」という五句を提示している。

これらの俳句を三行分かち書きで、教師は板書、子どもはノートへ共に書き写していく。

次に、それぞれの句を音読させてから、五つの句に関する簡単な「句解」を短冊型に切った五十センチ程の長さの紙を用意して「クイズ仕掛けで句の解釈」をさせている。五つの句に対して、一枚だけ余計な紙を入れて全部で六枚の紙を順番を変えて黒板に貼りだしている。

こうしたクイズ遊びの後で、「手引き例」を参考にして、子ども達に各自一句か二句を選んで、短い散文に書き替えるという作業をさせている。

子ども達には、各自「想像や、思い浮かべるイメージを自由に盛りこんで、表現を豊かにすることを心がけさせ」ている。

子ども達が書き上げた「散文化」の作品は次のような簡略なものである[3]。

榊仁美

ヤッター。先生が、

たいいんしたの、うれしいね。

早くだれかに伝えたいなあ、

あっとんぼさん、

あのね、先生がたいいんしたよ。

うれしいね。

松沢智子

えっ。ペンギンになりたいの。

ちょっとまって。

いまはつる折ってるの。
　さあ、できたよ。
ねえ。ペンギンになってどうするの。
　北極にいくの。
あそこはとっても寒いところなのよ。
　ガマンできる。じゃあすぐに
ペンギンにしてあげるわね。

　この実践のポイントは、「俳句の散文化」という部分である。句意の単なる解釈に終わらせるのではなく、「読み手の子どもが仮に作者になって、句の理解を散文に書き替え」させるという趣向である。「教師がくどくどと句の説明をしたり、小刻みな発問をして、子どもたちを引きまわすこと」をしないで、自由な想像を盛り込ませて短いお話を作らせるというものである。

　この趣向は、青木の『第三の書く』（昭和六十一年八月、国土社）において提起されていた「書替え（作文化）」という手法である。

　なお、⑤と⑥の活動は、一時間の指導では無理だったのかもしれない。解説の中には、触れられていなかった。

三　物語を読んで俳句を作る指導

青木は、「授業閑話51」(『国語教室』二二九号、平成二年六月)の中で、自分が提案した俳句指導に対する、「そんな俳句指導は邪道ではないか」とする意見を想定して、自らが考えている俳句学習の価値について次のように主張している。(4)

1. 俳句はきりつめた省略表現の上に成立っている。したがって、書かれていることばを手がかりにして、想像を拡げ、イメージを描くことの学習が、散文の場合より、自然にしかも積極的に行われる。

2. 俳句は、それぞれの語が、緊密にかかわりあっている。解釈するにも、作るにも語句や、文脈、読んでみての調子、さらには、意味や音のひびき合いなど、いいかえれば言語感覚につながる学習が、しばしば具体的、実験的にできる。

俳句は切り詰めた省略表現の上に成り立っているので、想像力の陶冶に寄与していること、使用される言葉の緊密度から言語感覚の陶冶にもつながる学習となることに言及している。

この他にも、青木は、「一般の作文同様、観ること、驚くこと、感動すること、まず書きとめることなど」の意義も指摘している。

さらに青木は、自らの「俳句指導観」を次のようにまとめて示している。(5)

(1)　まだ一部の教師の手の中にしかないこの俳句指導を、なるべく大勢の教師にやってもらいたい。
(2)　そのためには、俳句指導が、特定の教師の特殊技能によるものだというような考え方を捨てる。つまりどの教師にもできる俳句授業を拓く。
(3)　俳句指導にも理解と表現の両面がある。わたしは特に句を作るために読むという学習を強調する。それは逆に句を作ることが詠むことを深めることにもなる。

ここには、俳句指導を一部の教師の手からより多くの教師の手に渡していきたいという願い、そのために、特定の教師の特殊技能によるのでなく、誰にでも出来る俳句授業を拓いていきたいという青木の強い思いが披瀝されている。

青木は、「授業閑話」52と53（『国語教室』二三〇号、同二三一号、平成二年七月、八月）の二回にわたって「物語から俳句を作ることへの実験授業」について報告している。詳しくは青木著『授業・俳句を読む、俳句を作る』に紹介されているので、以下は本書によってこの授業実践について見ていくことにする。

1　「写生の句と、想像を交えた句」

青木は、『授業・俳句を読む、俳句を作る』の「はじめに」の中で、「作句についても、伝統の写生主義にこだわらず、子規も許容し、奨《すす》めている想像による味つけの表現方法を工夫してみました(6)」と述べている。

青木は、写生を主唱した子規の「写生による俳句がかなりできるようになった者は、想像による俳句も作ってみること、写実と空想（子規の用語）による両方の句も心がける(7)」という考え方を踏まえて、「想像を交えた句」の創作という手法を国語教室において適用することを試みたのである。

「伝統の写生主義」の呪縛から解き放つために、敢えて子規の考え方をも取り込んでいった点に、自らの俳句授業を転換するための青木の苦闘が窺える。

これが「読むことと書くことを一体化する」授業、すなわち「物語を読んで俳句を作る」という授業である。

2　「ごんぎつね」から俳句を作る

この授業の「本邦初演」（平成二年五月二九日）は台東区立西町小学校の六年生を対象に行われている。四年生で学んだ「ごんぎつね」の教材を二年後の六年生で俳句づくりのための教材として使用するという趣向であった。

青木は「作句入門」として「ごんぎつね」を選んだ理由について、大要、次のように述べている。[8]

① この物語が、子どもたちには興味深く読まれていること。

② 俳句になる契機を多く孕んだ物語である。つまりこの物語には、俳句になるシーンがたくさんある。わたしの見た「ごんぎつね」指導の多くは「ごん」をいたずら者としかとらえていなかった。俳句をとおして、「ごん」の行動にみられるペーソスを理解する。

③ この物語には、どこにもここにも、季語がころがっている。したがって、これを手がかりに俳句づくりに導入することができる。

④ 花を見て作る、虫の声が俳句のネタになると同じ、いや、それ以上に、「ごんぎつね」のなかから手軽に俳句ができそうです。その気になって読めば読むほど、そこから俳句が生まれてくる。いうまでもなく、読みの深さと俳句の力とは密接な相関関係にあります。したがって、そこには、子どもたちそれぞれ

の俳句が生まれ、巧拙はともかく、めいめいに表現と理解の一体化が望めます。

⑤　いろいろな物語を読む学習のなかで、作句の経験をもたせることができますが、最初の教材としては、「ごんぎつね」が最適ではないかと思います。したがって、この教材での物語俳句づくりの経験は、今後の作句を容易にするにちがいありません。

ところで、青木は物語から発想する句作の例として、かつて「朝日歌壇」（昭和五十九年九月二三日）に掲載された「空腹に泣く子をおきて征き果てぬ父よユミ子のコスモスが咲く」という短歌を紹介している。ただの「生活詠」でない、明らかに今西祐行の「一つの花」から発想された「フィクション短歌」から青木自身の「物語俳句」の実践を試みる励ましを得たとのことである。

青木自身もこのような虚構の短歌に触発されて、「高い高いとゆみ子持ち上ぐとんぼの空へ」、「父を待つ母と娘のコスモスの家」、「コスモスの花柄エプロンよく似合う」、「コスモスをもらうお手々のごはんつぶ」、「羽ふれて桃の花散る別れかな」、「月の道兵十加助のかげぼうし」、「鎮魂の石臼重し原爆忌」等の物語俳句を作っている。

これらの物語俳句は、指導の際の「手引き教材」として使用されている。

3　「物語俳句」づくりの指導案

「ごんぎつね」から物語俳句を作らせる指導のための学習指導案が本書に掲載されている。この指導案は、平成四年一月二九日に埼玉県の久喜市立久喜小学校で行われた授業のために書かれたものである。以下に、「学習活動」の部分だけを引用しておこう。(9)

①　学習についての説明を聞く。
②　知っている俳句を発表してみる。
③　子どもの俳句を読んでみる。
④　俳句の勉強は……。

※読むこと

※作ること ─┬─ 見て作る
　　　　　　├─ 読んで考えて（作る）
（詠む）　　└─ 想像を加えて（作る）

⑤　「ごんぎつね」から俳句を引き出す。
※物語俳句作品例を詠む。
※「ごんぎつね」の復習。
○秋のこと。
○季語をみつけて書く。
※俳句になりそうな場面はどこか。
⑥　さあ、作ってみよう。
※手引きの俳句で導入。
※実作にはいる。
⑦　どんな俳句ができたかな。
※各自、自由に展示。

※作品についてコメントする。

⑧　感想と評価。

※これという句を選んでみる。

⑨　まとめ。

この授業では、俳句の学習指導によって、「表現と理解の一体化」を図ること、これまで国語科の片隅に置かれてきた俳句の学習を新しい発想の作句指導でより親しみやすいものとすることが意図されている。

4　授業の展開

①　子どもの知っている俳句をたずねる

まず、子どもたちが知っている俳句をたずねるところから始めて、近年の子ども俳句づくりのブームについて紹介している。

その中で、「先生がたいいんしたよとんぼさん」、「赤ちゃんがよくわらうなあ春の風」といった子ども俳句の紹介をしている。

②　「見て作る」と「読んで作る」

俳句づくりには、「見て作る」方法と「読んで作る」方法とがあることを話して、この授業では「読んで作る」俳句の勉強をすることを理解させている。

③　物語俳句を提示する

「羽ふれて桃の花散る別れかな」、「コスモスをもらうお手々のごはんつぶ」、「神さまのことなどにしてけしからん」等の手引き教材を紹介して、これらの拠り所となっている物語を見つけさせている。

④　「ごんぎつね」の復習をする

本書に掲げられている学習指導案には、「ごんぎつね」のストーリーを辿った一覧表が記入されている。模造紙を使い長さ二メートル位にまとめられたこの表には、「ごんぎつね」の六つの場面の粗筋とそれに対応させた場面毎に出現する季語が書き出されている。

このストーリー表を使用して、「ごんぎつね」の粗筋を確認している。

⑤　「ごんぎつね」から季語を見つける

同様に、このストーリー表を用いて、場面毎に季語を見つけ出させている。

この作業の中で青木は、例えば、兵十のおっかあの葬式場面と「ひがん花」とをつないで、「ひがん花葬列のかね遠くから」という一句を作って見せてやっている。

⑥　季語と場面をつなぐ

秋を感じることばを見つけ出して、それと関係がありそうな「事件」や「あたりの様子」「ごんや兵十の動き」等とをつないでみさせる。例えば、「もずの声と青い空」「ひがん花とお地蔵さん」「兵十加助のかげぼうしと虫の声」という具合である。

⑦　欠落を埋めて一句にまとめる

ここでは、虫食いにした欠句を補うというクイズ形式の「作句遊び」を取り入れて、子ども達の頭を次第に俳句モードにしていくという趣向の活動が入ってくる。次のような具合である。(10)

□
お城にひびく
もずの声

きのうくり
□
両の手に

月の道
兵十加助の
□

⑧　**作句にとりかかる**

最初にノートに自由に作らせていく、まとまってきたら、小型の画用紙や半紙に大きな字で書かせて、黒板に貼りだしてやっている。子どもの質問には、「俳句作り方相談所」を設けて答えてやっている。

⑨　**作品を発表する**

作品が出揃ったところで、五、六人の子どもを前に出させて、自作にコメントをつけさせている。

この間に、教師はざっと作品に目を通しておき、この後の評価で取り上げるできの良い句や、共通の問題点をもっている句をチェックしておく。

五、六人の子ども達からの発表とそれらに対する意見や感想を二、三回繰り返したところで、教師の評価を聞かせるようにしている。
子ども達が作った作品として、次のようなものが紹介されている。[11]

ごんぎつね早く聞きたいもずの声
ごんの気も知らず兵十銃をとる
遠くまでまっかに咲いたひがん花
ぴかぴかのいわしを持ってごん走る
つぐないにそっとはこんだ山の栗
いわし屋さんゆるしてくださいひとにぎり
まつ虫の鳴き声ひびく村の道

⑩　子どもの作句感想から

最後に、青木の授業に対する子ども達からの感想が取り上げられている。しかし、ここに取り上げられたのは、千葉市立幕張東小学校での子ども達の感想である。[12]

古賀絢子
はじめのうちは、きんちょうしたけれど、だんだんおちついて、先生の話がわかりやすくなりました。
さて、私はもちろん、私の「はい句」が選ばれたときのことが、一番の思い出です。私は、「ぴかぴかのいわしを持って」まではすぐ思いついたのですが、次のことばがみつかりませんでした。「兵十のうちへ」ではゴロが合わないので、いろいろ考えたり、ことばの順番を変えてみたりもしました。それは「いわしを持って」までは、なかなかよかったからです。結きょく「ごん走る」で調子が合うのでそれにしました。

それを出してみたら先生にほめられたので、びっくりしました。説明するときも、うれしいのと、びっくりしたのと、はずかしさで、かたことみたいにしか話せませんでした。

せきについて、ほおにさわってみると、すごくあつくて、むねはドクドクいっていました。大げさかもしれませんが、事実なんです。

四人の子ども達のこのような感想が紹介されている。

これらの子ども達からの感想は、実験的な新しい作句指導であったので、青木にとっても子ども達からの受け止め方が窺える貴重な記録となったようである。

青木は、これらの子ども達からの感想を分析して、この俳句授業の成果を次のような四点から振り返っている。[13]

（1）まず、作句へのとりくみ方が意欲的です。どの子も、何のためらいもなく、没入しています。このことは、この子どもたちばかりでなく、毎回経験することです。普通、作文の時間ですと、書くことがない、どう書こうか、なかなか筆が動きません。

（2）俳句を作るという初体験の子どもたちばかりなのに、俳句の表現形式をそれとなく心得ています。たまには指を折って音節を確かめている子もいますが、ほとんど自然に五・七・五のことばが、つぎつぎとえんぴつの先から生まれ出てきているようです。日本語の先験的リズムとでもいうのでしょうか。低学年でもなかなかの句が作れるところをみると、五・七・五の日本的韻律は早いうちに血肉化しているのかもしれません。その点、子どもにとって有利な詩型だといえそうです。

（3）俳句を作るという言語活動が契機になって、物語の世界へめいめい独自な想像を注ぎこみ、あるいは掘り起こす。そのような言語行為によって、思いがけないイメージが描け、それが句の姿に形成されてきています。（中略）

（4）もう一つは、ことばの選択です。古賀さんは、

　　ぴかぴかのいわしを持ってごん走る

の上五と中七はすっとできたが、下五ができない。「兵十のうちへ」としてみたが、ゴロがわるい、つまり字余りで、リズムが整わない。語順を変えてみたが、うまくない。結局、「ごん走る」で調子が合ったといっています。

　わたしにほめられたよろこびを書いていますが、この「ごん走る」で、この句が画竜点睛を得たといえるでしょう。まごまごしていては、いわし屋だけでなく、そこらにいる人にみつかります。まさに、命がけの償いの行為です。電光石火の「走る」でなければなりません。

さらに青木は、「俳句学習の世界を広げる」として、限られた国語の時間内でどのように組み入れていけばよいかということを次の五点にわたって具体的に提案している。(14)

（1）物語教材の指導に当たる場合、予定した指導時間のなかへ、作句の時間を設定します。ただし、それには、その物語が作句の学習と同調するかどうかを判断しなければなりません。が、要は、せっかくの俳句入門の学習を一回こっきりに終わらせないことです。

すでに述べたように、物語への俳句導入は、作句にとっても読解にとっても、まちがいなくプラスになる学習です。十時間〜十五時間の物語指導のなかへ、俳句学習の一、二時間をわりこませることは、さほど難しいことではないでしょう。

（2）もう一つは、物語にこだわらない俳句学習に、子どもを近づけることです。

それには、まず現代子ども俳句の、上質な作品を読ませることがとりあげられます。週に一、二度、四、五句をプリントして配り、これをファイルさせて、短い時間に、読んだり解釈したりして、関心をつないでいきます。

プリントはめんどうだ、続かないという教師は、毎日、子どもが帰ったあと、黒板の左隅に、一、二句、板書しておきます。これなら二、三分でできます。一、二週つづけたら、俳句の好きな子どもか、日直当番に、この掲示をまかせます。すでに紹介したような、教材集を用意しておけば、一年くらいは種切れになることはないでしょう。黒板（もしくは短冊）に書いた俳句は、一日のうちの始業前、国語の時間、給食時、下校時のどこかで、五、六分くらい、音読、解釈、鑑賞の形でとりあげることにします。

右の掲示句はときどき伏せ字つきにしておくのもおもしろいと思います。下校時に伏せ字の埋まった句を発表させたり原句を示したりして、俳句を楽しむのです。

そのうちに、クラスで生まれた作品を掲示するのもいいでしょう。

（3）ときには、二句か三句を並べて板書しておき、時機を見て、どの句がいいか比べさせてみます。これは、歌合わせになぞらえていえば、句合わせです。そのねらいは、俳句になじませるとともに、評価、鑑賞力を育てるところにあります。

（4）三つ目は「題詠」による作句学習です。たとえば、「お年玉」「凧あげ」「鯉のぼり」のような子どもの生活につながりのある題（季語がいい）を出し、教室に備えつけたポストに、半月ぐらいの期間をおいて、自由に投句させます。係が句の整理（プリント）をして、適当な日に句会をするのもおもしろい。

（5）こうして、物語俳句、掲示した句、句会に投句された作品など、字のうまい子の何人かに清書させ、コピーさせて、一年に二回くらい句集を作ったらどうでしょう。こういうことが手軽にできるのが、短詩型俳句のよさでもあります。俳句は短小でも、ことばの学習価値は決して小さくはありません。小さくしてきたのは、これまでの教科書であり国語教室ではなかったでしょうか。

四　青木幹勇における俳句授業観の転換の意義

青木が宮崎師範附属小時代に教えた教え子で詩人となっていた重清良吉は、青木著『授業・俳句を読む、俳句を作る』に紹介されている俳句授業について、「複眼の俳句授業①〜④」（『国語教室』二五五〜二五八号、平成四年八月〜十一月）と題した随想を寄せている。

重清はこの中で、「複眼」という意味を次のように説明している。(15)

第一、なぜ今俳句授業なのか。テーマのその今日性。

第二、授業で子どもに俳句をつくらせるのに、仮定現実の「物語」をかりる。卓越したその授業のアイディア。

第三、授業者主体が俳句歴五十年の俳人であって、おそらくこれがすべてのキーであろうと思われること。

重清はこの第一の「なぜ俳句授業なのか」という視点に関して、その解答が青木の著書の第1章にある「子ども俳句に開眼する」という言葉にあると指摘している。やはり、重清も青木の子ども俳句への「開眼にいたる率直で謙虚な著者の述懐」に、青木の俳句授業観の転換点を見出していたのである。

また、第二の視点に関して重清は、「『写生』が本道の俳句」に「虚構の『物語』利用が許されるのか?」という問題に触れて、青木が子規の「写生による俳句がかなりできるようになった者は、想像による俳句もつくってみること、写実と空想による両方の句も心がける」という考え方に言及している点を指摘している。

重清は、青木の俳句授業への「虚構の『物語』利用」という視点について、そこに青木の「教育視点、人間視点」が存在していることを指摘したのである。

さらに、第三の視点に関して重清は、青木が俳句歴五十年の俳人であり、この時までに四冊の句集を出していることに言及している。

第一句集『露』、第二句集『風船』、第三句集『滑走路』、第四句集『牛込界隈』の順番で刊行されているが、重清はこれらの句集のタイトルに言及して、「一冊ふえるごとに、句集タイトルも一字ずつふえ」ている点を取り上げて、ここに青木の「志の高さ、欲の深さ」「アイディア、人を仰天させることの好きなお人がら」を読み取り、「授業にも文学にも、この著者のなかには永遠の子どもがすんでいる!」と指摘している。

重清のこの指摘からも、青木が七七歳にして「これまでの俳句教材を、新鮮にはねている子ども俳句に取り替え」て、作句の方法についても、「伝統の写生主義にこだわらず、子規も許容し、奨めている想像による味つけの表現法を工夫」するといった大胆な発想の転換を成し遂げた意義が窺えよう。

要するに、戦中・戦後と長い歳月を教壇に立ってきた青木ほどの大ベテランが永年の俳句指導の果てに辿り着いたのが右のような発想の俳句授業だということである。

俳句における「伝統の写生主義」への呪縛という事実は、私たちがいかに大人の側からの指導体制、大人の思考の体制に沿った行き方に囚われてきたかを象徴するエピソードであるとも言えよう。

注

(1) 青木幹勇稿「授業閑話44―俳句の指導を変えてみる―」(『国語教室』二二〇号、平成元年九月、十九頁)。
(2) 青木幹勇著『俳句を読む、俳句を作る』平成六年六月、太郎次郎社、五一頁。
(3) 同前書、六七～六八頁。
(4) 青木幹勇稿「授業閑話51」(『国語教室』二二九号、平成二年六月、十一頁)。
(5) 同前誌、十一頁。
(6) 前掲書、注(2)、三頁。
(7) 同前書、八六頁。
(8) 同前書、九三～九四頁。
(9) 同前書、九八～九九頁。
(10) 同前書、一〇七～一〇八頁。
(11) 同前書、一一三～一一四頁。
(12) 同前書、一一四～一一五頁。

(13) 同前書、一二〇〜一二二頁。
(14) 同前書、一二四〜一二六頁。
(15) 重清良吉稿「複眼の俳句授業②」(『国語教室』二五六号、平成四年九月、八頁)。

第Ⅺ章　国語科教材開発への志向とその実際

本章では、青木幹勇の教材開発への志向とその実際を取り上げることを通して、青木の国語教師としての成長過程・力量形成過程について考察を加えていくことにする。

対象文献は、青木の各種著書と「青玄会」機関誌『国語教室』に連載された論考「わたしの授業」及び「授業閑話」等である。

一　青木幹勇の教材開発への志向とその実際に関する先行研究

青木幹勇の教材開発への志向とその実際に関しては、筆者による一連の研究の中でも言及してきている。

その一つは、青木と「ＮＨＫ『ラジオ国語教室』」との関わりについて加えた論考においてである。本書の第Ⅳ章に収録している。

この中で筆者は、青木が昭和二十八年四月から始まったＮＨＫ「ラジオ国語教室」のための放送台本（＝教材）の自主制作を昭和五十三年まで、ほぼ二十五年間にわたって行ってきたことを取り上げて考察を加えている。

そして、この「放送台本」の制作体験が青木の「教材開発の力量形成にも大きく寄与している」ことを明らかにした。

また、筆者は第一一九回全国大学国語教育学会鳴門大会において、青木が昭和六十一年十月に大分大学教育学部附属小学校四年生を対象に行った授業「詩『花いろいろ』」（青木幹勇著『授業＝詩「花いろいろ」』昭和六十二年三月、国土社）に関する考察の中でも言及している。この考察については、本書の第Ⅷ章に収録している。

この中で筆者は、青木が「教材の鮮度」ということに関して、「鮮度の高い教材の供給のためには、教材の発掘・創作ということを視野に入れなければならないとし、それが良い授業を進めるための大切な条件である」と主張していることを指摘した。そして、詩人の重清良吉に依頼して創作してもらった詩作品への大胆な改編という教材化の方法について考察を加えている。

さらに、筆者は第一二〇回全国大学国語教育学会京都大会においても、青木が筑波大学附属小学校五年生を対象に行った授業「詩を書こう—風をつかまえて—」（青木幹勇著『授業＝詩を書く「風をつかまえて」』平成元年八月、国土社）に関する考察を加えている。この考察については、本書の第Ⅸ章に収録している。

この中で筆者は、青木が子ども達の「表現を触発する材料として使用する」意図から発掘・開発された教材の意義について明らかにしている。

二　教材開発への志向

青木は、つとに昭和二十三年三月号の東京教育大学附属小学校初等教育研究会編『教育研究』誌に「新教科書観」という論考を発表している。

この中で青木は、長い間の「教科書本位、教科書中心、教科書第一主義の教育」に対して異論を提起し、「今後はいやしくも、学級で生産されたものには、学級文化としての正しい位置を与え、それが教材化できるものは、教材化し、保存すべきものは、考えられた整理の方法で整理し、それが他の学級にも活用され、また、次に進級してくる後進のためにも、参考とされるようにあらしめたいと考えている」[1]と述べている。

既成の「教科書観」に対して修正を迫ると同時に、つとに教材開発への志向を窺わせる考え方である。

また、昭和四十六年九月号の『教育研究』誌に発表した「国語の授業と教材」と題した論考では、「教科書の教材を軽視してもいいとは思いません」と述べつつも、青木は「教師が、すぐれた教材制作者になること」「学習者を、教材制作者にすること」「学習の中から、教材を見つけ出すこと」「授業の中で、教材を発見すること」[2]等について言及している。

青木は、教師が「詩が書け、童話が作れるということは、おいそれとはいかないかもしれませんが、板書の文字を磨きあげること、日常の話術を鍛えて、教師の教材性を高めることなどは、だれしもがぜひ努力すべき」であると主張している。

ただ、青木は、教師も詩や文章が書けることを奨励しているが、その他にも「授業とつながりのあるいろいろな音や、話の録音。新聞の写真を黒板に貼って授業に生かす。記事をコピーする。街頭の交通標識を大判の紙に書いて授業に使う。図書目録を使って書物の選択、著者や出版者の指導をするなど、いわゆる情報といわれるものはもちろん、そうでないもっと身辺的なものなどもどしどし授業の中に生かす」[3]ことを勧めている。

青木は、さらに「そもそも教材というものは、授業という場、学習者と指導者の中に置かれてはじめて教材としての鼓動を始めるものだという、考えにたつと、授業のまっただ中で、生まれ、作られ、使われるという教材もあるはず」だと主張している。

ここには、青木の「教材をあるものとせず、教材は作るものだという」教材観が窺えるのである。

三　教材開発の実際

1　「教材の改編」ということ

①　教材文を視写する

本書の第Ⅷ章において、青木が教材開発に関して「教材の鮮度」ということに言及していた事実を取り上げた。

この「教材の鮮度」を上げるための工夫として青木は「教材文を板書する」方法を提起している。青木は「わたしの授業(132)」（『国語教室』一四四号、昭和五十八年五月）において「活字で印刷された教材を、教師の手書きで、黒板に大きく書けばそれだけで読みの弱い子は大いに助かるでしょう」と述べている。

青木はこのような教材文の板書も「もっとも簡易な教材作り」であると考えているのである。

②　教材文の形を変える

二つ目も教材文の板書であるが、同じ教材文の板書にしても、「少しくふうをして、教材文の形をもう少しはっきり変える」という方法である。

例えば説明文教材「魚の感覚」の冒頭段落を「一文ごとの改行に書き変え」て板書するという次のような方法である(4)。

金魚ばちの中で、金魚が無心に泳いでいます。そこへ、金魚のえさとして、赤えびの一きれを投げてやると、水底にいた金魚まで、それを見つけて集まってきます。金魚は、赤えびの赤い色に目をひかれたのでしょうか。それとも、投げこんだときの、かすかな音を聞きつけたのでしょうか。それとも、えびのにおいをかぎ分けたのでしょうか。

ご存じの教材文「魚の感覚―末広恭雄」の冒頭の段落です。字数一四一字（漢字二九字）子どもはノートに視写（教師板書）分速二〇字で書くと七分、少し早く書けるクラスですと五、六分、同時進行で書き上げます。ただしここでひとくふうします。黒板（ノートにも）印刷の字面（一行の字詰め、行数）通りには書けません。たとえ書けたとしても、そのように書くことは意味がないのです。むしろ積極的に、次のように、一文ごとの改行に書き変えるのです。

1金魚ばちの中で、金魚が無心に泳いでいます。

2そこへ、金魚のえさとして、赤えびのひときれを投げてやると、水底にいた金魚まで、それを見つけて集まってきます。

3金魚は、赤えびの赤い色に目をひかれたのでしょうか。

4それとも、投げこんだときの、かすかな音を聞きつけたのでしょうか。

5それとも、えびのにおいをかぎ分けたのでしょうか。

と、このように板書（ノート）します。それほど大きな段落ではありませんが、それでも活字で、ぎっしり組まれているのに比べると、かなり形が変わってきました。（各文の間を少し広めにとるといっそうすっきりする）

青木は「教材文の形を変える」ことで「指導や、学習の上」に次のような効果が予想されるとしている。(5)


1何といってもたいそう読みやすくなっています。読むことの弱い子どもには、その感がいっそう強いのではないでしょうか。

2どの子にも、きっと文章が新鮮に見えるにちがいありません。そのことが、学習の意欲つまり、何かおもしろい勉強ができそうだという予感をもたせるでしょう。

3このように形を変えてみると、文が五つあるということが一目でわかります。

4五個の文には、長短がある。

5二番目の文は、他の文の二倍近くある。

（なぜだろう）

6残りの四文は、大体同じ長さである。

7三、四、五の文は、文末が同じで、疑問（問題提起）の形をしている。

8四と五の文は、文頭に「それとも」が付いていて、つけたしをしるしていく形。

9四と五の文では主語が省略されている。

このようなことが子どもにも見えてくるはずであると言うのである。

さらに青木は、このように教材文の形を変えることで次のような「指導の糸口」が見つかってくることを具体的に指摘している。[6]

1文が五個あるととらえることは、文というものを知るもっとも基本の形です。一年二年でみっちりこの学習をしておきます。

2文に長短があるという認識も大切です。多くの場合長い文は複雑で理解しにくい。要注意の文だと理解させ、ときに、いくつかの文に分けさせてみます。長短の認識がしっかりしてくると、それを、子どもたち各自の作文に生かせます。この認識が、しっかりしていないために、だらだらととりとめのない長い文を書くことにもなるのです。

3このように並べてみますと、文頭や、文末に注意させることができます。たまたまこの教材文は、文頭、文末を比べてみるのに好都合です。

4主述の対応に注意させることは、低学年からということになっていますが、高学年になって、学習対象にするこみいった文章についても、主述の関係に気を配って読めるようにしたいものです。


以上は、「教材の改編」という作業を加えることで、既成の教材に対して実際の授業の狙いに即した教材としての機能を持たせようとする試みである。

教材の開発という作業がまさしく教師の力量形成に通じている事例と見なすことができよう。

なお青木は、この方法について「授業閑話40〜42」で「教材をゆさぶる（その一〜その三）」と題して改めて言及している。

青木は国語教科書の教材文の改編について、石川啄木の短歌における「三行書き」の手法を引き合いにしている。

青木は、啄木の場合、この「三行書き」が「表現を効果的にする」ための手法であり、これが「読み手にとっても好都合」であったと見なしたのである。

そして青木は、このように読み手の都合によって「教材文」を揺さぶる方法について次のように述べている。(7)

1. 文章を深く読もうとするには、読もうとする文章を書き写してみる。
2. その場合、読み手の考えによって、読み解きやすいように、文章をいくつかに切って並べてみる。
3. また、「教材文」を、指導するねらいに即し、たとえば、センテンス毎に改行して並べてみる、あるいは、フレーズ別、さらには、文節に分けて並べてみるということはどうだろう。
4. 教師が「教材文」に対して右のような操作をするだけでなく、子どもたちめいめいに文、文章の組立てをほぐし、それによって、文の理解を深める書き替えを、くふうさせてみるのもおもしろい。

青木は、このような形による「教材の改編」のことを「教材をゆさぶる」ことであるとも述べている。そして、「教材にもっとも大きなゆさぶりをかける」(「授業閑話42」『国語教室』二一八号)方法が青木の提唱になる「変身作文」なのだとする。

この「変身作文」の事例として、青木は「授業閑話38〜39」(『国語教室』二一四〜二一五号)の中で「おみつさんは恋文を書き、ごんは日記を書く」と題して、「わらぐつの中の神様」と「ごんぎつね」を取り上げてその手法に言及している。

さらに、青木は前掲の「授業閑話㊷」において、教材「大きなかぶ」における「変身作文」の事例を取り上げている。ここで変身させるのは「大かぶ」である。次のような事例を紹介している。(8)

みんなにぬかれた大きなかぶ　　結城公正

ぼくは、あのたねからできた大きなかぶです。ぼくは、あんな小さなたねのころ、おじいさんに土の中にうえられ、大じにそだてられました。おいしい水や、ぼくにひつようなひりょうをもらいました。そのおかげで、おじいさんのねがいどおり、あまいあまい、大きなかぶになれました。

けれど、ぼくは、ぬかれるのがいやでした。おじいさんがぼくをぬこうとしたとき、ふんばりました。おばあさんがきたときもふんばりました。まごがきたときもふんばりました。犬がきたときもふんばりました。ねこがおうえんしてぬこうとしたときは、三人と二ひきでは、ぼくの方がまけそうでした。けれど、そのときもふんばりました。ねずみをよんできたときは、おどろきました。三人と三びきでは、ぼくの方がまけそうでした。けれど、ぼくは、またふんばりました。

だけどぼくは、けっきょくぬかれてしまいました。みんなの力には、まけてしまったのです。

この「大きなかぶ」は一年生の教材であるが、一年生での「変身作文」は無理なので二年生で試みられたようである。

青木がこのような「変身作文」についても、「教材をゆさぶる」ことの一つ、すなわち「教材の効果的な生かし方（活用）」として「教材の改編」と見なしていたことにも注目させられるところである。

2　子ども俳句の教材化

青木は「授業閑話㊹」（『国語教室』二二〇号、平成元年九月）の中で「俳句の指導を変えてみる」と題して、「子ども俳句」を「新しい俳句の教材」として取り上げることを提唱している。青木が取り上げた子ども俳句は、日本航空広報部が編集した『俳句の国の天使たち』（あすか書房）、『世界のこども俳句館ハイクブック』（平凡社）の二冊である。

青木はこの二冊の子ども俳句集について、「いずれも、子どもたちの発想による、子どものことば、子どもの生活の自由な表現」であるとし、「俳句の形はしていますが、発想も、表現も大人の俳句を真似たものでなく、子ども独自の世界を表現した、子どもの詩」[9]であると指摘している。ここに、青木が子ども俳句を教材として取り上げた理由が端的に述べられていると見なすことが出来よう。

続いて青木は、「授業閑話㊹」（『国語教室』二二一号、平成元年十月）の中で和歌山県の田辺市に近い山村の小学校で行った「子どもの俳句を読む授業」の紹介を行っている。

この授業で青木が取り上げた子ども俳句は、次のようなものであった。[10]

先生がたいいんしたよとんぼさん
赤ちゃんがよくわらうなあ春の風
おりがみさんいまペンギンにしてあげる
天国はもう秋ですかお父さん

以上は、「俳句を読む授業」における子ども俳句の教材化であったが、青木はさらに、「俳句作り」の授業に挑戦している。

青木は「授業閑話51～53」（『国語教室』二二九～二三一号、平成二年六月～八月）において「そんな俳句指導は邪道ではないか」と題した「俳句作り」の指導について紹介している。

青木がこの「俳句作り」の指導で取り上げた教材は新美南吉作「ごんぎつね」であった。

授業は東京都台東区立西町小学校の六年生を対象として行われている。四年生の教科書にある読みの教材である「ごんぎつね」を作句指導のための教材として使用したのである。

この「ごんぎつね」から俳句を作る指導に関しては、前章の「俳句の鑑賞・創作指導に関する発想の転換」と題して考察を加えているので、ここでは省略に従う。

なお、青木はこの作句指導を「物語俳句」作りの指導とも呼んでいる。この指導においても、導入段階で子ども俳句を取り上げている。その上で、四年生段階で指導されている「ごんぎつね」を作句のための材料として取り上げるという発想が取られていることに注目しておきたい。

なお、この「物語俳句」作りの指導に関しては、「授業閑話71～73」（『国語教室』二六〇～二六二号、平成五年一月～三月）においても詳しく紹介されている。

3　手作り教材・詩「けやき」

青木は平成七年二月に千葉県のT小学校で「詩を読む」授業を行っている。

この授業で取り上げることになった詩は青木が二十年ほども前に作ったものである。

T小学校のN先生がこの詩を使って授業を行ったところ、どうもうまくいかなかったので、この詩の作者である青木にやってみてくれないかという依頼があったとのことである。

青木の手作り教材・詩「けやき」の授業は、「授業閑話91～95」（『国語教室』二八六～二九〇号、平成七年三月～七月）の中に詳しく紹介されている。

詩「けやき」は、青木の作品集『雪の夜の話』（青木幹《かん》というペンネームが使用されている、昭和四十一年五月、東洋社印刷）に収録されている。当時担任をしていたHという少年の求めに応じて、卒業式の直前に作られた詩とのことである。

なお、この青木が作った詩に対して、作ってもらったHという少年がお礼にと作った詩と彼の母親からの手紙とが青木の下に届けられていた。青木は授業に際して、このH少年の詩と母親の手紙も教材として使用する心づもりであった。

原詩（本章末に【資料】として掲載）は、十二連（「授業閑話91」には十三連として紹介されているが、実際の授業では、十二連構成として使用されている）、六四行からなっている。

かつて、教科書にも取り上げられたこともあったようである。教科書では、原詩よりも短く改編されている。原詩は少し早めに読んでも五分はかかる長大なものである。語句や言葉遣いにもかなり難解なところが存在する。

なお、青木は授業に臨むに際して、手作り教材「けやき」の他に、以下のような補助教材を用意している。(11)

①キーワード　カード

色紙型に切った画用紙十二枚（各連一枚）これに各連の主要語句、かわったフレーズなど、四～五行書いたもの。

幹は青空へ
樹皮は鋼鉄
樹相には風格

冬のけやき
針のような細枝
知性的な美しさ

②短冊型に切って書いた、詩の構成をとらえるヒント―五枚。（次回提示）
　例○けやきをけやきの外側から見ている。
　○けやきを、きみとぼくの間においている。など。
③右のほかに前述したH君の詩と、お母さんの手紙。
④この学校の校庭にあるけやきの見事な写真。（額入―学校から借りた）
⑤子どもたちへのプレゼントにと、詩句の一節を書いた色紙（額入）など。

　これらの補助教材を一瞥しただけでも、青木が授業に臨むに際してどれほど周到な準備をしていたかが窺えよう。
①の教材からは、少しばかり難解な語句や言葉遣いを含んだ原詩を取り上げるための配慮が窺える。
②は、文字通り長大な詩の構成をとらえさせるための手掛かりを与えようとする教材である。
③は、H君の「師にささげるうた」という詩と彼の母親の青木に対するお礼の手紙であり、授業の中では余興的な役割を果たすと思われる教材である。
④は文字通り「けやき」という樹木の姿を視覚的に捉えさせようとする教材である。

⑤はこれも③と同様に授業の最後に余興的に取り上げるための教材である。

以上の五種類の教材を眺めると、一時間の授業の中で使用される教材というものが、指導過程に沿って多様な役割を期待されているのだということが理解されよう。

そして、青木の場合、その多様な役割というものが、子どもの学習過程に沿って機能していくように準備していたのである。そのことが実際の授業記録から浮かび上がってくるのである。

4　詩「けやき」の授業の指導過程に沿った補助教材の活用

◇「まず音読から」

音読は、座席順に一人、一連ずつ交替で行わせている。

この音読の際に、①の色紙型に切られた画用紙十二枚の「キーワード　カード」を、授業中の助手役として予め依頼しておいた男女の子ども二人に黒板に張り出させている。

何人もの子どもによる音読が続けられると、「授業のテンポが単調」になるので、「ポンと、カードが黒板にはられ」ることで、「学習の緊張が持続するのではないか」との意図がこの作業には隠されている。

なお、子ども二人によって張り出された「キーワード　カード」に対しては、「音読の合間、合間」に次のような注釈を行っている。[12]

▽けやきは喬木は、高木ともいうとか、つつじのような、あまり高くならない木は、かん木という…

▽樹相には、手相・人相という類語をもち出したり、

▽風格には、横綱になった貴乃化の相撲には、どことなく風格が出てきたね。こんなことをいわれている

よ。

などと、注釈をつけてみました。

その他、国木田独歩のことなどにも。

青木は、このような注釈の付け方を芦田恵之助の「着語《じゃくご》」の方法に学んだと述べている。芦田の場合は、この方法を「範読」の中で行っているが、青木は「子どもたちの音読の合間、合間」に行うという方法を採っている。

なお、先の④の「けやき並木の写真」もこの音読の合間に子どもたちに見せていたようである。

◇「詩の理解」

次に、いよいよ「けやき」の詩の理解に授業が進められている。

子どもたちには、この詩の中の「好きな連をとりあげ」させて、黒板に貼り付けてある十二枚のカードの下に○印を付けさせている。一番多く○印が付けられたのは、四連と九連だったとのことである。

◇「詩の組みたてを読む」

この場面では、先の②の補助教材が使用されている。予め用意されていた「ヒント教材」は五枚であったが、このうち実際に使用されたのは、四枚だけであったようである。

まず、一番目の「▼作者がけやきを外側から見ているのは?」というヒント教材によって、「詩が大きく、外と内の構成になっていることをとらえさせ」ている。

次に、二つ目のヒント教材「▼季節の動きに合わせて見ているのは?」を使用して、「三連が冬」「四、五連が春―初夏―夏」「六連が秋」「最後の二連が、春から初夏」というように、「季節とともに変化するけやきの景観」を確認させている。

三つ目のヒント教材「▼けやきを人間と重ねて見ているところ?.」を使って、「けやきという自然に人間性を詠みこんでいる」点を読み取らせようとしている。この場面は、いささか難航したようであるが、「けやき」の「知性的」「情熱的」「頑固な個性」などを読み取るところから幾分理解がほぐれてきたようである。

最後のヒント教材「▼けやきをきみとぼくとの間においているところは?.」を使って、「作者がH君に呼びかけ、語りかけているところ」を読み取らせようとしている。

予め用意しておいた「ヒント教材」が「けやき」という詩の組み立て部分を理解させていくのに、大きな役割を果たしていたことが窺えよう。このヒント教材が、実際の指導過程に沿って極めて重要な役割を担っていたことが理解されるのである。

なお、補助教材の③として用意されていた「H君の詩と、お母さんの手紙」は、事前の計画としては授業の最後の場面で披露される予定であった。それが、当日この授業を参観に来てくれていたH君（当時は、すでに千葉市内で病院の院長をしていた）の都合によって、授業の冒頭で披露されるというハプニングが起こったようである。ついでに、この時に「お母さんからの手紙」も朗読されていたとのことである。

青木の教材開発の手法に特徴的なのは、既成の教材の改編というところにあると言ってよいだろう。その方法は、やはり実際の授業の過程、すなわち教師の指導過程と児童の学習過程に即したものであった。

したがって、青木が作成する教材は、青木自身が設定した指導の狙いに沿って、児童の学習がより良く達成されていくためのものであった。

【資料】

けやき

青木　幹作

きみ、けやきという木を知っているかい。
ぼく、けやきの木が大すきなんだ。
けやきは、喬《きょう》木、
それでいて、片手にもてる盆栽にもなる。

青空へまっすぐに伸びた
けやきの幹はたくましい。
なめらかそうなあの樹皮は、
鋼鉄のように硬い。
それでいて、けやきの樹相には、
なかなかの風格がある。
ことに、冬空を突き刺《さ》した
あの針のような梢の細枝は、
けやきの知性的な美しさだ。

風わたるさつきの空に、
緑の炎をもえたたせている
あのけやきの若葉はじつにすばらしい。
一枚一枚の葉が風にそよいで、
いのちの歓びをうたっている。
太陽の恵みを讃えている。
けやきは、情熱の木でもあるのだ。

けやきは、一本立ちでも、
実に堂々としている。
しかし、けやきの並木もなかなかいい。
彼等は、おたがいにはげましあって、
雲へのあこがれを語りあっている。
枝を交えて、彼等でしか創れない空間を
初夏の大空にえがこうとしている。

落葉のころのけやき林を歩くのも楽しい。
むかし、国木田独歩という詩人がいた。
独歩は、このうえなく、武蔵野を愛した詩人だった。

彼は、林間を歩くことがすきだった。

戦争でずいぶん伐り倒されはしたが、
それでも、武蔵野にはまだ、あちこちに、
けやきの林、けやきの並木が残っている。
たぶん独歩は、けやきの落葉の静かな路を、
その名のように独り静かに歩いたのだろう。

こずえをもれる秋の日、
足にまといつくけやきや、くぬぎの枯葉、
独歩は、こういう路を歩いたにちがいない。

きみ、けやきの板を見たことがあるかい。
けやきの板はとても硬いんだ。
へたな大工では、削ることさえむずかしい。
しかし、削って磨いたけやきの木目は、
すばらしく美しい。

けやきが、どんなに充実した成長の一日一日を

自分の中に刻み続けてきたのか、
その美しい木目が、それを明らかに語っている。
繊細《せんさい》な年輪、堅牢《けんろう》な木質、
それは、磨けば磨くほど
底光りのする光沢《こうたく》を放ってくる。

しかし、けやきはけっして使い易い木材ではない。
よく乾かさないと、そったり、割れたり、ひずんだりして仕末がわるい。
それが、けやきの頑固《がんこ》な個性なのだ。

きみ、やがて、けやきの梢が、
うす緑にけぶり、その若葉のふところに、
薫風いっぱいにはらませる季節がやってくる。
ぼくは、五月が待ち遠しい。

きみ、
その五月、
きみのあたらしい制服も、
ぐんと伸びたきみの背たけに、

ぴったりとなじんでいるにちがいない。

注

（1）青木幹勇稿「新教科書観」（東京教育大学附属小学校初等教育研究会編『教育研究』昭和二十三年三月号、十七頁）。
（2）青木幹勇稿「国語の授業と教材」（同前誌、昭和四十六年九月号、五七頁）。
（3）同前稿、五八頁。
（4）青木幹勇稿「わたしの授業(132)」（『国語教室』一四四号、昭和五十八年五月、十〜十一頁）。
（5）同前誌、十一頁。
（6）同前誌、十一頁。
（7）青木幹勇稿「授業閑話41」（『国語教室』二一七号、平成元年六月、十二頁）。
（8）青木幹勇稿「授業閑話42」（『国語教室』二一八号、平成元年七月、十一〜十二頁）。
（9）青木幹勇稿「授業閑話44」（『国語教室』二二〇号、平成元年九月、十四頁）。
（10）青木幹勇稿「授業閑話45」（『国語教室』二二一号、平成元年十月、十一頁）。
（11）青木幹勇稿「授業閑話93」（『国語教室』二八八号、平成七年五月、十頁）。
（12）同前誌、十一頁。

第Ⅻ章　俳句の創作活動と国語教師の専門的力量の形成

本章では、青木幹勇の俳句創作活動との関わりを取り上げることで、青木の国語教師としての成長過程・力量形成過程について考察を加えていくことにする。

対象文献は、青木の各種著作・論考と五冊の句集『露』（昭和三十四年五月）、『風船』（昭和二十七年三月）、『滑走路』（昭和四十年三月）、『牛込界隈』（昭和五十六年十一月）、『神田川鯉歌』（平成八年五月）と「青玄会」機関誌『国語教室』に連載された各種論考である。

一　創作活動と教師としての成長

教師としての成長を支えていく要素には様々なものが指摘されている。

その中で中核を成す要素が教師としての専門的な力量であると考えられる。もとより、教師としての専門的な力量と教師としての成長とは相補的な関係にあると判断される。

ここに一つのデータがある。世代を異にする約一〇〇名の教師を対象とした「教師の力量形成」に関する調査結果である。これによると、「教師の力量」として九位までの項目の八番目に「芸術や文学に対する豊かな感性や理解[1]」が挙げられている。

この力量は直接的に芸術や文学の創作活動を指しているわけではないが、間接的にはこれらを含むと考えておいてよいだろう。事実、この調査結果の考察の中に「創造体験の意味」として調査対象者の「創作活動」が取り上げられている。

この場合の創作活動は、「彫刻」作品を制作するというものである。彫刻の場合の「彫刻はただ手先で物を作ることだけじゃなくて、物を見る見方の問題ですからね」という教師の証言は、俳句の創作活動にも通じるところがあると考えられよう。

この教師の証言に基づいて論者は、教師が「自分の世界を拡げるために創作活動をおこなって」きて、それによって「物をみるとはどういうことか、何を見るのか、どう見るのかということを厳しく追及する姿勢をもつようになった」[2]という考察を加えている。さらに、このような姿勢は「子どもとの関係のあり方にも変化をもたらすこと」になり、「子どもを見る目も変わって」きたという考察が加えられている。

これらの調査結果とその考察を拠り所としつつ、以下に青木の俳句創作活動と青木の国語教師としての成長過程・力量形成過程について考察を加えていくことにする。

二　青木幹勇と俳句との出会い

青木と俳句との出会いは、青木の小学生時代に遡る。青木の生まれ故郷・高知県は当時大変な俳句ブームで、祖父も熱心に作句に傾倒していたとのこと。青木はこの祖父に連れられて何度も句会に足を運んでいたようである。[3]

青木は宮崎県延岡の岡富小学校での青年教師時代に、同人雑誌『けむり』に加わっていた。この雑誌の同人達によって歌集『洋（わだつみ）』が刊行されて、この中に青木の歌も五首ほど掲載されていたとのことである。延岡は若山牧水ゆかりの地ということもあり、文化的な雰囲気の漂う短歌づくりの盛んな町であったようである。(4)

しかし、この時期の青木はまだ自らが俳句を創作することはしていなかったとのことである。青木が俳句の創作活動を始めたのは、終戦の年の昭和二十年で臼田亜浪という俳壇の大家に直接作品の添削を乞うてからである。しかし、昭和二十六年に亜浪が逝去してからしばらくの間、青木の作句は中断されていた。その後、昭和三十三年頃にやはり俳人の田川飛旅子と出会って後、本格的に作句に取り組み始めている。(5)昭和三十四年五月に処女句集『露』を刊行し、その序文を田川氏が飾っている。以降、第四句集『牛込界隈』までの序文を全て田川氏が書き添えている。

三　青木の昭和戦中期の俳句指導と作句活動の始まり

青木は昭和十七年に東京高等師範学校附属国民学校に着任する。

ここでの最初の研究授業・三部五年国民科国語の「読み方」で「ばらの芽（初等科国語巻六―十七）」(6)（『わたしの授業』二五二～二七二頁）の和歌の授業を行っている。また、戦時中でもあり、これらの教科書には短歌・俳句の教材が多く収録されていた。

なお、この授業は「読み方」で和歌の鑑賞指導であったが、この時の教え子達の同窓会がほぼ三十年後の昭和四十九年に開催され、出席した教え子が当時を回想した文章を青木に宛てて書き送っている。この回想記の中に、当時の青木が子ども達に行っていた指導の様子が次のように述べられている。(7)

ある時は、先生が大きな紙によい歌を墨で書き、黒板にはって、皆でよみあげたこともあります。またある時は、場所を畳敷の作法室にうつし、生徒一同正座して大きな円形を作り、次々によみあげられる歌と先生の講評を、いつもとは違ったあらたまり方で聞き入ったこともありました。句や歌を作り、それを発表して互いに聞き合い、先生に批評していただくということは、四年から六年、つまり、青木先生に受持っていただいた間を通してずっと続けられ、さらに、戦争末期の集団疎開で、まともな授業がなくなってしまった後もなお続けられました。

戦前から子ども達に対しては、作句・作歌の指導に関心をもっていた様子が窺える。

ところで、青木達は昭和二十年三月に東京から新潟へ子ども達を連れて集団疎開をしている。この疎開が始まる少し前から青木は、同僚の花田哲幸氏の紹介で臼田亜浪という俳人について作句を始め添削指導を受けている。

以下は、疎開時代の青木の俳句である。(8)

萬緑に落つ雲影は山を越ゆ
灯を消すもたぬし蛍は紙袋
水匂いすでに短かき蛍の灯
烈日に隊伍の子等の眼はけわし
蜩の路干し草のなお炎《も》ゆる
露にいて蝗幼く青透ける

これらの俳句はいずれも青木の処女句集『露』に収録されているものである。序文を書き添えている田川飛旅子氏は、これらの句について「子供への濃い愛情の表出は、その職業柄からも争われない」として、「戦時中、疎開時代のきびしい物的窮乏の中で、こうした一片の詩に縋って、心境を吐露された先生の心のなかには、明日の運命も分からない孤独やさびしさと表裏をなして、子供への責任と強い愛があったことを、先生の俳句から探すことが出来ます[9]」と所感を述べている。

なお、青木達の疎開生活は、昭和二十年十一月三日をもって終わったのであるが、二三名の子ども達は残留組として、さらに半年間の疎開生活が続けられた。この期間にも青木は、子ども達に俳句や短歌、作文、詩などを作らせている。

この時期のことを青木は次のように述懐している[10]。

わたしは、主として、国語や、算数の指導をしました。といっても、教科書教材の多くは、指導禁止、いわゆる、墨塗り教材として、つぶされていましたので、他から教材をもってきていくらかの補いをしました。夜は、こたつを囲んで、四～六年の子どもたちに万葉集の手ほどきをしてやったこともあります。

その間、俳句や、短歌、作文、詩なども作らせました。前記の通信（筆者注・『中之島通信』）に、四年女子の作として

息白く雪こぼれたる廊を拭く　　和子
凍りつく雨戸明くれば雪明かし　　慶子

の二句がのせられています。

この頃、すでに教科書が墨塗りとなっていたため、青木が教材を独自に他から求めて、『万葉集』の和歌を詠ませたり、俳句や短歌、作文、詩などを創作させていたのは興味深い。

青木は俳句については、先述したように、疎開生活が始まる少し前に臼田亜浪について作句を始めていた。青木は、当時四年生だった教え子が記した文章を『わたしの授業』の中で紹介している。

その中に、「ときには、東京っ子のわたしたちが、おどろきの目をみはる、自然のすばらしさを、詩や俳句に表現することに長い時間が当てられた[11]」という一文がある。

疎開生活の中での子どもたちの発見と感動を俳句などの創作活動によって表現させていたところにも、青木自身による俳句創作という営みとの関わりの一端が窺えるところである。

四　昭和戦後期における俳句の指導

青木は、先に見てきたように、戦時中には疎開時代を中心に子どもたちに俳句や短歌を作らせていたようである。

しかし、戦後になってから、自身の作句活動とは別に、子ども達への俳句・短歌の創作指導を手控えていたようである。

青木は『教育研究』誌に「子どもは短歌・俳句をどの程度に鑑賞できるか」と題した論考を執筆している。

この中で青木は、詩人の三好達治による文部省教科書に収録されていた詩や俳句・短歌の鑑賞指導に対する批判を受けて、自らの実践を下に反批判を展開している。

そして、結論として青木は、「いわゆる生活自由詩の鑑賞や創作を十分に指導すれば、短歌、俳句の鑑賞素地は培われるものと思う」と述べている。しかし、「俳句短歌の創作」に関しては、次のように述べている。[12]

ただ、俳句短歌の創作は、自由詩の場合とは同様にはいかない。自由詩は一年生からでも作られるが、短歌、俳句は、そうはいかない。あの定型性を表現の上に効果的に生かすことはとても子どもの力の及ぶところではない。表現は鑑賞によって培われ、鑑賞は創作によって深まるという、一般常識論は、ここにはあてはまらない。俳句の創作のむづかしさを経験した私には到底そんな暴挙はとてもできない。小学生時代にはまず、みっちり読み、またしっかりした鑑賞の力を育てておけばよい。やがてそれが創作へと発芽することもあることと思う。

青木は、ここで自らの「俳句の創作のむづかしさ」の体験に基づいて、俳句短歌の創作指導が自由詩の場合のような訳にはいかないと否定的な見解を披瀝している。

青木は、「小学生時代にはまず、みっちり読み、またしっかりした鑑賞の力を育てて」おけば、「やがてそれが創作へと発芽することもあることと思う」と消極的な考え方を述べている。

戦時中には、子どもたちに対して曲がりなりにも俳句・短歌の創作指導を行っていたのであるが、戦後になってからは、上記のような慎重論に傾いている。

ここには、青木自身が指摘しているように、戦時中に始めた自らの俳句創作への体験が逆にブレーキとして作用していた様子が窺える。

青木が後に子どもたちへの俳句創作指導に踏み切るのは、平成元年の頃であり、右のような考え方をしていた時から数えると、およそ三十七年後のことであった。

五　青木の俳句創作活動

青木は昭和四十四年五月に私家版の青木幹作品集『雪の夜の話』を出版している。

この作品集は五部構成となっている。「第一部〈詩〉」「第二部〈童話〉」「第三部〈随筆〉」「第四部〈自画像〉」「第五部〈俳句〉」である。いずれも青木自身による創作作品である。

この中の「第四部〈自画像〉」は、「河童太郎」と「雪の夜の話」と題する二編の青木自身を描いた自伝的作品となっている。前者は青木の少年時代を描いていて、後者は青木が東京教育大附属小を定年で退官する三年前までの生活状況を描き出している。

この「雪の夜の話」の中に、青木の三つの趣味について触れられている。「毛筆で字を書くこと」「俳句」「蘭作り」の三つである。

このうちの「俳句」作りに関して、青木は物語の中の語り手に「どんなへたな俳句作りでも、続けて、やっていれば、いくらかずつ、ものを見る眼がたしかになり、ものに感じる心がとぎすまされてくるものです(13)」と語らせている。

語り手はさらに、「青木先生は、俳句を作ることによって、自分の生活をみつめよう」「生活を記録しよう」「自分のくらしをたいせつにしていこう」という決意を語っている。

また、この生活は「子どもと遊び、子どもと学び、子どもとともに考え、子どもとともに悲しみ、子どもとともに成長を喜びあう」ものなので、「青木先生の俳句にも、まず、子どもたちとの生活をとりあげなければならないと思うのです(14)」と語っている。

続けて語り手は、「この三年、青木先生といっしょに生活した、子どもたちとの生活の記録としてこの句集を作ろうとするのです」と、三冊目の句集（筆者注・青木幹生著『滑走路』昭和四十年三月、非売品）が作られようとしていることを述べている。

なお、この「雪の夜の話」の末尾には、「教師一代その哀歓を雪降りつつむ」という一句が記されている。

ここには、青木の俳句創作活動が子どもたちとの生活と一体として行われていたことが語られている。

それは「第五部〈俳句〉」に収録されている「春隣叩いても叩いても子の背埃《せなぼこり》」「子の背の草の実払いよろめかす」「音探し探し吹く子の笛寒き」「柚子かくし持つ子あるらし放課後の刻《とき》」「教師一喝ストーブに湯は煮えており」等の子どもを詠んだ俳句にも雄弁に語られている。

青木の句集の四冊目までに序文を書き添えている俳人の田川飛旅子は青木の俳句の大きな特色として「矢っ張り、青木先生の句の最高峯は、学童を対象としたものに極まります(15)」と言い切っている。

こうした青木の俳句創作活動が「俳句を作ることによって、自分の生活をみつめ」て、「子どもと学び、子どもとともに考え」ていき、「子どもとともに成長を喜びあう」ものとして、青木の教師としての成長過程に一定の役割を果たしていたものと推測されるのである。

六　国語教師としての青木の俳句創作体験による桎梏と効用

1　青木の俳句創作体験に基づく俳句授業の桎梏

青木は「授業閑話㊹―俳句の指導を変えてみる」（『国語教室』二二〇号、平成元年九月）と題した論考の中で、「俳句の授業はかつて何回もしたことがありますが、そのほとんどが意に満たないものでした」と述べている。

「授業者のわたしが、現時点での俳句指導観に立って、過去の授業をみかえるとどれも拙い授業になってしまうのです」と、青木の中でこれまでの俳句指導観が大きく転換したことが吐露されている。

先に、青木が戦後間もない頃に「俳句の創作のむづかしさを経験した私には到底そんな暴挙はとてもできない」と俳句の創作指導を子どもたちに課すことの困難さを指摘していたことについて触れた。

この言葉からも窺えるように、青木のこうした俳句指導観は青木の俳句創作体験に由来している。青木がそれまで囚われていた俳句指導観は、「俳句の典型、お手本を大人の俳句に求めていた」こと、すなわち「大人の感性や認識から表出される、いわゆる花鳥諷詠的俳句を子どもにもという指導」、また「俳句であるからにはということで、季語、定型、その他、表現上の約束ごとにのっとることをタテマエ[16]」（十四頁）にした指導というものであった。

青木がこのような俳句指導観から脱却し得たのは、青木が現職の教員を退いてからほぼ十七年を経た後であった。青木ほどの国語教師が現職時代には、俳句指導に関して右のような囚われから脱却できなかったのには、青木自身の俳句創作体験がその一つの桎梏として関わっていたとも考えられる。しかし、同時にまた、この俳句創作体験はやがて青木の俳句指導観を根底から覆す間接的なきっかけともなっていたと目されるのである。

2　従来の俳句指導観からの脱却

青木はその著書『俳句を読む、俳句を作る』（平成四年六月、太郎次郎社）の中で「ここ数年、わたしは、全国各地の子どもたちが作る子ども俳句に目を覚まされました」として「これまでの俳句教材を、新鮮にはねている子ども俳句に取り替えました」と述べている。

青木を子ども俳句の世界に引き込んだのは『俳句の国の天使たち』（日本航空広報部編）と『句集　ちいさな一

茶たち』（楠本憲吉・炎天寺編）の二つの句集であった。

これらの二つの句集によって青木は「子ども俳句に開眼」したのである。

青木が子ども俳句に着眼したのは、日本国語教育学会で「詩を書く」授業を行ってみようとしたときであった。青木はその授業を構想している最中に詩の表現の意義に関して考察を行っている。取り上げた子ども俳句は、「赤ちゃんがよくわらうなあ春の風」（『俳句の国の天使たち』からの引用）である。

この句と普通の詩とを比べて、「表現の上での質的なちがい」として右の子ども俳句の中に「飛躍と屈折[17]」という表現上の特質を取り出して考察を加えている。

そして、この日本国語教育学会の全国大会において青木は、「詩を書こう―風をつかまえて―」という授業を行うのであるが、この中で初めて子ども俳句を「想像の飛躍」への契機として用いている。

青木がこの全国大会において「詩を書く」授業を公開するに際して、子ども俳句との出会いを果たし、右のような「文章表現における飛躍と屈折」という論考の中で俳句的表現の特質に言及したのは、青木がすでに七七歳になっていた時のことであった。

ちなみに、青木はこの「飛躍と屈折」という「俳句的表現の特徴」について、前掲の『俳句を読む、俳句を作る』の中で次のような図を用いてその指導の手立てについて解説している[18]。

A

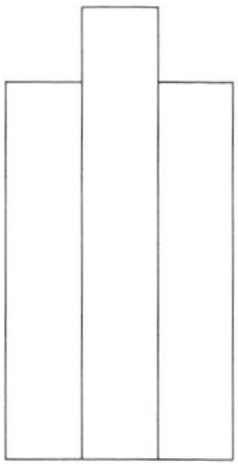

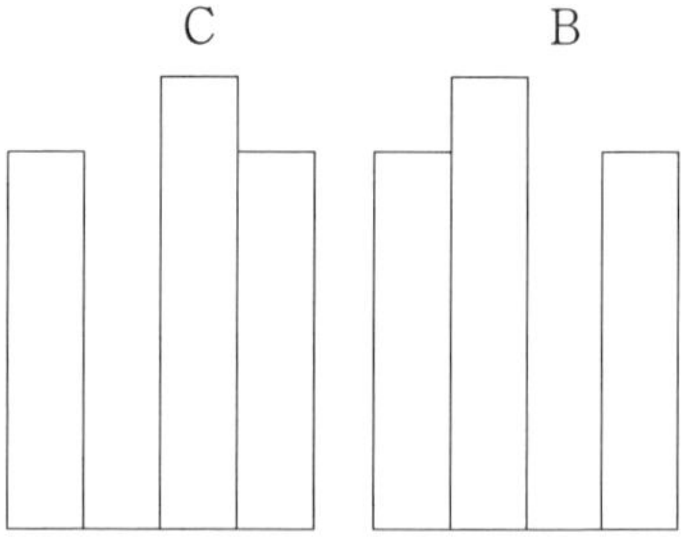

青木はこの三つの図について、A型では「五・七・五の措辞が直線的につながっている形」で「菜の花に／ふれて黄色に／なるちょうちょ」という事例を挙げている。

B型では、「上五が、下につづく七・五と切れた形」であるとして、「くちげんか／さるびあにあめ／ふってくる」を挙げている。

C型では「下の五が、五・七の文脈から離れている形」だと説明し、「好きな人／母にも秘密／水中花」という事例を挙げている。

青木が子ども俳句との出会いを果たし、このような「俳句的表現の特徴」について子ども俳句を用いて解説が行えたのも、青木自身に俳句創作に係る体験があったればこそであると言えよう。

なお、この「詩を書こう―風をつかまえて―」の公開授業については、本書の第Ⅸ章において考察を加えているので、ここでは省略に従う。

さて、こうして青木は子ども俳句によって従来の俳句指導観を大きく転換させていくことになる。まず、青木は俳句指導に際して、「花鳥諷詠、有季定型」に「こだわることのない指導」、「俳句を読む、俳句を作るという学習を特殊なこととは考えない」、「現代の名作を教材にすることをひかえ、もっぱら子どもたちの作品をとりあげる」、そして、「作品の理解・表現の目標は、すぐれた、子どもの作品が指示してくれる[19]」といった考え方に基づいていくことを心がけていくようになる。

このような考え方に基づいて青木は、「授業閑話45」（『国語教室』二二一号、平成元年十月）、「同51～53」（『国語教室』二二九～二三二号、平成二年六月～八月）等に俳句指導のあらましを紹介している。

これらの論考の中で紹介されている俳句創作の実践は「物語を読んで俳句を作る」というものである。「ごんぎつね」から俳句を作らせるという極めて大胆な試みである。

このユニークな実践が初めて行われたのは、平成二年五月二九日、台東区立西町小学校においてであった。この時、青木は七八歳であった。

青木によるこれらの独自の俳句指導に関しては、本書の第X章において考察を加えておいたので、ここでは省略に従う。

3　俳句創作体験に基づく作句指導への手掛かり

青木による右の「物語俳句」作りの実際は、青木著『俳句を読む、俳句を作る』の中で、俳句の創作指導に関する発想の転換を中心にしつつ、実際の「授業記録」も収録している。

この中で青木は、「教師の作句経験が授業を豊かにする」という見出しで次のように述べている。[20]

　ところで、今日これだけにぎやかに作られるようになった、子ども俳句の背景には、きっと多くの教師たちの努力があるにちがいありません。

　しかし、ふしぎなことに、わたしの周囲には、ついぞ、そういう教師をみかけません。したがって、俳句指導の授業を見ることもぜんぜんないのです。（中略）

　いままさに俳句は大人だけのものではなく、子どものものでもあるのです。とすれば、国語教室はこれにそっぽをむくわけにはいきますまい。俳句に内在する価値の高い指導内容を検討し、理解して、指導の手をさしのべてみるべきだと思います。

　わたしは、あちこちの集会で、子ども俳句に対する参会者の関心を探ってみます。そして、思いのほか、俳句指導に関心が薄く、子ども俳句の情報にも疎いことを知りました。もちろん作句経験者も稀少です。

　俳句が作れるにこしたことはありませんが、創れなくても、読むこと、理解することはできるはずです。理解することができれば、教材を探すこともできるでしょう。（中略）

　そのうち、子どもといっしょに作ってみるのです。さらには、夏休みその他時間をみつけて、俳句教室あるいは句会の仲間にはいって実作の経験をもつのも望ましいことです。

　わたしは、わたし自身の一つの趣味、国語授業者としてのたしなみとして、長年、俳句を作ってきました。またこれをしばしば国語教室にも持ち込んできましたが、俳句のもつ言語学習の価値をしっかりととらえて指導のコースに載せていたか、また、俳句をとおしてものの見方や、感じ方、理解の仕方、いいかえると、日本的な言語表現力を触発するような指導をしたことがあるか。もちろん俳句を読むこと、作ることの指導は試みましたが、それらは、いまやってみようと考える俳句指導のとば口だったといえるでしょう。

　わたしは、四、五年前から、これが子どもの俳句だという子ども独自の作品に触れて目を覚まされました。こういう俳句が作れる子どもを育てることができたらすばらしいことだ、ぜひ取り組んでみよう、とそんな意欲をもちました。

子ども俳句から、こんな強い触発を得たことははじめてですが、それができたのは、これまで続けてきた作句経験が、大なり小なりものをいっているのだと思います。

わたしは毎年、研究仲間と合宿研修会を続けてきました。この研修会の一コマに、メンバーから嫌われる「句会」というプログラムを加えてあります。

「国語教師たるもの、俳句の一つもまともに作れなくてどうするか」

というのが、わたしの叱咤激励のセリフですが、仲間は「なるほどそうか」とうまくのってきてはくれません。

右の文言の中で青木は、教師自身が積極的に作句体験を持つべき事を訴えている。その根拠として、青木は「これが子どもの俳句だという独自の作品に触れて目を覚まさ」れ、「こういう俳句が作れる子どもを育てることができたらすばらしいことだ、ぜひ取り組んでみよう」という意欲をもったこと、そして、そのような「強い触発を得たこと」は「これまで続けてきた作句経験が、大なり小なりものをいっているのだ」という自らの体験を披瀝している。

要するに、青木自身も、自らの俳句創作体験があったからこそ、子ども俳句との出会いが可能となり、そのような子ども俳句が作れるような指導をしてみようという意欲を抱くようになったのだと言明しているのである。

以上の事実から、青木の長い俳句創作体験が、青木に対して子ども俳句との出会いをもたらし、「物語俳句」作りという独自の俳句創作指導を生み出していったこと、のみならず、青木の国語教師としての力量形成とも深く関わってきたものと見なす事ができるのである。

注

（1）稲垣忠彦・寺崎昌男・松平信久編『教師のライフコース』昭和六十三年六月、東京大学出版会、二六二頁。
（2）同前書、二八三頁。
（3）青木幹勇著『わたしの授業　戦前・戦中編』昭和五十三年二月、明治図書、二一～二二頁。
（4）同前書、五一～五二頁。
（5）青木幹勇著『句集　風船』（巻末「著書の俳句歴」）昭和三十七年三月、一四二頁。
（6）前掲書、注（3）、二五二～二七二頁。
（7）同前書、二七五頁。
（8）同前書、三〇五頁。
（9）青木幹勇著『句集　露』昭和三十四年五月、五頁。
（10）前掲書、注（3）、三二六頁。
（11）同前書、三一九頁。
（12）東京教育大学附属小学校初等教育研究会編『教育研究』昭和二十七年十一月号、三八頁。
（13）青木幹勇著『青木幹作品集　雪の夜の話』昭和四十四年五月、一七二頁。
（14）同前書、一七三～一七四頁。
（15）田川飛旅子稿「青木幹生さんの俳句」（『国語教室』十号、昭和四十七年三月、五頁）。
（16）青木幹勇稿「授業閑話㊹―俳句の指導を変えてみる」（『国語教室』二二〇号、平成元年九月、十四頁）。
（17）青木幹勇稿「授業閑話㉙―文章表現における飛躍と屈折」（『国語教室』二〇五号、昭和六十三年六月、十一頁）。
（18）青木幹勇著『俳句を読む、俳句を作る』平成四年六月、太郎次郎社、七一頁。

(19) 前掲誌、注(16)、十四頁。
(20) 前掲書、注(18)、七八〜八一頁。

第XIII章　研究サークル「青玄会」の主宰活動
―同人誌『国語教室』誌の発刊・編集―

本章では、青木幹勇が創設した授業研究サークル「青玄会」の主宰活動に視点を当てて青木の成長過程・力量形成過程について考察を加えて行くことにする。

対象文献は、青木幹勇編集、「青玄会」発行になる同人誌『国語教室』全三五〇号と「特別号（最終号）」、そして青木著『生きている授業　死んだ授業』（昭和五十八年六月、国土社）である。

一　「青玄会」創設と同人誌『国語教室』発刊の動機・意図

青木幹勇が授業研究サークル「青玄会」を結成したのは昭和四十五年六月であった。この時、青木はまだ東京教育大学附属小学校に在職していた。附属小を退官する二年前のことである。

青木が授業研究サークルを創設したのは、「青玄会」が初めてではない。青木が宮崎県師範学校附属小学校に勤めていた青年教師時代にも「附属の若手が中心になって、県下の青年教師たちに呼びかけ、『青年訓導研究会』という会[1]」を開催したことがあった。附属を会場にして研究授業を行ったり研究発表をしたりという集まりであったが、あまり長続きはしなかったようである。

また、右の研究会とは別に青木は「宮崎市及びその近在に職場をもつ、若手の教師仲間と授業研修の同好会」を作っていた。この研究会は古田拡を招聘して「国語教育修練講習会」を開催している。このことについては、本書の第Ⅲ章において詳しく考察を加えている。

ともあれ、青年教師時代の青木のこのような志の延長上に「青玄会」創設の動機があったと考えられる。

青木は、この「青玄会」の同人誌『国語教室』創刊号の「発刊のことば」に「わたしは、わたしに残されている人生をできるだけ長く、この国語教室につないでいくとともに、わたしにできる、国語教室へのご恩返しのひとつとして、この『国語教室』誌の発刊を思いたちました[2]」と述べている。

なお、古田拡は、この『国語教室』誌発刊の意図に関して、青木が古田と連れだって埼玉大学の附属の研究会から帰る道すがら語っていた言葉を紹介している。

青木は古田に「こんなに、国語の授業を愛するものは、もう、芦田先生以後は、先生とぼくと二人だけでしょうな」と語ったという。古田も青木のこの言葉に賛意を示して、「しかし、そうであってはならないのだ」と答え、「それが、青木君自身が、こういう雑誌を出すゆえんであろうと思う[3]」と記している。

青年教師時代に育んでいた授業研究への志を「青玄会」の創設と『国語教室』誌の発刊に託したものと考えられる。

ところで、「青玄会」という名称の意味について会員の一人であった降旗重徳が『国語教室』二号の「面」という欄で解説を加えている。

降旗によれば、「『青』と『玄』を分けて考えていきたい」とし、「青」は「青木先生を中心にした会」ということと、別に「未熟者」という意味も含め、「玄」は青木先生のような「クロト（玄人）」のことを指し、「幽遠の意であり、道に通じる意」もあると述べ、「青は玄へ近づきたいものの集まり[4]」なのだと解説している。

なお、「青玄会」には、青木の作詞になる「青玄会の歌」がある。その一番には「青玄の青《あお》は　青《あお》　晴天の青《あお》　青春の青《あお》　前進の青《あお》　その青き力もて　若きものの　ゆたかなる　ことば育てん」とあり、二番には「青玄の玄《げん》は　黒《くろ》　沈黙の黒　幽玄の玄《くろ》　練達の玄《くろ》　その玄《くろ》き真実《まこと》もて　若きものの　かぐわしき　こころ育てん[5]」と詠われている。この歌詞によっても「青玄会」が創設された動機・意図は明らかであろう。

二　「青玄会」の主な活動

『国語教室』三五〇号（終刊号）に「青玄会」の活動のあらましが報告されている。次に概要のみを引用しておこう[6]。

一、創立　昭和四十五年六月

二、月刊誌「国語教室」の編集・発行

・昭和四十五年七月号から発刊

・昭和五十四年九月号　百号発行

・昭和六十三年一月号　二百号発行

・平成八年五月号　三百号発行

・平成十二年七月号　三百五十号発行

・平成十二年八月特別号（最終号）で廃刊

三、青玄会主催の授業研修
・会員の学校にて、年間三回程度　昭和四十八年一月から
・青森県八戸市での夏期研修　昭和五十四年から昭和六十三年
・沼津国語研修会　昭和五十一年から平成十二年（毎年二月）（伊東市八幡野小学校が第一回目二十五年間）
・下関研修　昭和五十二年から四回
・他、富士宮、横浜、川崎、土浦、鴻巣、等の小学校など、二十回越えている。

四、青玄会主催の研究発表会　講演会
(1)「ことばとことばの教育を語る会」講演会
・昭和四十七年八月　第一回（発会）
講師　白木豊、河野多恵子、石井庄司、宮崎健三　の各氏他
・昭和四十八年八月　第二回─十四回まで続く
講師　外山滋比古、吉村昭、古田拡、高藤武馬、藤島泰輔、井上敏夫、阿川弘之、広瀬節夫、田川飛旅子、幸田弘子、倉澤栄吉、森久保安美、大河内昭爾、尾形仂、金田一春彦、野地潤家、長谷川孝、山本栄一、大村浜、古田足日、藤井チズ子、の各氏他
(2)「国語科授業能力強化研修会」実践報告・研究発表会・講演会等
・昭和五十八年八月二十六日　第一回（発会）全林野会館（以後、毎年八月実施─平成十一年度より神楽坂エミールにて）
講師　石井庄司、外山滋比古、倉澤栄吉、森久保安美、井上敏夫、藤井チズ子、野地潤家、伊藤経子、

森島久雄、関口安義、市毛勝雄、藤井國彦、他の各氏
・平成十二年八月十三日　第十八回（最終回）神楽坂エミール
(3)　発会十・二十・三十周年記念の会、百・二百・三百号記念の会、並びに、講演会
講師　波多野完治、石井庄司、外山滋比古、倉澤栄吉、井上敏夫、森久保安美、藤井チズ子、野地潤家、藤井國彦、他の各氏

五、青玄会賞
（ことば随筆の部、短編童話の部）
・昭和五十一年四月一日　第一回（開始）
・審査員　外山滋比古、倉澤栄吉、井上敏夫、森久保安美、野地潤家、浮橋康彦の　各氏
・平成四年四月一日　第十二回（最終回）
・入賞者　深沢完興、鈴木桂子、伊藤経子、栗橋幸子、松永守利、白石純士、庭野三省、岩野せつ子、吉永幸司、松村純子、坂口豊、山下節夫、須藤宮子、小林一朗、宇佐美勝司、田原孝子、堀江誠志、野口芳宏、福田敦子、北村行夫、久保まさ子、野村輝子、土井俊彦、西本博子、山本素子、森邦博、河村寿計雄、登坂俊子の各氏

六、日常的な「青玄会」活動
1　毎月一回乃至二回の例会
A　諸活動の打合せ

B　実践研究の発表　批判

2　何冊かの共著刊行

A『授業が変わる第三の書く』

B『第三の書くの授業展開』

その他

3『国語教室』に代わるもの

（以下　省略）

「青玄会」における右の活動を見わたすと、その活動は三十年間の長期に亘って営々と継続されてきたことが分かる。その継続的・持続的な営みに驚かされる。

特筆すべきは何と言っても月刊誌『国語教室』の三五〇号に及ぶ刊行である。青木幹勇という一個人を中心とした同人誌で三十年間に亘って刊行された事例は他に類例がないと思われる。

会が主催した中心的な活動は、何と言っても授業研修会であり、当初は会員の学校で年間三回の研修会を開催し、青森県八戸市での夏期研修会は昭和五十四年から十年間、沼津研修会は昭和五十一年から二十五年間、下関研修会は昭和五十二年から四年間、他に富士宮・横浜・川崎・土浦・鴻巣等で二十回を越えている。通算すると、授業研修会だけでも五九回を数えている。

また、他に「ことばとことばの教育を語る会」が十四回、「国語科授業能力強化研修会」が十八回と通算三二回、「発会十・二十・三十周年記念の会、百・二百・三百号記念の会、並びに、講演会」が通算で六回となる。

以上の活動場所も広く全国の各地に及んでおり、その活動振りには目を見張るものがある。研修会・研究発表会・講演会の講師も錚々たる国語教育諸家が広く招かれている。

なお、「青玄会賞」は「ことば随筆の部」と「短編童話の部」とから選考されており、創作活動が奨励されていたことが分かる。

以上の事実からも、研究サークル「青玄会」を主宰した青木の授業研究に託した思いが伝わってくる。

三　『国語教室』誌の誌面構成

『国語教室』誌の誌面は、毎号十二頁（一部の記念号等は十四～十六頁）から構成されていた。内容面から誌面構成を見てみると、時期によって若干の異同はあるものの、概ね次のようになる。

①　青木の「国語教室放言」（巻頭言）
②　国語教育諸家からの寄稿論文
③　国語教育研究者・実践家の連載論文
④　実践家の実践報告・コラム等
⑤　コラム「面」（青玄会会員による執筆）
⑥　青木の連載論文「わたしの授業」（一号～一五八号）、「授業閑話」（一六〇号～三二五号）
⑦　青木の俳句作品（余白を埋めるために）
⑧　青木による編集後記「はくぼく」

以上の内容のうち、⑥の「青木の連載論文」である「わたしの授業」と「授業閑話」に関しては、本書の中でもしばしば取り上げてきている。また、⑦に出てくる青木自身の俳句創作活動に関しても、前章において考察を加えている。

残る部分で考察を加えておく必要があると思われるのは、①と②・③・④等になるかと思われる。

本章ではまず、①の「青木の『国語教室放言』（巻頭言）」について考察を加えていくことにしよう。

四　「授業本然のすがた」を求めて

1　「国語教室放言」に託したもの

青木が研究サークルの同人誌『国語教室』の毎号に執筆を続けた「国語教室放言」は本誌の「巻頭言」である。青木は『国語教室』一号から一四二号までに掲載されたこの「国語教室放言」をまとめて『生きている授業死んだ授業』（昭和五十八年六月、国土社）として刊行している。

刊行に際しては、一四〇編の文章を掲載順序のままにして、表現に若干の手直しを加え、新たに小見出しを付けている。

この本の巻頭には、「毎日の授業こそ」という序文が付けられている。このタイトル通りに、この序文の中で次のように述べている。(7)

授業本然のすがたは、何といっても毎日の授業だと思います。毎日の授業こそが、もっとも大事な授業でなければなりません。毎日の授業がしっかりしていなくては公開授業もうまくいきますまい。毎日の授業がしっかり行われてこそ、公開授業を行ったりそれを見たりする意義もあるのです。

子どもが育つのは、この毎日の授業ですし、教師が教師になるのも、毎日の授業です。

ところが、毎日の授業は、毎日のことですから、ついついその日その日を、おざなりですませて通るということになりやすい。これが毎日の授業のおとしあなです。五年、十年と、マンネリ授業に腰をおろした教師が決して少なくありません。

毎日の授業は、教師と子どもたちだけの授業です。どんな授業をしようと、外からどうこういわれることはほとんどないでしょう。が、批判者がいないわけではありません。いや、実は非常にきびしい批判者がいるのです。

「いい授業」を切望しているのは、子どもたちです。つまらない授業にのってこないのは、子どもの授業批判なのです。あくびや呵語も彼らの抵抗だといえましょう。マンネリの授業に退屈している子どもたちは、いい授業、おもしろい授業に渇いているのです。

といって、毎日のことです。授業は国語科だけではありません。そんなに変わったメニューは出せませせん。そうです。ですから、小さい工夫でいいのです。ちょっとしたアイディアでいいのです。一枚の写真、一片の切抜が授業をかえてくれます。

水入らずの授業です。なりふりをかまうことはありません。いい授業、必ずしも、派手でかっこいい授業とは限りません。何よりも手を抜かないことです。手を抜かないこと、それがいい授業の第一条件です。指導効果の多くは、小まめに、地味な授業を累積していくところにもたらされます。こうして育てられた能力はほんものです。

このような考え方にこそ、青木が終生かけて求め続けた授業観の真実が如実に現れているとみなしてよいだろう。

なお、青木はこの「国語教室放言」というタイトルの意図するところに関して次のように言及している(8)。

「放言」は、授業の行われている教室に向かって歯に衣をきせずいいたいことを言おうとするもので、その内容は、提言、共鳴、懐疑、警告、批判、毒舌とさまざまです。

この方言には、各地の国語教室での見聞に取材したものもありますが、その多くは、わたし自身の授業体験から発想したものです。体験からの発想といえば、かっこよく聞こえます。しかし、裏を返せば、それは授業失敗の告白であり、かかえ続けている数多くの課題とその解決を模索しているすがたでもあるのです。ですから、このように集録してみると、何回となく持ち出されている話題がいくつも目につきます(「発問や視写の問題」など)。これは、わたし自身の授業において非常に関心の強いことであり、また広く見てきた国語教室が解決を迫られている課題でもあると思われます。

以上の、序文に寄せた言葉からも、青木自身が終生をかけて「授業本然のすがた」を求め続り、国語教師としての成長を目指していたことが理解されるのである。

2　「国語教室放言」の内容分類

では、青木が「国語教室放言」において訴え続けた「授業本然のすがた」とは、具体的にどのようなものであったのであろうか。

以下に、青木が『生きている授業　死んだ授業』の〈内容目次〉に新たに付けた「小見出し」を手がかりとしながら、一四〇編の「国語教室放言」から浮かび上がってくる「授業本然のすがた」を明らかにしてみよう。

一四〇編の「国語教室放言」の中で、最も数多く言及されていた内容を大まかに分類整理してみると、次のようになる。

【教材論・教材研究論】（＝教材開発・教材化・教材の精選）

「教材を作る」(15)／「教材が教材となるとき」(31)／「教材の鮮度」(32)／「授業が開く教師の眼」(33)／「授業中、授業後も」(50)／「教材精選の原点」(54)／「精選は教師で」(70)／「過信と錯覚」(83)／「教科書批判」(86)／「文学的教材への偏執」(87)／「教材の調理」(96)／「教材大研究」(139)

【授業論（一般）】

「授業打率七割五分」(1)／「授業の魔術」(2)／「誤答を大事に」(4)／「表情の力」(5)／「オーバーホールを」(6)／「授業直後の子ども」(7)／「生まれ変わる時間」(8)／「好ましい願望」(12)／「非公開の授業こそ」(14)／「名人芸」(16)／「子どもを真中に」(17)／「きびしさと楽しさ」(20)／「授業を責める」(22)／「だれもができる授業?」(23)／「丸味のある強さ」(27)／「授業で勝負」(35)／「授業の段落」(36)／「憑かれている」(38)／「飛入り授業の限界」(39)／「肉体言語を養う」(42)／「授業を支える基本」(46)／「『ツメ』が大切」(59)／「時間の怖さ」(60)／「発問機能の場」(66)／「傍観者が八割」(73)／「なりふりかまわず」(77)／「可憐な子羊」(80)／「不感症情況」(84)／「全人間的格闘」(91)／「新しい復習観」(93)／「爽やかな批判」(100)／「授業は未熟でも」(101)／

「とらわれた見方」(107)／「快いてごたえと抵抗」(114)／「進度という圧力」(121)／「類型的人間像」(123)／「授業の自習法」(126)／「慣れよ、慣れるな」(127)／「実践の重さ」(128)／「体系・系統の過信」(132)／「アドリブ読み」(134)／「復習単元」(138)

【授業展開・授業技術論】

「生涯をかけて」(13)／「迷惑な板書」(18)／「底の深い興味の発掘」(25)／「小さい賭」(26)／「踏み固め」(28)／「この異和感」(29)／「発問過信」(44)／「低迷する初発の感想」(45)／「話の伸びる契機」(51)／「約束事のマンネリ化」(53)／「黒板はカンバス」(68)／「機能を見直す」(92)／「教師の体温」(95)／「嫌われ始めた視写」(102)／「手引を作る」(116)／「発問の麻薬性」(120)

【作文（書くこと）指導論】

「書く力」(37)／「読むことへ書くことを」(52)／「作文回避の口実」(58)／「またまた作文強化」(64)／「環境は整ったが」(69)／「国語力の十字路」(72)／「作文観の変貌」(82)／「フィクション作文」(88)／「作文と体育の指導」(105)／「やってみたい」(110)／「本来書くことが好き」(115)／「授業の背骨」(124)／「学習作文への期待」(133)

【教師論】

「暴露スピーチ」(10)／「老醜と老練と」(11)／「加藤楸邨の述懐」(21)／「授業者もプロ」(41)／「人

間理解の振幅」（43）／「どえらい仕事」（48）／「話すという教師の仕事」（49）／「学生の国語学習歴」（55）／「下を向いて歩く」（56）／「指導案もご破算」（78）／「やり直しの可能性」（79）／「転落する教師」（81）／「内に養い内に磨く」（85）／「平凡なことだが」（97）／「評価の原点」（103）／「すぐれた語部」（113）／「門外人の筆力」（118）／「へそくりの時間」（122）／「教師は書いているか」（125）／「まずは短く」（131）／「問診即治療」（135）／「対話の練達」（136）

【授業研修論】
「授業を見てもらう」（34）／「熟練者への志向」（63）／「授業能力の向上充実」（65）／「小さな学校大きな研究」（67）／「地盤隆起」（75）／「ベテランが先頭」（76）／「安逸の砦」（119）／「前進への期待」（140）

【その他】
「教室の騒音」（24）／「新しい中学生」（30）／「イライラする話」（40）／「五月の教室」（47）／「試験監督偶感」（57）／「あいまい教科か」（61）／「研究発表資料」（62）／「問題の根は深い」（71）／『ゆとり』という呪文」（74）／「触発と充電」（89）／「ご託宣だが」（90）／「声の衰退」（94）／「ことばを研ぐ」（98）／「主婦たちの感想」（99）／「筆順の強制」（104）／「関連指導の凋落」（106）／「読み声を練る」（108）／「言語美意識の浄化」（109）／「野村野球人生論」（111）／「話し方の放任」（112）／「自然への親近」（117）／「他人ごとではない」（129）／「ことばのスキンシップ」（130）／「汚れた日付」（137）

3　「授業本然のすがた」の具体

右の内容分類は一四〇編の「国語教室放言」に青木が後から付けた小見出しに基づいてまとめたものである。

これらの分類にしたがって、青木が目指した「授業本然のすがた」を浮き彫りにしてみよう。

【教材論・教材研究論】

青木は「教材を作る」（15）の中で、国語教師に「教材生産の力」を求めている。それは「弱い教材を強化する力、子どもの学習から生まれる成果や、教師の体験を教材化する力[9]」のことである。

また青木は「教材が教材となるとき」（31）の中で、「教材は、それが、教師と子ども、学習と指導の中にあるとき、はじめて教材となることをよくよく銘記すべきである[10]」と述べている。さらに「教材の鮮度」（32）では「教材の鮮度は、学習者の意識の中で、急速に低下していく」ものなので、「すぐれた指導技術」によって「生き返らせることができる[11]」のだと言う。

そして、「授業が開く教師の眼」（33）の中では、「一回一回の授業、授業の瞬間瞬間、それが、もっともたいせつな教材研究の過程でもある[12]」と言明している。

以上の言葉の中に、青木の教材観・教材研究観が端的に打ち出されている。

【授業論（一般）】

青木は「表情の力」（5）の中で、「授業には、常に豊かな演技性が求められる」とし、「一つ一つの動きが、理にかない、子どもに響き、しかも美しくありたい」と述べ、「表情には、ことばよりはるかに強く、深く学習者の内面をゆさぶる力がある[13]」と論じている。

「生まれ変わる時間」（8）の中では、「その時間が子どもにとって、充実した一刻一刻であったかどうか」、「教師と子どもで、何かを創り出し得た時間であったか」、そんな授業が「授業者のゆめ[14]」であると語りかけている。

「非公開の授業こそ」（14）の中では、「ほんとうにいい授業というのは、公開や公認には関係なく、教えるもの、学ぶものだけで、お互に充実感を満喫し合う授業でなければならないと思う[15]」と述べて、授業の理想的な在り方に言及している。

青木は「授業を支える基本」（46）の中で、「授業の基本」とは「教師自身の聞く力」「話す技能」「読む能力」、そして「もっとまともな、文字、文章の書けること[16]」であると言明している。

青木の授業論の中で少し変わった視点からの問題提起に、「時間の怖さ」（60）というものがある。青木は「かねがね、時間に追いたてられない授業をしてみたいと考えてきた」が、実際には「時間にしばられ、時間に引き回されて、上すべり、つめこみの指導をくり返してきた」と述べて、「授業のほんとうのむずかしさはこの時間の問題の克服にある[17]」と興味深い問題提起を行っている。

青木は「体系・系統の過信」（132）という提言の中ではとても興味深いことを指摘している。研究会等で「その指導には系統性がない」「単発的な指導ではだめだ。系統案を作れ」といった批判や警告がよく聞かれるという。これに対して青木は「思いつきの一発屋的な指導では問題だが、体系や系統が指導の原点だといった信仰にも問題がある」と指摘し、「散発的でもいい」のだと述べる。「情熱をもやして取組める自由、創意、冒険をはらんだ指導は、子どもたちの理解や表現の中で、彼等によって自然に体系化される[18]」ものだからだというわけである。

実はこの問題に関しては、芦田恵之助も繰り返し言及している。芦田は「子ども の育つのはまさに系統的なものだ」とし、「子どもの書いた成績物は最も精密な系統案ではあるまいか[19]」と述べている。

また、教育学者の上田薫も真の系統は「子どものなかに表現されうる系統以外のものではない[20]」と言明している。

青木のこの「体系・系統」に関わる考え方にもまた青木の発想の柔軟さが象徴的に現れていると考えられる。

【授業展開・授業技術論】

青木は「発問過信」(44)、「発問の麻薬性」(120)という提言の中で「発問が授業にとってプラスだとはいえない」と述べて「発問依存の安易な授業」に疑義を投げかけている。「発問依存の授業」がはたして「四十人の子どもたちの、聞く、話す、読む、書く、考える力を、ほんとうに確実に育てるはたらきをもっているか」を真剣に検討し「発問に代わる効果的な指導法を開発すべきである[21]」と提起している。

そして、こうした考え方を支える方法として「機能を見直す」(92)、「嫌われ始めた視写」(102)の中で、「視写の機能」について言及している。「視写」を授業の中に「どう組み入れ、どう生かすか」が「授業の改造につながってくる[22]」と指摘している。

【作文（書くこと）指導論】

青木は「書く力」(37)、「読むことへ書くことを」(52)や「作文観の変貌」(82)の中で、「書く力（書写する力、作文する力）を、学習と指導の中へ滲透させる授業」の提言を行っている。「書く力は、一朝一夕には伸びてこない」のだから、「毎日毎時書くことを授業に織りこむ」必要があるのだというわけである。この提言も先の授業展開・授業技術論で見た「発問に代わる効果的な指導法[23]」の一つである。

また青木は、「フィクション作文」(88)の中で、「想像による物語を書かせてみよう」とする提言を行っている。「荒唐無稽のでたらめ作文」でなく、「文書、記録に当たる」などさせて、「客観的な事実についての貯えをもたせて、思考、想像の骨格[24]」を作らせて書かせる作文指導であると述べている。

なお、「フィクション作文」という用語の初出はこの「国語教室放言」(『国語教室』九十号、昭和五十三年十一月)においてであった。

青木のこの発想は、昭和六十一年に刊行された『第三の書く―読むために書く　書くために読む―』(国土社)において具体的な実践が紹介され、平成八年に刊行された『子どもが甦る詩と作文―自由な想像＝虚構＝表現―』(国土社)において、さらに多様な「フィクション作文」の実践として結実していくことになる。

この間、十八年の年月が流れている。したがって、この斬新な「フィクション作文」という指導方法も青木の国語教師としての形成過程を辿る上から見過ごすことの出来ない画期的な提言となっている。

筆者はこの「フィクション作文」に関して、次のような論考において考察を加えてきた。詳細はこれらの論考に譲ることとする。

①「『フィクション作文』の魅力を探る(1)～(4)」(青木幹勇編『国語教室』三一一～三一四号、三一九号、平成九年五月～七月、同十二月)。
②「青木幹勇国語教室の『書くこと』に関する考察―『書くこと』の導入から『第三の書く』への発展過程―」(全国大学国語教育学会編『国語科教育』第四五集、平成十年三月)。
③「国語教師・青木幹勇における文章表現指導観の変遷―『生活綴り方』から『フィクション作文』への転

回過程――」（茨城大学国語教育学会編『茨城の国語教育』第七号、平成十二年七月）。

なお、右の論考については、本書の第II部に集録してあるので参照せられたい。

【教師論】

青木は「話すという教師の仕事」（49）「まずは短く」（131）の中で、「国語の教師は、話し手としても専門家を志向すべきだと思う」と主張している。話すことは「教師の仕事の中核[25]」であると断言している。

また、「平凡なことだが」（97）、「門外人の筆力」（118）では、「書くことにつながる仕事を本務とする国語教師」の筆まめであることの必要性、「筆力[26]」を磨くことの意義についても言及している。

なお、「対話の練達」（136）という提言では、「徹子の部屋」の黒柳徹子の役割を「ゲストに対する発問者であり、ゲストの応答をきっかけに対話を作り出す司会者つまり教師の立場」であると見立てて、「教師も発問・対話のプロでなければならないはず[27]」であると主張している。

こうした提言にも、青木の国語教師としての修練の過程が窺えよう。

【授業研修論】

青木は「熟練者への志向」（63）という提言の中で亀井勝一郎の「熟練者」という論文を引きながら教師の「授業研修態勢強化[28]」の必要性に言及している。

また、「授業能力の向上充実」（65）の中では、「研究は、いうまでもなく、子ども第一でなければならない」と述べて、授業を公開する際には「この子どもたちを見てください、といえる公開でありたい」とし「そのような子どもを育ててきた授業はかくの如くですという、その授業を見せてもらいたい」と要求している。「研究物というプリントなどは、二の次、三の次でよい[29]」とまで断じている。

ここにも青木が目指した「授業本然のすがた」が浮き彫りになっていると言えよう。

【その他】

これらの提言の中では、「研究発表資料」（62）において、研究会での発表の際に作成されている発表資料が「小さな文字のぎっしりつまった部厚な資料」であることに苦言を呈している。その上で、せいぜい長くても三十分、短ければ十五分か二十分の発表時間では「発表の内容が一目でわかる『発表要項』のくふうをのぞみたい[30]」という提言をしている。

「声の衰退」（94）の中では、「都市の子どものもつ声の低音下」という新聞記事での警告を取り上げている。この問題にかかわって「読み声を練る」（108）の中では、「音読による声の訓練」という提言を行い、「ひとりひとりの読み声を練りあげるとともに、学級集団の声を鍛え、集団としてまとまりのある声の力を育てること[31]」の必要性をうたっている。

右の「読み声を練る」という提言に関連して、青木は「話し方の放任」（112）の中で、「文章を音読することは、読み方の基本そのものである」と述べつつ、同時に「教室での話し方にももっと手を入れるべき[32]」であると訴えている。

以上に取り出して見てきた青木の「国語教室方言」における提言の中に、青木が考えていた「授業本然のすがた」が浮き彫りにされていると見なせよう。

注

(1) 青木幹勇著『わたしの授業（戦前・戦中編）』昭和五十八年二月、明治図書、一四九～一五四頁。
(2) 青木幹勇編集、青玄会発行『国語教室』一号（創刊号）、昭和四十六年七月、一頁。
(3) 古田拡稿「青木君の授業（三）」（同前誌、三号、昭和四十六年九月、六頁）。
(4) 降旗重徳稿「『青』と『玄』」（同前誌、二号、昭和四十六年八月、四頁）。
(5) 青木幹作詞／渡辺学作曲「青玄会の歌」（同前誌、特別号・最終号、平成十二年八月、十四頁）。
(6) 「青玄会の活動」（同前誌、三五〇号・終刊号、平成十二年七月、十二～十三頁）。
(7) 青木幹勇著『生きている授業　死んだ授業』「毎日の授業こそ―序にかえて」昭和五十八年六月、国土社、三～四頁。
(8) 同前書、七～八頁。
(9) 同前書、二四～二五頁。
(10) 同前書、四二～四三頁。
(11) 同前書、四三～四四頁。
(12) 同前書、四四～四五頁。
(13) 同前書、十三～十四頁。
(14) 同前書、十六～十七頁。
(15) 同前書、二三～二四頁。
(16) 同前書、五八～五九頁。
(17) 同前書、七三～七四頁。
(18) 同前書、一五三～一五四頁。
(19) 青山広志編『芦田恵之助先生綴方教室』昭和十年三月、同志同行社、二四七頁。

(20) 上田薫著『人間形成の論理』昭和三十九年六月、黎明書房、二一一頁。
(21) 前掲書、注（7）、五六〜五七頁、一二〇頁。
(22) 同前書、一〇八〜一〇九頁、一二〇〜一二一頁。
(23) 同前書、四八〜四九頁、六五〜六六頁、九七〜九八頁。
(24) 同前書、一〇四〜一〇五頁。
(25) 同前書、六一〜六二頁、一五二〜一五三頁。
(26) 同前書、一一四〜一一五頁、一一八〜一一九頁。
(27) 同前書、一五八〜一五九頁。
(28) 同前書、七六〜七七頁。
(29) 同前書、七八〜七九頁。
(30) 同前書、七六頁。
(31) 同前書、一二七頁。
(32) 同前書、一三一頁。

第XIV章　「青玄会」の主宰活動における国語教育研究者・実践家との交わり

本章では、前章に続いて、青木幹勇が創設した授業研究サークル「青玄会」の主宰活動に視点を当てて青木の成長過程・力量形成過程について考察を加えていくことにする。

対象文献は、青木幹勇編集、「青玄会」発行になる同人誌『国語教室』全三五〇号と「特別号（最終号）」である。

一　『国語教室』誌の誌面構成

『国語教育』誌の誌面は、毎号十二頁（一部の記念号等は十四〜十六頁）から構成されていた。

前章でも掲げてあるが、内容面から誌面構成を見てみると、時期によって若干の異同はあるものの、概ね次のようになる。

①　青木の「国語教室放言」（巻頭言）
②　国語教育諸家からの寄稿論文

③　国語教育研究者・実践家の連載論文
④　実践家の実践報告・コラム等
⑤　コラム「面」（青玄会会員による執筆）
⑥　青木の連載論文「わたしの授業」（一号～一五八号）、「授業閑話」（一六〇号～三二五号）
⑦　青木の俳句作品（余白を埋めるために）
⑧　青木による編集後記「はくぼく」

以上の内容のうち、①の「青木の『国語教室放言』（巻頭言）」については前章において考察を加えている。また、⑥の「青木の連載論文」である「わたしの授業」と「授業閑話」に関しては、本書においてしばしば取り上げてきている。

⑦に出てくる青木自身の俳句創作活動に関しても、本書の第Ⅻ章において考察を加えている。

本章では、②・③・④・⑤の部分と⑧の青木による編集後記「はくぼく」に記されている青木の執筆記事との関係から、青木と国語教育研究者・実践家等との交流関係を見ていくことにしたい。

②～⑤の記事は青木以外の国語教育研究者・実践家等によって執筆された論文・実践報告・コラム等である。これらの記事と⑧の青木の執筆になる編集後記「はくぼく」の内容を付き合わせることによって、青木と国語教育研究者・実践家及び教え子とその父母、文芸家等との交流関係を明らかにすることができる。

そこで、本章では、青木とこれらの人々との交わりが青木の形成過程に及ぼした影響に関して考察を加えていくことにする。

二　『国語教室』執筆陣の主な顔ぶれと執筆内容の分類

『国語教室』一号（創刊号）の「はくぼく」欄に「執筆者について」という言葉が見える。創刊号を飾った執筆者は石井庄司・倉澤栄吉・東井義雄・古田拡達、国語教育界の重鎮である。青木は「今後も、国語教育界の諸先生方におねだりして書いていただくとともに、全国の知人あるいは、国語科以外の指導者にも、それぞれの教科におけることばの問題などを書いてもらおうと思っています。なお教育界外の方々、子どもの作品、母親の文章などもと思っています。[1]」と述べている。

『国語教室』誌に掲載された青木以外の国語教育研究者・実践家等による論考・実践報告・コラム等は、執筆者総数が二六五名、論文・実践報告・コラム数等は延べ一六三〇編に上る。

掲載された論文数の多かった執筆者名と論文数を順に取り上げると次のようになる。（　）内は論文数である。

井上敏夫（六九）、浮橋康彦（六八）、山口正（六四）、野地潤家（六二）、重清良吉（六二）石井庄司（六十）、大橋富貴子（五七）、伊藤経子（五一）、庭野三省（四四）、長谷川孝士（四二）、倉澤栄吉（四一）、古田拡（四十）、降旗重徳（三八）森久保安美（三五）、藤井國彦（三三）、外山滋比古（三一）、宮下勅夫（二六）、亀村五郎（二四）、柏村茂（二一）、金子文枝（十八）、鈴木桂子（十八）、浜本純逸（十七）、吉永幸司（十七）、桑原隆（十五）、渋谷孝（十三）、広瀬節夫（十三）、柳瀬真子（十二）、鈴木敬司（十二）、工藤兼春（十二）、岡本博幸（十一）、高森邦明（十一）、齋藤喜門（十一）、佐倉義信（十一）、石川一成（十）、岩埜せつ子（十）、村井万里子（十）、久保マサ子（十）、内薗雄児（十）、福田敦子（九）、立花脩（九）、中村勝之（九）、後藤貞郎（九）、大内善一（九）となる。

以上四三名中、研究者十七名、実践家二五名、詩人一名となる。また、右の執筆者以外で残りの二二名の中には著名な研究者・実践家も多数いるが、執筆数は一～五、六本前後であった。

青木の国語教師としての成長過程・力量形成過程について考察を加えていくには、やはり青木との交流の深さ、影響関係の大きさに目を向けていく必要があろう。そこで、比較的執筆本数の多かった人物の論文や実践報告等と、これらの記事に対する青木の受け止め方とを付き合わせていくことがより適切な方法になると判断される。

三　青木幹勇の志を支えた国語教育研究者

『国語教室』創刊号の巻頭には、石井庄司の「『国語教室』の発刊を祝う」と題した祝辞の言葉が寄せられている。

この中で石井は、青木の国語教育実践に精進してきた歩みを取り上げ、その歩みを道元の生涯の「稽古」になぞらえて、「稽古の場としての国語教室が、今回、定期に刊行される雑誌として、世界をひろげていただくことに、心からお祝いを申し上げ」ると祝辞を呈している。

この一文からも石井が青木の国語教室の良き理解者であったことが分かる。以後石井は、『国語教室』誌発刊三周年の三八号、五十号、九九号（一〇〇号記念特集）、一一〇号（創刊九周年記念号）、一二八号（新年特大号）、一九〇号、一九四号（創刊十六周年記念号）、二〇六号（創刊十七周年記念号）、二七〇号、三〇〇号等の記念の節目節目に論考を寄せている。

石井の論考の主な内容は、国語教室への提言を始めとして、西田幾多郎や山口喜一郎、芦田恵之助と垣内松三との出会い、芦田恵之助の授業などについてであった。

石井の論考に対して、青木は『国語教室』八三号の「はくぼく」の中で次のように述べている。[2]

石井先生のお書きくださった「芦田・垣内両先生のお出会とその意義」は、先般、青玄会が主催した「ことばとことばの教育を語る会」でのご講演を、改めて、文章にしてくださったものです。

芦田、垣内両先生のお出会ということは、わが国の国語教育史にのこる大きなできごとですが、これをきちんとあとずけた文献は、それをまだみることができなかったのではないでしょうか。今日これを教えていただける方は、まず石井先生をおいてないのではないか。先生の広くて深い国語教育史的視野の中にとらえられている両大家の人間像及び、お出会の意義のご解明には、大いに学ぶところがあります。どうぞ、三回の連載にご期待ください。


青木が研究者からしか学び得ない事にも心を傾けていたことを物語る一文である。

石井と同様に主要な記念号に度々論考を寄せていたのは倉澤栄吉である。

倉澤は「青玄会」の立ち上げに一役買っていた国語教育研究者であった。三八号、七十号、八十号、一二一号、一二八号、一六〇号、一八〇号、一九四号、二〇〇号、二四〇号、二七〇号、二八〇号、三〇〇号などの記念号へ寄稿をしている。

倉澤が『国語教室』一二一号に寄稿した「実践『国語教室』」という論考に対して、青木は次のように述べている。[3]

毎年七月（創刊の月）号を〇周年記念号として特集し、創刊号にお書きくださった石井・倉沢の両先生（ときにどちらかお一人）に玉稿をいただくことを恒例にしてきました。

今回も願いが聴きとどけられ、倉沢先生のご論稿が頂戴できて、記念号の面目が整えられました。

先生は、一般「国語教室」の担うべき実践の場としての意義と価値とを、極めて明快に教えてくださっています。先生が、わが国国語教育の理論的な支柱でいらっしゃることはいうをまたないことですが、他方、先生ほど現場の実態に明るい方も稀でしょう。本誌のためにお書きくださっている十数編のご寄稿その大部分は、国語教室における指導実践の具体的指針というべきものです。このことはいうまでもなく本誌の読者を想定されてのことでありましょうが、それとともに、暗に本誌の向こうべき道をお示しくださっておられることであるのだと、改めて、そんなことを考えさせられました。


青木が倉澤のような国語教育の理論的な支柱とも言える研究者から国語教室における授業実践の具体的な指針を汲み取っていこうとしていたことを物語る一文と言える。

青木幹勇の志を支えた人物をもう一人挙げるとすれば、それは古田拡である。

古田は『国語教室』誌の記念号にこそはほとんど寄稿していなかったが、青木にとっての国語教室教壇実践の盟友として、創刊号から青木の授業に関する歯に衣着せぬ論考を四回にわたって寄稿している。

古田は青木より十二歳年長であるが、二人は古田をして「歯に衣着せず、授業を語り合えるのは、君だけだよ。」と言わせた教壇実践の盟友であった。それだけに、古田が寄稿した論考の中には、青木の授業や青木との交わりに関して書かれたものが多かった。

古田は昭和六十年七月一日に心筋梗塞で亡くなるが、青木は時を置かずに同日発行の『国語教室』一七〇号に古田への追悼文を載せている。告別式において青木が行った弔辞である。

この弔辞の中で青木は、昭和十五年の正月に宮崎に古田を迎えて四日間にわたって開催した「国語教育修練講習会」のこと、戦後になってからの二人の交友の様子、昭和三十年代の夏休み期間中に十年間はど島根の国語研究会に出かけて互いに授業を行い、相互に忌憚のない授業批判を交わし合ったことなどについて述べている。

そして、青木は続くこの弔辞の中で次のように述べている。[4]

わたしの古田先生は、無類の「授業好き」少しオーバーにいえば「授業に憑かれた人」なのです。その例証はあげるまでもありますまい。

先生は、昭和三年の十二月、芦田恵之助先生に出会われました。これが、先生ご生涯の大きな転機であったことを、何度かお聞きしました。

「それまで、国文学、哲学と方向は定まらなかったが、国語教育に従事することに決意」と、あるものに書かれています。後の授業練達者、授業理論構築者としての古田先生のご出発がここにあります。

古田先生は、教育、国語教育、国語の授業を一貫する基本構造を「呼びあうもの」としてとらえられております。先生は、そのご生涯をかけて、呼びかけ、呼び合い、呼び求め、呼び覚まされる国語教室の創造を求めてこられたのではないでしょうか。

この言葉から、青木が古田の国語授業実践にかけた生き方を青木自らの生き方に重ねていたことが理解される。

四　国語教育研究者から学んだこと

『国語教室』誌に数多くの論考を寄せていた研究者に井上敏夫、浮橋康彦、野地潤家、山口正等がいる。これらの研究者が寄せた論考からは青木自身も積極的に学ぼうとしたところが多かったように思われる。

1　井上敏夫から学んだこと

井上敏夫は六九編の論考を執筆しており、最多寄稿の執筆者である。井上の論考の主要な内容は文章表現に関するものである。全六九編の論考の中で連載として執筆されたものが八六号から一四二号まで二六回にわたって続けられた「良文発見」という論考である。

この井上の論考に対して、青木は八六号において次のように述べている。[5]

井上敏夫先生が、「良文発見」という玉稿をおよせくださいました。どんな文章がいい文章か、いちがいには決められないことかもしれませんが、ある共通の線はあると思われます。この線をしっかりさせておかないと、読みの指導も、作文のそれもあやしいものになってきます。井上先生の連載に、大きな期待をよせさせていただこうと思います。

また、八七号では青木も「ご紹介くださった良文もさることながら、井上先生ご自身の文章もぴいんと張った弦のようにひきしまっていて、論文としての格調の高いひびきが伝わってきます。[6]」と述べ、八九号では「先生が教師たちに文章を書くことをすすめておられる、そして文章を書くなら、こういうところに着眼してと、具体的な事例をもってお示しになり毎回、おしまいのところに、お説の要約をされています。是非、いっそうの熟読をおすすめします。」[7]といった一文を添えている。

なお、井上のこの連載は読者に対するアンケート調査では、七十パーセント以上の支持を受けていたとのことである。読者のみならず、青木自身も自らの文章作法心得として参考にしていたと推察されるところである。

2　浮橋康彦から学んだこと

浮橋康彦の論考も先の井上の寄稿に続いて六八編と二番目に多い。中心となった論考は「言語表現随想」である。九五号から一六二号まで二六回にわたって寄稿している。青木は、浮橋のこの連載については、先の井上の連載と併せて「まさに小さい雑誌の大きな文章だと思います。」（一〇五号）と評価を加えている。

また青木はこの連載に関して、一五六号において次のように述べている。[8]

　浮橋先生、例によって、軽妙、しかしなるほどとうなずかされる、言語表現随想です。文章はもちろんですが、文章以前、先生の筆まめには、大いに教えられます。教師は、ことばや文字の仕事にたずさわっているわりに、まともな文章を書くことはしていないのではないでしょうか。書くことがない、うまく書けないからなどと言訳けをすれば子どもと同格になります。

青木は浮橋のこの連載から教師としての文章生活の大切さを学んでいたと考えられる。

3　野地潤家から学んだこと

野地潤家は六二編の論考を寄せている。中心となった論考は「国語科教育における人間形成の契機」であった。三二号から五六号までの十九回の連載である。このテーマでの連載は、青木がその究明を企図して特に野地に依頼して取り上げたものである。

青木はこのテーマに関して「人間をどのようにとらえていくか。指導者にとっても、学習者にとっても切実な課題でなければならないと思います。」[9]（三三号）と訴えている。

野地には、第四号でテーブルスピーチに関して述べた「話縁」という論考がある。青木はこの論考について次のように書き添えている。[10]

野地先生の文章、さらりとしていますが、なかなか示唆に富んでいるなと拝見しました。わたしもよく結婚式のスピーチをさせられます。そしてそのたびに、苦心して用意するのですが、すべて話しっ放しで、ただひとつ、二年ほど前、息子の結婚式に、両家代表として、一生一代の「ご挨拶」をした、原稿と、その録音が残されているだけです。―国語教師たるもの、まず、自己の言語生活をもっとたいせつにすべし―それをいつも先生から教えられています。

また、野地が一一二号と一一四号に寄稿した「国語学習個体史稿」に関して、青木は「読者の皆さん、どなたも大きな感銘をもって読まれるのではないでしょうか。」[11]と所感を記している。

青木は野地の論考を通して、青木自らの国語授業実践に寄せる姿勢と野地の研究者としての真摯な姿勢とを表裏のものとして受け止めていたのではないかと判断される。

4　山口正から学んだこと

山口正が寄稿した論考は、先の浮橋康彦の論考に続いて三番目に多い六四編であった。

山口は手始めに西尾実との出会いについて四回にわたり「主題・構想・叙述」と題した論考を寄せている。青木は山口のこの連載の第一回目の末尾に山口との出会いに触れて山口が『児童文の表現』という著作を著しているることを紹介し、ついで「先生は、子どもの作文についても、非常に深いご研究をおもちです。それを書こうとおっしゃっておられます。どうぞご期待下さい。[12]」と書き添えている。

山口は青木のこうした期待に応えて、四一号から「児童作文をこう見る」といった論考を三回ほど寄稿して、その後六十号からは一〇三号まで断続的に十八回にわたって「作文の人となって」という連載を執筆している。この連載について青木は「作文をこの上なく愛され、地道にこつこつと作文振興に尽くしてこられた、山口正先生の『作文の人となって』の玉稿をいただきました。今後このおくつろぎになった筆致で、存分に書き続けてほしいと思っています。[13]」と書き添えている。

山口はこの後も作文指導に関する論考、朗読に関する論考、及び古典論などを三八回にわたって書き続けている。山口の論考に対する青木の期待には、書くこと・作文指導の実践に思いを寄せてきた青木の姿勢の一端が象徴されているように推測される。

五　国語教育実践家から学んだこと

『国語教室』誌に数多くの論考・実践報告を寄せていた教師に大橋富貴子、伊藤経子、庭野三省、降旗重徳、森久保安美、藤井國彦、宮下勅夫、亀村五郎等がいる。青木はこれらの実践家からも積極的に学ぼうとしている。

1　新鮮な発想で豊かな実践を創り出していた大橋富貴子

大橋富貴子（当時、お茶の水大学附属小学校教諭）は五七編の論考を執筆している。この五七編の論考の中で最も多かったのは、一三二号から一八九号まで五十回にわたって連載した「小国いろは」という実践報告である。

青木は大橋の論考が最初に掲載された三十号の「はくぼく」欄で大橋の人となりについて次のように述べている。[14]

大橋さんのことはもうここに紹介するまでもありますまい。国語の現場人としての大橋さんに教わるところは少なくありませんが、とくにわたしの感銘していることは、大橋さんがいつも、こんなことを試みてみました。こんな指導はどうでしょう。やってみませんか。というような新鮮な提案を持ち出されることです。わたしは、こういう側面からうかがわれる、大橋さんの実践の豊かさにも敬服しています。

そして、大橋の「小国いろは」の連載について青木は、五十回の連載が終わったところで、一九〇号において次のように述べている。[15]

この連載は、先生がいろはかるたに託された「国語科指導の指針」だといえるでしょう。いや、もっと軟かいことばでいい表したいのですが、適当な表現が、みつかりません。一回分わずか一・五枚の文章なのです。でもそこにはいつも先生の豊かな発想、課題の提示、指導の着眼、日本語に関係する知識など、多彩な展開がうかがわれました。「いろは」歌留多は生活の知恵、「小国いろは」は国語教室の知恵と知見！

この一文からも、青木が大橋の実践家としての豊かな発想に敬意を表して、その実践からも積極的に学ぼうとしている姿勢が窺えるところである。

2　授業における生きた呼吸と創意工夫を大切にする教師・伊藤経子との出会い

伊藤経子（執筆を始めた当時は高知大学教育学部附属小学校教諭）は五一編の論考を執筆している。伊藤と青木との出会いは六四号の「サラのコップ」という伊藤の論考に述べられている。

これによると、青木は伊藤達が「読書指導の本質」を究めるべく開催した昭和四十六年夏の学習会で高知県に招かれていた。高知は青木の幼少時の郷里である。

なお、伊藤は第二回・青玄会賞論文の第一位受賞者であった。その論文は「漢字は自ら学ぶもの」と題したもので八一号から八四号まで四回にわたって連載されている。八六号には、伊藤の「第二回・青玄会賞をいただいて」という実践の経緯が掲載されている。この記録の後に青木の「伊藤さんの実践のみずみずしさ」と題した次のような所感が添えられている[16]。

入賞の論文と、それにつづくこの記録とを併せて読むと、伊藤さんのこの実践がどんなにすばらしい創意にあふれた、みずみずしいものであるかがよくわかります。

真剣な教育実践が大方そうであると思いますが、伊藤さんの場合も、細かい計画によって、指導をすすめられたというよりも、むしろ子どもさんたちの学習の前進につれて、指導の手口が次々にみつかってくるという、いわばアドリブ的なところが、指導を生き生きとさせていると思います。

そもそもは、漢字の読み、書き（記憶）というねらいをもって始めた指導だったようですが、カードを書くという学習を軸にして、子どもたち自身が、あれこれと学習を展開していっています。普通、漢字の指導といえば同じ文字をくり返して書かせ、ときどきテストをして覚えさせるというのですが、伊藤さんの子どもたちは、そんな学習ではない学習をめいめいでつくり出しています。

いちばん目につくのは、漢字をネタにした作文を書くという活動です。これは作文としても今まではなかった開拓だと思います。

いや、この学習が生みだしたものはそれだけではありません。漢字カード400枚達成記念パーティーのすばらしさが、この学習指導の大きな成果を十二分に伝えています。

伊藤の実践に対する青木の評価は、「アドリブ的なところが、指導を生き生きとさせている」という点、それから「漢字をネタにした作文を書く活動」が「作文としては今までにはなかった活動だ」という点の二点である。

実践に際しての生きた呼吸と創意工夫という点が青木自身の授業実践の真髄と重なるところと思われる。

なお、伊藤は他にも「俳句を読む学習」「漢字のなかまをふやそう」「学びの道を拓く五年生」「一人ひとりを育てる日々」等の実践記録を寄稿している。

青木はこの中の「一人ひとりを育てる日々」の実践に対しても、一八四号の中で「『育てる日々』これこそ、まさに教師の生き甲斐です。毎日の授業を大切にすることだと思います。」と強い支持を表明している。

3　授業実践を愛する同志・庭野三省

庭野三省は当時新潟の小学校の青年教師であった。庭野は四四編の論考を執筆している。最初の執筆は八六号であった。「一つの教師論―ある青年教師の歩み―」と題して、自らの教師としての歩みと様々な人々との出会いを語る中で青木との出会いが取り上げられている。

この庭野の論考に対して青木は次のような言葉を書き添えている。[17]

ここには、まことに健実そのものの青年教師がいます。いかにも青年教師らしい溌剌とした青年教師がいます。いやに深刻ぶったり、反抗的であったり、何かをだれかのせいにしたりするようなことを微塵も考えず、つねに自分を開いている教師がいます。まず子どもに胸をひろげ、先輩に、書物に、そして自分の実践に自分をぶちまけていく青年教師がいます。

青木にとっても庭野との出会いは、実践を愛し明日の国語教師を育てていこうとする青木にとって一つの希望と映ったようである。

この後、庭野は自らの読書生活を語り、青木の実践書について論じた後に、一二七号から一五七号まで九回にわたって「学級通信論」を寄稿している。この連載について青木は次のようにエールの言葉を書き添えている。[18]

新潟の庭野さんが、たいそうユニークな論稿を寄せてくれました。日刊の「学級通信」を精力的に出しまくっているエネルギッシュな実践家です。

「学級通信」は庭野さんにとって、たぶん彼の教育活動の大切なよりどころでしょう。彼も書いているように「学級通信」は、生活綴り方の伝統につながる教育のありかたの一つです。数は減っただろうが、こういう実践家がまだ健在でがんばっているということは、頼母《ママ》しいことであり、うれしいことです。続稿がたのしみです。

続いて庭野は、「青木先生とのリレー授業をめぐって」を七回にわたって連載する。

これは昭和六十年二月十六日（土）に庭野からの申し出によって新潟大学教育学部附属長岡小学校において青木との間で行われたリレー授業の記録を報告したものである。

この庭野の報告に関して、青木は庭野からの報告に委ねて、自らはほとんど言及はしていなかった。三回目の報告の途中で青木の盟友でもあった古田拡が死去したために機会を失してしまっていたのかもしれない。

庭野は二〇六号から二一三号まで六回にわたって「私の授業技術記録術公開」を寄稿している。この論考に関して青木は、次のように書き添えている。[19]

庭野さんの『授業記録公開』も貴重な実践活動だと思います。かつて西尾実先生が『教師は記録をとらない。記録を持たない。仕事の仕放しということは、自分の仕事に対する愛着が薄い、価値を認めていない事ではないか』といわれたことがあります。

庭野にはこれらの他にも「〈校内研修〉その一　青木先生を迎え、授業を見て、話を聞く」等の連載がある。青木は庭野との交流について「長くて深い交わり[20]」と述べて、共に授業実践を愛する同志と認めていたと思われる。

4　「青玄会」の同志・幹事長としての降旗重徳

降旗重徳は「青玄会」立ち上げの時からの青木の同志であった。会の幹事長を努めており、第一号から三八回にわたって主に「面」というコラム欄に寄稿していた。平成五年の十月一日に志半ばで亡くなっている。

二七〇号記念特集号では、同志であった金子文枝・柏村茂・福田敦子等と並んで、第二号に降旗が執筆した「『青』と『玄』」が再録されている。「青玄会」の「青玄」の由来について適切な解説を行ったコラムであった。降旗が執筆した記事はコラムが大半であったが、コラム以外にも「子どもとともに『文化論』を読む」といった実践報告や「授業を見る」の授業論、「教材研究　鳥取砂丘」（三回連載）、「九州への二人旅」（五回連載）等がある。

降旗の絶筆ともなった「青玄会の内輪話」には青木との出会いや青木の「青玄会」に寄せる思いと同時に降旗自身の幹事長としての思いが交差する形で述べられている。

「青玄会の内輪話」は、まず一一六号に一話として会員の藤田慶三が執筆し、これに続いて二話として降旗が執筆している。そして、次号の一一七号において再び降旗が「第三話　青玄会十年の歩み」を執筆している。

この中に、青木の次のような提言が引用されている。(21)

わたしは、正直なところ一つの思想、一つの立場に固執した一つのグループ集団を作って、その中心にすわるような会を今までも作りませんでしたし、これからも作るつもりはありません。わたしの授業に学びたいというみなさんの考えは、わたし自身も同じこと。みなさんの授業からわたしも刺激を受けて学んでいきたい。そうであれば、授業実践を通して共に高め合うというわたしの想いとも一致します。

この青木の提言に続いて、降旗の次のような一文が記されている。[22]

初め、青友会（「青玄会」の最初の名称…大内注）とはただ単なる同好的サークルにすぎないものであった。それでは、ただの寄り合い、親睦の会として落ち込み、懐古主義の同窓会に終わって果てるのがとどのつまりということになろう。そうであってはなるまい。会として少なくとも一つの活動をするには、その活動を促すエネルギーが必要ではないか。

それは何か。教壇にかける情熱である。教壇にかける冒険である。一時間、一時間に繰り展げられていく未完なる世界を子どもと共に創っていく楽しさ、喜びへの挑戦こそ求めていく世界であって、それ以外の何ものでもない。

青玄会がありのままの授業に深く学び合う活動を中心にすえながら、他のいかなる国語教育研究グループとも異なる種々の活動を続けているのも教壇にある教師の人格形成を求める厳しさ故に他ならない。

ここに降旗の「青玄会」幹事長としての志と共に青木と降旗とを結んできた初志が余すところなく語られている。「教壇にかける情熱」が二人を結びつけ、「青玄会」の発展を促し青木自身の国語授業実践へのエネルギーともなっていったのである。

5　青木実践の良き理解者としての同僚・藤井國彦

藤井國彦は東京教育大学附属小学校での青木の同僚であった。三三編の論考を寄稿している。

藤井は青木が附属小を退官するに際して「『若さ』の実践国語教師」という一文を十号に寄稿している。その

中に次のような一節がある。(23)

四十有余年の教壇生活を無欠勤。還暦を過ぎてなお、カクシャクとして学級担任をなさった。担任となると、毎日の授業や生活指導はもちろん、プール指導、海浜学習、林間学校などの指導もしなければならない。そんな時、いつも先生は、子どもたちの先頭に立たれていた。今も、週二十何時間の小学生相手の授業を熱心に進めていらっしゃる。ちょっと、まねのできることではない。

（中略）

「教育者的身体」をお築きになった先生は、当然のことながら、それに「教育研究者的精神」を宿らせた。先生の「若さ」の本領はむしろこちらにある。

先生は前例にならうことを極端にお嫌いになる。教え子の卒業式には、自作のシュプレヒコールで演出なさる。謝恩会には、オリジナルな作詞作曲の歌を、母親、子どもと共に歌う。日常の講話、スピーチ、あいさつ、説明にいたるまで、先生のお話はつねに新鮮であった。そして、創意に満ちていた。聞き手に正しく理解させるだけでなく、満足感と同時に深い感動を与えるものであった。もともとお話のじょうずな先生ではあるが、日常のこうした機会をとらえてご自身の話し方の訓練をなさっておられたようである。だから、先生のお話にはいつも工夫のあとがみられた。

藤井によるこの一文から、青木の同僚として身近にいた者ならではの、青木の人となりが窺えて興味をそそられるところである。

藤井はまた「『一冊の本』の私」という連載を二四二号から三一九号まで二十回にわたって行っている。一冊の本との出会いを取り上げつつ自身の国語授業実践の歩みを辿っている。この連載は単なる書物紹介の域を出て、昭和戦後期の国語教育の歩みを辿るような内容ともなっている。その内容には青木の共感を呼ぶところも多々あったようである。

藤井はもう一つ、「俳句の教材化とその周辺」と題した連載を行っている。三三四号から三四〇号まである。藤井自身も自ら俳句の創作を行っており、一茶由来の炎天寺の俳句大会も取り上げられていて、子ども俳句の教材化の実践等と青木の俳句創作や俳句指導とも重なるところが多い。青木も意を強くするところが大きかったようである。

執筆論考の多かった国語教育実践家には、他にも森久保安美、宮下勅夫、亀村五郎等がいるが、割愛させて頂く。

六　俳句研究者、詩人との交流

青木は自ら俳句の創作を行い、時に詩も創っているところから、『国語教室』誌にも俳句や詩に関する論考が数多く寄せられている。それらの中から執筆数の多かった、当時愛媛大学の国語教育研究者であった長谷川孝士の正岡子規論と詩人の重清良吉の論考とを取り上げてみよう。

1　長谷川孝士の子規研究から学んだこと

長谷川孝士は正岡子規論を三七号から三四九号まで四二回にわたって連載している。長谷川は特に「教育者としての子規、あるいは国語教育的観点からの子規像を見てみたい(24)」と第一回目の「教育者子規」という論考の末尾で書き添えている。

この連載中、青木は折に触れてその内容に言及している。「学ぶこと（仕事）に命をかけているという人間の正真正銘のすがたを、子規ならびに、同志の人々の中にみることができます。[25]」という文言、「子規が、『数多くの往復書簡を丹念に筆録しているのは特に注目される』というところと『そうした書写の蓄積が子規の表現力として再生産されていったことは確かである』というこのご見解」には「書くことの学習価値を主張するわたしには、見逃すことのできないところです。[26]」と、長谷川によって紹介された子規の生き方から多くの学ぶべきことを取り出している。

2　青木実践の良き理解者・支援者としての重清良吉との交流

重清良吉は青木が宮崎師範附属小学校に勤務していた頃に隣のクラスに在籍していた児童であった。二人は五十年近くの時を隔てて、互いに文通を始めることとなる。

この重清も師範学校を卒業した後、地元の中学で三年、横浜の小学校で四年教師をして教職を辞している。青木との文通が始まった頃、重清は詩人として『村・夢みる子』『街・かくれんぼ』『おしっこの神さま』等の詩集を刊行していた。

重清が『国語教室』に寄稿した論考は、六二編の多数に上る。執筆内容の多くは詩に関するものであった。「詩が子どもに近づくとき」「詩のあるエッセー」「詩のある日々」等の論考を連載で執筆していた。ほかにも「道草通信」などの随筆の連載や青木の著作に対する理解と評価を書き続けている。

特筆すべきは、青木が昭和六十一年十一月に大分大学教育学部附属小学校で行った詩「花いろいろ」の授業で用いた詩教材の合作であった。この間の経緯については、本書の第X章において考察を加えたので省略に従う。

青木は重清の死去に際して、三回にわたって追悼文を書いている。この中で青木は重清との交流について詳細な考察を行っている。青木は重清が青木の「俳句の授業」や「虚構の作文の授業」についての良き理解者であり、支援者であったことを明らかにしている。

注

(1) 青木幹勇編『国語教室』一号（創刊号）、昭和四十六年七月、十二頁。
(2) 青木幹勇稿「はくぼく」（同前誌、八三号、昭和五十三年四月、十二頁）。
(3) 青木幹勇稿「はくぼく」（同前誌、一二一号、昭和五十六年六月、十六頁）。
(4) 青木幹勇稿「古田拡先生のご逝去を悼む」（同前誌、一七〇号、昭和六十年七月、十五〜十六頁）。
(5) 青木幹勇稿「はくぼく」（同前誌、八六号、昭和五十三年七月、十六頁）。
(6) 青木幹勇稿「はくぼく」（同前誌、八七号、昭和五十三年八月、十二頁）。
(7) 青木幹勇稿「はくぼく」（同前誌、八九号、昭和五十三年十月、十二頁）。
(8) 青木幹勇稿「はくぼく」（同前誌、一五六号、昭和五十九年五月、十二頁）。
(9) 青木幹勇稿「はくぼく」（同前誌、三三号、昭和四十八年二月、十二頁）。
(10) 青木幹勇稿「はくぼく」（同前誌、四号、昭和四十六年十月、十二頁）。
(11) 青木幹勇稿「はくぼく」（同前誌、一一二号、昭和五十五年九月、十二頁）。
(12) 同前誌、八号、昭和四十七年二月、五頁。
(13) 青木幹勇稿「はくぼく」（同前誌、六十号、昭和五十一年五月、十六頁）。
(14) 青木幹勇稿「はくぼく」（同前誌、三十号、昭和四十八年十一月、十二頁）。
(15) 青木幹勇稿「『小国いろは』―五十回の連載を終わって―」（同前誌、一九〇号、昭和六十二年三月、十四頁）。

(16) 青木幹勇稿「伊藤さんの実践のみずみずしさ」(同前誌、八六号、昭和五十三年七月、七頁)。
(17) 同前誌、十一頁。
(18) 青木幹勇稿「はくぼく」(同前誌、一二七号、昭和五十六年十二月、十二頁)。
(19) 青木幹勇稿「はくぼく」(同前誌、二〇六号、昭和六十三年七月、十七頁)。
(20) 青木幹勇稿「はくぼく」(同前誌、二七二号、平成六年一月、十二頁)。
(21) 降旗重徳稿「青玄会の内輪話　第三話　青玄会十年の歩み」(同前誌、一一七号、昭和五十六年二月、九頁)。
(22) 同前誌、九頁。
(23) 藤井國彦稿「『若さ』の実践国語教師」(同前誌、十号、昭和四十七年三月、八頁)。
(24) 長谷川孝士稿「教育者子規」(同前誌、三七号、昭和四十九年六月、三頁)。
(25) 青木幹勇稿「はくぼく」(同前誌、五二号、昭和五十年九月、十二頁)。
(26) 青木幹勇稿「はくぼく」(同前誌、六二号、昭和五十一年七月、十二頁)。

第Ⅱ部　青木幹勇国語教育論

第I章　青木幹勇国語教室における「第三の書く」提唱までの展開

一　考察への視点

青木幹勇は、昭和戦前期から戦中を経て戦後期までを国語教育ひと筋に邁進してきた国語教師である。東京教育大学附属小学校を退職してから九三歳で亡くなるまで、現場からの求めに応じて教壇に立ち続けた。実践を通して提唱されるその国語教室の理論から、我々後進の者は多くのことを学んでいくことができる。

青木幹勇の国語教室の理論は、外部から移入した理論の受け売りではなく、時流に棹差して提唱されてきたものでもない。それは、青木の日々の国語教室の営みの中から生み出されてきたものである。子どもと共に学び、さまざまな試行錯誤を繰り返す中から築き上げられてきたものである。

そのために、青木の実践理論には、受け売りの理論にありがちな無理や硬さがなく、教室の現実に即した平明さと緻密さとが備わっている。

青木幹勇国語教室において特質すべきは、国語科の読解の学習指導に「書くこと」という言語活動を積極的に導入し、その意義を実践的に究明してきたことである。

加えて青木は、この「書くこと」の活動を積極的に導入する実践を通して、やがて「第三の書く」という刮目すべき実践理論を構築していくことになる。ここに至るまでの歳月はかれこれ二十年ほどになる。その息の長い実践研究への取り組みにも驚きを禁じ得ない。

以下、本論考では、青木幹勇国語教室における「書くこと」の導入から「第三の書く」へと発展していく道筋とその実践理論としての意義を明らかにしていくことにする。

二　読解学習に「書くこと」の活動を導入した動機・意図

1　「問題をもちながら読む」指導からの着想

青木幹勇は、昭和三十九年三月に『問題をもちながら読む』（明治図書、後に『青木幹勇授業技術集成』第一巻、昭和五十一年四月、明治図書、に再録）という著書を刊行している。

この中で青木は、子どもが読解学習の中で作った「問題を書く」という操作を取り入れている。

青木は、この「問題を書く」という操作について次のように述べている。(1)

わたしはここで、一歩をすすめ、問題は、まず、「書いてみる」ということにしたのです。ことばは少し、大げさですが、ここに着眼したのが、わたしの発見なのです。この書くということは、いいかえると、読むというはたらきの中で、まだ、振動の弱い反応を、増幅するということになるのです。書くという電気的な操作を通過させて、まだ反応微弱な読みを、強化し、拡大し、固まらせるのです。強化され、固められた反応を、問題の形として、表出させるのです。問題を書く。文にする。文章にするということになると、子どもの読むはたらきは、にわかに緊張してきます。漫然と文章を読むことが許されなくなってきます。そこで、反応の増幅活動が起こってくるのです。

○問題をはっきりとらえ、意識にのせるためにより積極的に読む。
○問題を、ことばに表現するために、考える。
という、読むこと、考えること、書くことの三つの歯車がからみあって回転をはじめるのです。

青木は、この「問題を書く」という操作について、「読むというはたらきの中で、まだ、振動の弱い反応を、増幅」させること、「書くという電気的な操作を通過させて、まだ反応微弱な読みを、強化し、拡大し、固まらせる」ことであると説明している。

青木は「問題をもちながら読む」という学習活動に、「書く」という操作を取り入れることで、「読むこと、考えること、書くことの三つの歯車がからみあって回転をはじめる」と考えたのである。

青木は、「読むこと、考えること、書くこと」とを一体的に捉えたのである。

2　「板書」「書写」「自注」への着眼と実践

また、この著書の中で青木は、「書く」という活動に関してもう一点、「板書」と「書写」と「自注」とに着眼している。青木は次のように述べている[2]。

芦田先生の「かく」についてはまだいろいろの理解がなされなければならないと思いますが、わたしには、わたしの考えと、実践がありますので、以下それについて述べてみたいと思います。

1　まず、何を書くかということですが、わたしは、多くの場合、まとまった文章を書きます。

芦田先生は、ほとんどどの授業でも各段落の「中心語句」と思われるものを、先生自身で選ばれ、それを横に並べて書かれたようです。（中略）そして、その書こうとする文章は、まず、子どもの問題の集中しているところ、いいかえると、子どもの読解関心の密度の高いところから選びます。もっとも、文章の重要なポイントであって、子どもの関心からそれているところとか、学習の目標からみてぜひとりあげる必要のあるところは別ですが、わたしのたてまえは、やはり子どもの読みを基調にして、書こうとするところを決めるのです。（中略）

2　ある文章を板書し、子どもたちは、それをノートするとなれば、そのために、じゅうぶんな時間のゆとりを予定しておかなければなりません。わたしは、大体これに七八分～十分をあてるようにしています。（中略）

3　時間の制限は、おのずから字数の制限につながります。それはまた子どもの書写能力とも関係がありま す。（中略）

4　書写のときは、教師が、文章のところどころを読みながら書きすすめ、ペースメーカーになってやります。速すぎる子どもには、ていねいに、おくれた子どもには、教師のテンポに合わせるようにさせます。そして、教師も子どもも、できるだけ、正しく、美しく書くように努力します。とくに教師の板書の文字は、しっかりと書きたいものです。（中略）

5　さて、その書かせ方、板書のし方ですが、わたしは、多くの場合、センテンスごとに改行して書きます。子どもたちにも、そのように書かせなおノートの行間を一行おき、あるいは二行おきにひろくあけておかせます。（中略）

1　文章を、センテンスごとにわけて、書くことは、文章を分析して、論理的に読むことです。まず、その文章がいくつのセンテンスで構成されているかということ、どのセンテンスが、長く、どのセンテン

スが短いかという、文の長短を、視覚的、直観的にとらえることができます。（中略）

2　わたしは、右のような指導もいたしますが、そうした指導より先にまず、子どもたちに、ノートの行間に、「自注」を書きこませます。（中略）

6　書かれた文章は、つねに、全文章と、つないで読まなければならないことは、いうまでもないことで、書かれた、文章がその背景になる他の文章と孤立して読まれることのないように注意しなければなりません。

青木は、右の文言の中で芦田恵之助の「七変化」の教式における「書くこと」の意義を発展的に継承しようとして、教師の「板書」に伴って子どもにも「教材の重要なポイント」を「書写」させるという方法について述べている。芦田の「師弟共流」という考え方からの影響が窺える。

子どもたちの「ノートの行間」に「自注」を書き込ませるという方法も取り入れている。この方法は、後に「第三の書く」の中の「書込み」という方法へと展開していくことになる。

なお、右の「書写」の実践では、青木が「書こうとする文章」を「子どもの問題の集中しているところ」、つまり「子どもの読解関心の密度の高い」ところから選ばせている点に注目させられる。

芦田が教材の「中心語句」を自ら選んで黒板に書き出したのに対して、青木は「子どもの読みを基調」にして書こうとする箇所を決めさせたのである。

また、「書写」の際には、「文章を分析して、論理的に読む」ことを促すために「文章を、センテンスごとに改行して」書かせている。

芦田教式における「書くこと」の方法を形式的に模倣する方向ではなく、子どもの読みや思考に沿いつつ現代的な視点から展開させている点に注目させられる。

青木幹勇の「書くこと」の導入と芦田恵之助の七変化の教式中の「かく」との関わりと実践上の相違に関する先行研究に、内藺雄児「書くことを読解指導に導入する―芦田恵之助と青木幹勇―(1)〜(3)」[3]がある。この論考の中で、内藺は、青木幹勇が芦田恵之助の著作とその実践に深く学びつつ、やがてその「実践上の限界を見抜」いて「独自な発展」に導いた人物であると評価している。芦田恵之助と青木幹勇との師承関係を精細に考察した論考として参考になる。

3　「書くことと読むことの同時一体」の学習指導の発想

ところで、青木幹勇が読解学習に本格的に「書くこと」の活動を導入していくようになるのは、昭和四十三年二月に刊行された『書きながら読む』（明治図書、後に『青木幹勇授業技術集成2』に再録）という著書の中で報告された実践からである。

青木は、この本の「まえがき」の中で次のように述べている。[4]

わたしは、この著作が示すように、「書くこと」いわゆる書写の機能を、従来の、単なる文字習得、筆写技能の習練、ないしは、作文だけとはみないで、書くことが、文章読解のために、きわめて有力なはたらきをもつものと考え、「書くこと」を軸にして、一方では読むことへ、他方では、作文へと展開していく、学習と指導の実態をえがいてみようともくろみました。

＊

あれだけ国語の基礎学力が問題になり、言語技能がやかましく言われたにもかかわらず、子どもたちの読む力、作文する力のレベルは、わたしたちの期待とはまだまだ遠い距離にあるように思います。
どうしたらこの距離を縮めることができるでしょうか。わたしたちは、もっともっときびしく、自分の実践を検討してみなければならないと思います。（中略）

＊

『書きながら読む』のながらは、書くことと読むことの同時一体、立体的な指導と学習をめざすという発想なのです。

右の文言の中で青木は、「書くこと」が、文章読解のために、きわめて有力なはたらきをもつものと考え、『書くこと』を軸にして、一方では読むことへ、他方では、作文へと展開していく、学習と指導の実態をえがいてみようともくろみました」と述べている。

また、「『書きながら読む』のながらは、書くことと読むことの同時一体、立体的な指導と学習をめざすという発想なのです」とも述べている。

昭和五十二年に公示された学習指導要領によって関心が持たれるようになった「読み書き関連指導」という考え方がこの時すでに実践的に提唱されていたことも注目に値する。

この本の中で、青木がすでに、「書くこと」の活動を読解学習の領域のみならず作文学習の領域との関わりにおいても捉えている点、また「書くことと読むことの同時一体、立体的な指導と学習」を目指していた点には注意しておく必要がある。

4　現行の書写指導への疑問

さらに青木は、当時行われていた書写指導に対して、次のような疑義を呈している。(5)

　文章を書くための書写ということになると、現在の書写指導が、はたして、その基礎指導になっているといえるかどうか。わたしは、大きな疑問を抱きます。書写を単なる文字のけいこに終わらせない、文字の習練ということに閉じこめない、書写のもつ機能を、読むこと、考えること、作文すること、さらには、聞く・話すことにもひろげていく、そういう書写を、わたしは考えたい、そういう書写能力を育てたい、とこのように考えるのです。書くことが、作文と書写という二面しか考えなかったのに対し、わたしは、書写が文章を読むことにも通じているという、この第三の指導領域をとりあげたいのです。

この中で青木は、「書くことが、作文と書写という二面しか考えなかったのに対し、わたしは、書写が文章を読むことにも通じているという、この第三の指導領域をとりあげたい」という提案を行っている。極めて重要な指摘と見なすことが出来よう。

こうした考え方の中にすでに、後の「読むために書く　書くために読む」という「第三の書く」の発想への萌芽が窺えるのである。

5　自らの日常の実践の反省

先に見たように、青木の読解学習への「書くこと」の導入には、芦田教式からの影響がある。

しかし、その導入には、他ならぬ青木自身の平素の国語教室実践への反省が大きく関わっている。

青木は自らの実践を振り返って、つぎのような反省の弁を述べている。[6]

しかし、そのころの書くことの指導は、わたしの授業の低迷期でもあったので、とにかく、発問で子どもをひき回し、話し合いで終始するような、ロスの多い、子どものために前向きの授業でない授業に陥らないための、消極的な意図ですすめられていました。（中略）

わたしは、思いきって、書くことを授業過程のなかへ大幅にとり入れようと考えました。四十五分の時間の中へ十分間、書くことをわりこませてみようというのがわたしの素朴なというよりも、はとんど手探りのプランだったのです。

読んだり、考えたり、話し合ったりという、どこでもある読解指導にあまり多くを期待することはできない。ことに、その指導が学級の子ども全体にゆきとどき、徹底することに懸念があり、歩止まりの少ないということになれば、せめて、この書くことによって、国語科の学力を補償する努力をしたい。書くという学習、なかでも、文章をそっくりそのまま書き写すという作業は、学習の全員《ママ》を、同時に、学習の態勢にもちこませることができるのです。トップクラスの子どもも、遅れがちな子どもも、とにかく、自分のペースで書かせる、書くことにひき入れることができるのです。これは、一見きわめて形式的な学習指導の態勢だということができましょうが、なにほどかの経験は、わたしに、この指導に成算を予想させてくるものがあったのです。

青木はこの中で、「発問で子どもをひき回し、話し合いで終始するような、ロスの多い」授業に陥らないようにとの「消極的な意図」で取り入れていた「書くこと」の活動を、「四十五分の時間の中へ十分間」割り込ませることを提案している。

さらに青木は、次のようにも述べている。(7)

一般に子どもたちは書くことを好まない、書くことをおっくうがるように思われています。それに、書くことについての個人差は、聞いたり話したり、さらには読んだりすることより大きいし、それが非常に判然としているために、話し合いに流されてしまう授業が反省されながらも、書くことの導入に躊躇してきたということがあったように思います。

しかし、書くことについて子どもの意識は、はたして前述したように、いやがられたり、消極的であったりするものでしょうか。それは事実なのでしょうか。わたしの経験では、これを事実とする見方には否定的です。むしろ子どもは、書くことに積極的です。書くことがすきです。ことに、低学年では、書くことを喜びます。これは、きわめて顕著なことですから、だれでも認めざるをえないことだといえましょう。中・高学年になると、通例書くことを好まなくなる傾向もありますが、それは、主として指導者側に問題があるように思われます。低・中・高と、書くことの指導を、指導の中に適切に位置づけていけば、高学年になると、その技能も伸びてきているはずですから、書くこと自体に抵抗をもたなくなるだけでなく、より、積極的になって、書くことが、読む活動、作る活動の、大きな支えになってくるのです。

青木は、これまで「子どもたちは書くことを好まない、書くことをおっくうがるように思われて」きたり、「書くことの個人差」が「書くことの導入」を阻んできたことを指摘している。

そして、その克服のために、「書くことの指導を、指導の中に適切に位置づけて」いけば、「書くこと自体に抵抗をもたなくなるだけでなく、より、積極的になって、書くことが、読む活動、作る活動の、大きな支えになってくる」のだと考えたのである。

青木は、読解指導の過程に「書くこと」の活動を取り入れていくことで、「書くという学習は、子どもにとって抵抗どころか解放」になるとまで断言している。

6　読解指導に「書くこと」が導入されなかった理由の分析

参考までに、青木が従来の読解指導において「書くこと」の活動が導入されなかった理由をどのように捉えていたのかについて見ておこう。(8)

一　書くという活動が、文字の記憶や、練習という次元だけでとらえられていること。

二　文字を書くということと、文章を読むということとは、かなり距離をもった言語活動であって、たがいに連合しにくいと認識していること。

三　読解活動の中に書くことを導入しようと企図しても、書く力の個人差が大きいために指導の流れがちぐはぐになり、それが指導をつまずかせる要因になることが懸念されること。

四　読解指導の過程に、書くことを導入するためには、子どもたちの筆写速度がかなり高くないといけない。

五　読解の指導過程に書く活動を導入するとしても、書くことには多くの時間を必要とするので、かえって指導の効率をさげることになる。

六　読解指導に、文章を書くことを導入しようとすると、当然ノート指導の問題がからんでくる。これがまたひとつの問題である。

七　読解指導に、書くことを導入するとなると、教師の板書技術がひっかかってくる。板書に自信のもてない教師をしりごみさせることになる。

八　書くということが、読むということと連関して発揮する機能を実践的に認識していない。

九　読解における書写という活動が、作文指導の大きな支えになるという認識がない。

極めて緻密な分析である。これらの問題点を実践的に解明していくことが、読解指導に「書くこと」の活動を積極的に導入していくための課題となってくるのである。

三　「書きながら読むこと」の指導の実際

1　「問題をもちながら読む」という指導体系の発展

青木幹勇著『書きながら読む』には、「A　文章を書き写しながら読む」と「B　作文を書きながら読む」との二つの方法が提案されている。

まず、Aの「文章を書き写しながら読む」方法について見ておくことにする。

「文章を書き写しながら読む」方法とは、「ある文章を、書写することを手がかりに、読解の確かさ、豊かさを育てていこうという指導法」である。

この方法は、先に見た「問題をもちながら読む」指導の体系を発展させる形で取り入れられている。

その方法について、青木は次のように述べている。[9]

一　文章を読んで問題を書く。
二　問題点の多い文章、学習（指導）価値の高い文章を書写しながら読む。
三　書写した文章に、アンダーラインその他の記号、短い感想意見などを書き入れる。わたしはこれを自注と呼んでいる。
四　文章を、表解的にまとめたり、図式化したりしながら読む。
五　書きとった文章に、読み手の読解メモを書きそえながら、読みを豊かにしていく。
六　文章をさらに細かく読むために、読み手が、文章のある部分を、文意に従い、想像を豊かにはたらかせて、書き広げてみる。
七　文章を自力で読み取り、その読みの過程とか、読みとりえたこととか、読解の到達点などを、研究レポートとして書く。

これらの指導法の中には、後に「第三の書く」の中に位置づけられる「メモ」や「書き込み」「書き広げ」「書きまとめ」「図式化」などの方法が導入されている。

2　書写する文章の選び方と指導のポイント

これらの実践の中で中心となる部分は、「書写する文章の選び方」と「書写指導のポイント」の二点である。前者に関しては、基本的に「子どもの反応の密度の高い文章」を書き写させる場合を中心にして、「文章読解の論理性」と「教師の指導意図」[10]とから書き写させる場合の三つの方向から考えていたようである。後者に関しては、指導に際しての留意点が次のような十項目にわたって示されている。[11]

1　文章の書写は、教師（板書）、子ども（ノート）同時に行う。
2　筆写のスピードは、大体、クラスの平均筆写速度に従い、教師が、そのペースメーカーになって書きすすめる。
3　文字は可及的にていねいに、正確に書く。、や。もおろそかにしないこと。とくに、教師の板書は入念に行い、子どもたちの規範になるように。
4　書写にあてる時間は、低学年で四分～五分、中学年で六～七分、高学年は状況に応じ、長短自在。
5　教師の板書も、子どものノートも、かならず、一センテンス毎に改行して書く。
6　子どものノート書写は、行間を広くとらせ、ゆったりと書かせるのがよい。
7　教師は、学級全体の書写進行の状況を察知し、余り遅れたり、乱暴に速く書いたりする子どもがいないように、調整しながら書きすすめ、なるべく全員、大体書き終わるようにする。ただし、板書中に机間巡視などはしないのがよい。
8　書写中は、かれこれ注意などせず、全員が静かに書きひたるという充実した雰囲気にしたい。また、そうした真剣な学習の雰囲気のよさを感得するようにさせたい。そうすることが、書くことから、読むという心のはたらきを誘いだすことになる。
9　書き終わったときは、多少疲れているので、すぐに、次の学習に移らせることは好ましくない。静かに読み返して誤字・脱字、できのよくない文字を修正させるとか、遅れている子どもを待ってやるのもよい。また、暫時の休息をさせるのもよい。子どもたちは、よく「できましたあ」「まだです。待ってて」などと、ざわめきを起こしやすい。これは読みに沈潜しようとする意識をかき回すことになるので、そうならないように平生注意をして指導しておく。

10　しばらくの時間をおいて、書いた文章をさらに読み深め読解の学習を展開していく。

青木が挙げた留意点には、「教師の板書」と「子どものノート視写」とを同時に行う方法や、筆写の速度への配慮、教師の板書に関する規範としての配慮、「書写にあてる時間」の基準の設定、「一センテンス毎に改行して書く」方法の提示、「子どものノート書写は、行間を広くとらせ、ゆったりと書かせる」ことなどと、子どもの実態を十二分に考慮したものとなっている。

また、教師自らも子どもと共に「書く」という姿勢が強く打ち出されている。子どもの実態を無視してただ闇雲に書かせるという指導法ではないのである。

四　「読み広げるための作文」指導の実際

次に、青木幹勇著『書きながら読む』に紹介されているBの「作文を書きながら読む」ことの指導についてみておこう。この方式では、「感想文を書いて読む」「読み広げるための作文」「読み深めるための作文」「書いてまとめる作文」「研究レポートを書いて読む作文」など五つの実践が提案されている。

まず、これらの五つの実践の中から「読み広げるための作文」について取り上げて見ていくことにする。

二つ目の「読み広げるための作文」とは、教材の中の「省略、簡潔な表現を、自由な想像で、補って読む」という方法である。青木はその実践の一つとして、一年生の二学期に行った「一すんぼうし」の教材を用いた次のような事例を紹介している[12]。

さて、その書き方ですが、すべてを、子どもたちの構想で書くということにすると、たいそうむずかしくなりますので、原文は、そのままにし、原文の間に、子どもの作文を、はめこんでいくという形で書くことにしたのです。こうすると案外気軽にどの子も書けました。

これが、わたしのいう「読み広げる作文」のひとつの型なのです。

それでは、二、三、子どもの「読み広げ作文」を紹介してみましょう。ゴシック体活字のところが原文です。

みやこにつくと、とのさまのうちへいきました。

「ごめんください。」

なかなか人がでてこないので、二ども三どもよびました。すると、けらいたちが、四、五人でてきて、あたりを、きょろきょろみまわしました。でも、だれもいません。

「はて、ふしぎだ。いま、ごめんくださいといったようだが……。」

といって、中へはいろうとすると、足もとでまた、

「ごめんください。ここにおります。」

という大きなこえがしました。

みんなは、びっくりしました。一すんぼうしが、げたのかげにいたからです。

一すんぼうしは、とのさまのまえへつれていかれました。とのさまのとなりには、うつくしいおひめさまがすわっていました。とのさまは、たずねました。

「おまえは、大そう小さいが、どこからきたのかね。そして、なにをするつもりかな。」

「はい。わたしは、はるばるなにわのさとから、川をのぼってまいりました。そして、がくもんをならっ

て、えらい人になりたいのです。どうか、けらいにしてください。」
とたのみました。
とのさまは、にっこりうなずいて、
「なかなかよいこころがけじゃ。いっしょうけんめいべんきょうして、りっぱな人になるんだぞ。おまえには、ひめのせわがかりを、もうしつけよう。」
と、おっしゃいました。

一すんぼうしは、とのさまのうちで、はたらくことに、なりました。

この実践の特徴は、「物語のすべてを、子どもたちの構想で書くということ」ではなく、「原文は、そのままにし、原文の間に、子どもの作文をはめこんでいくという形で書くことにした」という点にある。「自由な想像」で書かせるとはいっても、全てを自由に書かせるというのでなく、原文に乗り掛からせて原文の内容を踏まえて想像させるという方式が子どもの実態を踏まえた無理のない実践となっているのである。

青木は、この学習が子どもたちに非常に歓迎されたと述べている。

そして、その理由については、「たぶん、文章をきっかけにして、自由に、想像の翼を広げて読むこと、それを書いているうちに、自分で物語を作りだしているような錯覚をもち、それがこの学習を楽しくしたのではないか[13]」と分析している。

ところで、青木は、このような「読み広げるための作文」のことを、昭和五十五年十月に刊行した『表現力を育てる授業』（明治図書）の中では「再話作文」と命名し、別に「書き足し」作文、「書き広げ」作文などという呼び名も使用している。また、青木はこれらを一括りにして「フィクション作文」とも命名している。

なお、右の「書き足し」「書き広げ」というネーミングは、後に「第三の書く」の中でも取り上げられて使用されていく用語である。

また、「フィクション作文」という用語も、平成十一年十月に刊行された『子どもが甦る詩と作文─自由な想像＝虚構＝表現─』（国土社）の中では、より包括的な用語として使用されている。

「フィクション作文」に関しては、本書の第Ⅱ部第Ⅲ章で考察を加えているので、ここでは言及しないことにする。

五　「読み深めるための作文」指導の実際

次に、「読み深めるための作文」指導の実際について見ておくことにする。

ここで取り上げる実践は、二年生の二学期の教材「かさじぞう」を使って行われている。

青木は、この「かさじぞう」の読解における「読み深めるための作文」指導について次のように述べている。(14)

ところで、地蔵にかさをかぶせ、雪まみれになったおじいさんが、いえに帰ったところを読んでみると、こう書いてあります。

おばあさんも、この話をきいて、

「それは、いいことをなさった。」

といってよろこんでくれました。

わたしは、ここまで、かなりていねいに指導してきました。しかし、はたして、それが子どもたちの学習と、よくとけ合って、期待したほどに理解されているか、それを知りたい、いや、もっと積極的な意味では、ここでたちどまって、子どもたち自身の力で、めいめいの読みを深めさせてみたい、わたしはそんなことを考えたのです。そういう指導意識をもったわたしの目にとらえられたことば、それは、「この話」という一語です。これは、帰宅したおじいさんが、おばあさんに話した、話に代わることば、それを、省略して述べていることばなのです。わたしは、子どもたちに、こんなことを話しました。

「この話」と書いてあるが、おじいさんは、おばあさんにどんな話をしたのだろう。この文に書いてあること、いままで勉強してきたことをもとにして、おばあさんにこんな話をしたのだと思う通り書いてごらん。

青木がここで取り入れた趣向は、「子どもたちをおじいさんの立場に立たせ、おじいさんの経験（物語そのもの）、をうまくおばあさんに話させる、それのためには、改めて文章を、自力で、読み深めなければならない」というところにあった。その狙うところは、これまで丁寧に行ってきた読解学習の成果を確かめ、さらに子どもたち自身による「読み深め」を行わせるというものであった。

子どもたちが書いた作文で最も多かったのは「ト書き（説明）のはいった形の作文」であり、次に多かったのは「対話体」の作文だったようである。青木が紹介しているこの「対話体」の作文の一つを後半部分のみ取り上げてみよう。(15)

あー、あの村はずれのじぞう様ですか。ええ、よう知ってます。それじゃあ、あのじぞう様にかさをあげたのですかな。

そうなのじゃ。じぞう様は、わしが
「おきのどくなことじゃ」
といったら、にこっとなさった。わしはとてもうれしくなって、かさをかぶせてあげようとしたのじゃ。でも、どうしたと思う。ばあさんや？
さあ、わからんなあ
それはまあ、かさのかずのことなのじゃが、きのうは五つしか作らなかったからなあ、じぞうさまのかずに、一つたりなかったのじゃ。そこで、わたしのをあげたら、じぞう様はなあ、えしゃくをしてくれたんじゃよ。わしはとても、もったいなくてなあ。
それはいいことをなさったなあ、じいさん。

青木は、この作文の中で、「おきのどくじゃ」といったら、「にこっとなさった」という箇所や、かさをかぶせようとした時に「えしゃくをしてくれた」という部分にこの子の「すぐれた解釈」や「読みの深さ」があらわれていると分析を加えている。

青木は、子どもたちが書いたこのような作文を取り上げながら、彼らが「この物語を自分の身近にひきよせ、自分の体温であたためながら読んで」いると捉え、こうした読みを成り立たせるためには、話し合いの授業だけでは不十分で、やはり作文が有効であったと考察している。

この「読み深める作文」も、先の「読み広げる作文」と同様に、読むことと書くことを一体化することで、想像的・創造的に読みかつ書くことを促し、国語教室を活性化させることに寄与していると見なすことができよう。

六　「書きながら読む学習」の副次的効果

青木幹勇は、「書きながら読む学習」の副次的な効果として、「書写力、文法力への波紋」「作文力への波紋」の二点を取り出している。

前者の「書写力、文法力への波紋」に関しては、「文字を書く力、書写能力の向上」「書写の速度が伸び」てくること、「書くということの抵抗感がとれて、子どもたちが筆まめになるということ」「書くことの適応能力が伸びること」（いろいろな書く場にふさわしい書き方ができるようになること）、そして、「文型、文脈の習得」「文の長短」に関する理解、「文における語と語の順序、関係」に関する理解、その他、「助詞『は・へ・を』の表記」「修飾、被修飾の関係」「接続詞のはたらき」「倒置、対句などの特殊な表現法」「文末部の変化・表現性」「正しい送りがなや、記号の使い方」[16]などに関する理解、などが挙げられている。

一方、後者の「作文力への波紋」に関しては次のように述べている。[17]

> 生活のにじみでた作文、生活をかみしめている作文、自然や、社会事象の認識過程の読みとれる作文、自己改造を意識した作文、社会なり、人間性を批判的に見ようとする作文、というような、巨視的な評価。一方また、文字や表記は正しいかどうか、文法や表現はどうかなどというような、どちらかというと、作文技能の面に視野をしぼった評価など、それは作文指導者の指導意識によっていろいろでしょう。それはとにかくとして、わたしは、作文指導のもっとも基本的なことのひとつとして、個々の文、ひとつひとつのセンテンスが正しく、明快に書けるということをとりあげたいと思います。

青木は、「作文指導のもっとも基本的なことのひとつとして、個々の文、ひとつひとつのセンテンスが正しく、明快に書けるということをとりあげたい」と述べて、「文節から文節へのつながり」「文と文の脈絡」「個々の文の叙述可能の限界」などが分かってきて、「作文以前に、文の意識、認識がたしかになってくる」ということを挙げている。

さらに青木は、これまで見てきた「書きながら読む」ことについて、次のように述べている。[18]

以上、書くことの指導の、作文学習への二次的展開を書きましたが、実は、わたしの指導、すなわち「書きながら読む」は、単に、他人の文章を書写するという他律的な書写行為ではないのです。

○問題を書く
○自注を書く
○読み広げるために書く
○読み深めるために書く
○読みまとめるために書く
○読解研究のレポートを書く

というように、すでに、作文そのものといってよい学習内容をもっているのです。いわゆる生活作文的作文ではありませんが、単なる受け身の作文でもありません。ですから、「書きながら読む」ことすなわち、「作文しながら読む」ということにもなるのです。

要するに、青木の「書きながら読む」学習の中には、「作文しながら読む」学習への発展が意図されていたというわけである。

青木はまた、「わたしの指導した子どもたちは、読解学習の中から、作文へのヒント、手がかりを見つけて、作文への素材開拓を見せてくれました」と述べて、それは「いってみれば、学習の発展としての作文、教科の学習を素材とした作文ということになりましょう」と捉えている。

この「教科の学習内容、学習経験の作文化[19]」という考え方は、後に輿水実が提唱していくいわゆる「学習作文[20]」の考え方に通じるものであり、これに先行する提唱となっている。青木のこの考え方に基づく実践は、従来のいわゆる「生活作文的作文」とは異なる新たな作文指導への地平を切り開くものとなっていると判断することができよう。

注

(1) 青木幹勇著『問題をもちながら読む―読解指導の改革―』昭和三十九年三月、明治図書、四四頁。
(2) 同前書、一六〇～一六九頁。
(3) 内藺雄児稿「書くことを読解指導に導入する―芦田恵之助と青木幹勇―(1)～(3)」(青木幹勇編『国語教室』二二四六～二二四八号、平成三年十一月～平成四年一月)。
(4) 青木幹勇著『書きながら読む』昭和四十三年二月、明治図書、〈まえがき〉より。
(5) 同前書、二五頁。
(6) 同前書、三十頁。
(7) 同前書、三四～三五頁。
(8) 同前書、四六～四七頁。
(9) 同前書、六十頁。

（10）同前書、六五〜七五頁。
（11）同前書、七六〜七七頁。
（12）同前書、一〇五〜一〇六頁。
（13）同前書、一〇九頁。
（14）同前書、一二一〜一二三頁。
（15）同前書、一二三〜一二四頁。
（16）同前書、一六〇〜一六二頁。
（17）同前書、一六七頁。
（18）同前書、一六九頁。
（19）同前書、一七二頁。
（20）輿水実指導／山梨北巨摩国語研究サークル著『学習作文の指導と文例』昭和五十三年六月、明治図書。

第Ⅱ章　青木幹勇国語教室における「第三の書く」の提唱

一　「第三の書く」提唱の背景

1　国語科授業における「書くこと」の強化とその組織化

青木は国語科授業において「書くこと」の活動を強化すべきことを訴えて次のように述べている[1]。

わたしの主張する「書くこと」というのは、単なる文字の練習ではありません。また、それがそのままいわゆる作文でもないのです。わたしのいう「書くこと」は、聞くこと、話すこと、読むこと、そして作文の学習を支える「書くこと」なのです。

「書くこと」には、さまざまなバリエーションがあります。ですから、この「書くこと」を、理解の学習、さらには表現の学習に生かすことができるのです。

国語科の指導における関連的指導がにぎやかにとりざたされていますが、それを確かなもの、充実したものにするには、この書くことのはたらきを生かすことが不可欠であると思います。

このように考えるわたしの目で見た公開の授業、その公開授業での、「書くこと」が何と粗末に扱われていることでしょう。多くの授業が「書くこと」を遠ざけ、嫌い、恐れているのではないでしょうか。このような状況は、公開の授業だけではありますまい。いや、これは、平生の授業で、それが丹念に指導されていないことの証明だとみることができます。

「書くこと」が、このように放置されているのはなぜでしょう。

一般に授業の中での子どもたちの筆写速度や、文字の巧拙はまちまちであり、それを調整しようとすると時間の空費になる。そんな非能率なこと、そのために、授業をつまずかせるような危険なことは避けておこう。「書くこと」に何ほどか指導（学習）の価値はあるにしても、浪費と危険をおかしてまで、それを授業に仕組むことはないという、こんな考え方が瀰漫しているのではないでしょうか。

「書くこと」には、大なり小なりこのような忌避、敬遠の意識がついて回っていると思います。これはおそらく「書くこと」の価値意識を欠き、指導の手順を深く追究しようとしないところに根ざした誤りだと思います。

「書くこと」のない授業は、多くの場合、限られた子どもたちを対象にした読むこと、発問（問答）、話し合い、だけで展開されていますが、そういう授業で、学級全員の言語能力を育てることはおぼつかないと思います。

書く力は、「書くこと」の学習によらなければ育ちません。書く力の伸びてくることによって、それを、読むことへ、聞くこと話すことへ、さらには作文活動へと広げ、その学習を確かなもの、みんなのものにしていけるのです。「書くこと」を授業にとりくむことをせずに、書く力が伸びるはずはありません。

青木幹勇は、「書くこと」の活動を読解学習のさまざまな場面に積極的に導入することを通して、やがて「書くこと」に「さまざまなバリエーション」があること、しかもそれらの「書くこと」が「聞くこと、話すこと、読むこと、そして作文の学習を支える」極めて意義のある活動であることに気づいていく。

2　「脱発問」の方法的展開の一つとしての「第三の書く」

なお、青木の「第三の書く」の概念形成に至る重要な契機として「脱発問」の方法的展開があったことは広く知られている。このことに関して、青木は次のように述べている。[2]

わたしのすすめる視写、これを、十分も続けていると、参観者の大方は、退屈とはいわないまでも、所在ない時間になっていると思います。授業者にはこれが気になるのです。子どもたちを疎外するというのではありませんが、参観者にアピールする、少なくとも参観者を退屈がらせない授業をと考えます。となるとやはり、発問によって、子どもたちの学習を触発し、にぎやかな反応をねらった授業が構想されるでしょう。このところしばしば、話題にされている、発問によって学習をもりたて、エキサイティングな、山場（あまり好ましいことばではない）のある授業、こういう授業がもくろまれることになります。

わたしはそういう授業を構想することをここで問題にしようとは思いません。問題にしたいのは、このように、発問を授業に手軽に引込んでくる、そして、その発問が授業の中で非常に効果的であると考えられていること、そのために、公開の授業ではもちろんのこと、平生の授業の中にも、どんどんとり入れられてきて、発問が常に展開の主軸になっている。ことばをかえれば、多くの授業、特に読むことの指導が、ほとんど、この発問依存のパターンですすめられているということの事実、これを問題にしなければならないと思うのです。

わたしはまだそういう授業に出会いませんが、右のような発問中心、発問依存で一時間をぶっ通すような授業があるでしょう。わたしも、ひところ、この手の授業に没入し、これで、この授業がかなりの線にいっているなと自負をもっていたことがありました。

しかし、そういう授業が、ほんとうにいい授業かどうか、たしかに参観者にもてはやされやすい授業であるかもしれませんが、それが、子どもたち一人一人に浸透していく授業、つまりどの子も、その学習に集中できていたかどうか、何人かの応答者が、にぎやかに話し合い、学習がもり上がっているかに見える授業ではあっても、大多数の学習になっていると保証できたかどうか、それは疑わしいものでした。いや、この発問依存の授業が、理解力の充実、ことに表現力の向上にはさほど効果的ではないことがわかってきたのです。

洗練された効果的な発問は、授業展開に不可欠の手段だとはいえますが、この手一つが決め手ではありません。また、どんなにすぐれた発問にも限界があることを知るべきだと思います。現在国語教室にみられる発問過信は猛省されなければなりません。

この中で青木は、多くの授業が「発問依存のパターンですすめられている」という事実を問題として指摘している。青木には、発問中心で進められる授業に対して、「子どもたち一人一人に浸透していく授業、つまりどの子も、その学習に集中できていたかどうか、何人かの応答者が、にぎやかに話し合い、学習がもり上がっているかに見える授業ではあっても、大多数の学習になっていると保証できたかどうか、それは疑わしいものでした」という認識があった。

そこで、青木は、「終始発問で引回す授業」ではなくて、「一人ひとりが、考える時間をもち、他にとらわれず想像をひろげられるような学習を確保してやることが望ましい(3)」と考えていくことになるのである。

このようにして青木は、国語教室に「書くこと」の活動を導入する必要性を主張し実践を積み重ねつつ、かれこれ二十年ほどの歳月を費やしていくうちに、やがて「第三の書く」の実践理論を提唱していくことになるのである。

この実践理論は、昭和六十一年八月に『第三の書く―読むために書く　書くために読む―』（国土社）という著書にまとめられて世に問われることになる。

二　「第三の書く」のネーミングとその概念化・体系化

ところで、青木は「第三の書く」という用語のネーミングに関して、つぎのように述べている。[4]

仮りに「書写」を「第一の書く」とすれば、作文は「第二の書く」ということになります。普通、「書くこと」といえば、前二者が、「書くこと」のすべてだととらえているのではないでしょうか。

しかし、心ある教師たちの授業の中には、前二者とはちがう「書くこと」が行われていることがあります。ただしその「書くこと」は、まだ指導の対象とするほどに、はっきりした存在にはなっていないのです。ですから、一般の教師たちには、授業における生かし方や、その機能及び価値の認識に欠けることがあると思います。

しかし、第一、第二の「書くこと」とは、ちがった「書くこと」の存在は、これを指摘すれば、だれにも、すぐにわかることです。たとえば、聞きながらメモをとる。ここはと心をひかれた文章を書き抜くなど、この種の書くことは、作文というほどのことでもなく、もちろん文字の練習でもありません。何となくつかみどころのない「書くこと」なのですが、学習や、指導の中には、確かに行われている「書くこと」なのです。わたしは、このような「書くこと」、これを「第三の書く」と名付け、この書くを、次の図のようにまとめてみました。

表1　書くことの三態

一　書写（習字）

聞く　話す　読む　言語事項

二　作文

三（第三の書く）

○視写
○聴写
○メモ
○筆答
○書抜き
○書込み
○書足し
○書広げ
○書替え
○書きまとめ
○寸感・寸評
○図式化
○その他

表2　「第三の書く」とその体系化

総合	展開	基礎
書くために読む	**読むために書く**	
書替え（作文化） ○物語（変身作文） ○詩歌（散文化） ○説明（伝達　解説） ○伝記（本作り） ○その他	メモをとる 聴写をする 筆答を書く 書抜きをする 書込みをする 書足しをする 書きまとめをする 質問・意見・感想 図式化 その他	視写をする
文章の総合的理解 ●豊かに読む ●想像を加えて読む ●主体的な読み ●表現力の充実	**読むことの方法を学ぶ** ●いろいろな書くを生かした確かな読み ●文、文章に密着して読む力	●書き慣れる ●速く書ける ●確かな読み ●文字、語句、表記、文法など

右の青木の言によれば、「第三の書く」とは、従来「書くこと」の活動と考えられてきた「書写ー習字」を「第一の書く」とし、「作文」を「第二の書く」として、その次にくる「視写」「聴写」「メセ」「筆答」「書抜き」「書込み」「書足し」「書広げ」「書替え」などの諸々の書く活動に対して与えられたネーミングということになる。

ところで、これらの「第三の書く」としてのさまざまな活動の多くは、これまで見てきた「書きながら読む」学習指導の実践の中に出現してきている。

これらの活動の中の「視写」について、青木は、「第三の書く」を提唱する二十年ほど前の昭和四十五年頃までは、「書写」と呼んでいた。それが、昭和五十五年に刊行された青木の『表現力を高める授業』という本の中では、「書写」と「視写」という用語が同時に出現している。

つまり、青木がいう「書写」とは、「第一の書く」としての習字の「書写」のことではなく、「主として文章の視写」のことを指していたわけである。

三　「第三の書く」の基礎過程としての「視写」

ところが、「第三の書く」を提唱するに際して青木は、「読むために書く」活動としての「視写」の独自の意義を強調するために、習字としての「書写」と「視写」とを明確に切り離す必要に迫られたのである。そして、習字としての「書写」を「第一の書く」に位置づけ、「読むために書く」活動としての「視写」を「第三の書く」活動の一つとし、しかも「第三の書く」の基礎過程という極めて重要な位置を与えたのである。

青木は、「第三の書く」としてのさまざまな書く活動を効果的に行わせるために、この「視写」の活動における「慣れ」と「筆速」とを身につけさせることを実行している。[5]

これら（＝「第三の書く」・大内注）の書くは、学習の随所に生かされて、その学習を効果的にするものですが、そのようなはたらきをもった「書くこと」は、いつでも、どの子にも、すぐにできるというわけにはいきません。まして、このような書く学習は、聞くこと、話すこと、さらには、読む学習と、同時に並行して行おうとするものですから、そういう学習に即応できる「慣れ」と「筆速」を必要とします。

「慣れ」と「筆速」をもたらす指導の過程を踏ませず、授業中にいきなり書かせようとすると、たいていは失敗します。すでに述べたように、「書くこと」の忌避、敬遠の原因の多くがここにあります。

「書き慣れ」と「筆速」をどうして身につけさせるか、わたしは、その指導に「視写」をとりあげてきました。

なお、この「筆速を高める指導法」に関して、井上敏夫は「とくに意識して、その指導の方法を提示された方が、今まであったかどうか、私はまだ聞いたことがありません」と述べて、「今まで当然なすべくして、実行して来なかった国語科教育の盲点を衝くものとして、清新な驚きをもって読まれるでしょう[6]」と評価を下している。

青木の「視写」の活動における「慣れ」と「筆速」とを身につけさせようとの提案は、戦後の国語科教育の在り方に一石を投じる意義を有しているものと判断される。

四　「読み手」から「書き手」への転回としての「書替え」

1　学習を「個別」化し、一人ひとりの「考える時間」を保証する「書替え」

青木の「書きながら読む」学習指導の実践から「第三の書く」の実践へと発展する中で大きく変化した部分がもう一点ある。

それは、「書きながら読む」実践の中に見られた「書込み」「書足し」「書広げ」などの書く活動に加えて「書替え」という活動が取り入れられている点である。

しかも、この「書替え」という活動は、「第三の書く」の中では「総合」段階に位置づけられている。

この「書替え」は、「読むために書く」という〈読むことの学習〉を中心とした方向から、「書くために読む」という〈作文学習〉に比重をかけたその部分に位置づけられているのである。

青木はこの「書替え」という活動について次のように述べている。(7)

書替え
- 物語教材―変身作文
- 説明文教材―伝達、解説作文
- 詩歌教材―散文化
- 伝記教材―本にする
- その他

「書替え」というのは、子どもたちめいめいが、教材を読み、その理解や想像によって、教材文を書き替えてみる学習です。書替えをすることによって、読みを確かにし、読みを深めていきます。各自独自な想像

を付加して、書替えの文章を豊かなものにしていきます。したがって、この書替えは、

書くために読み、読むために書く

という個別の学習活動で、発問に引回され、応答に汲々とする学習とは、全然ちがいます。各自が教材に没入して読みます。ひと通り読みすすめたら、そこで反転して、書き手の立場になるのです。ここが非常に大事なところです。この学習のポイントです。

国語教室のすべてといっていいでしょう。そこで読むことを学ぶ子どもたちは、常に「読み手」なのです。「感想を書く」「作者や登場人物に手紙を書く」などという、学習も、読み手の位置、読み手の意識で書いています。

「書替え」は、「読み手」から「書き手」へ百八十度の転回をという発想です。子どもが教材文の書き手になるのです。発問によるせわしない、上すべりの学習、上位の子どものおしゃべりの中での学習から解放され、たとえていえば、個々の机の上に電燈をともし、その静かな明りの中で、読みかつ書くという学習に集中沈潜するのです。

右の文言の中で青木は「書替え」という活動を、「子どもたちめいめいが、教材を読み、その理解や想像によって、教材文を書き替えてみる学習です」と規定し、「『読み手』から『書き手』へ百八十度の転回をという発想です」と述べている。

要するに、「書替え」の活動は、「第三の書く」の中の「視写」「聴写」「メモ」「書抜き」「書込み」「書足し」といった書く活動と比べると、学習の方向を〈読むことの学習〉から〈作文学習〉へと百八十度転回させる契機を孕んだ書く活動であるということになる。「書替え」という活動が「第三の書く」の中でも極めて特異な存在

であることを物語っていると言えよう。

青木は、この「書替え」の活動について、「物語教材─変身作文」「説明文教材─伝達、解説作文」「詩歌教材─散文化」「伝記教材─本にする」などの方法を提案している。

2　「ストーリーをなぞ」りながら他者の視点に立って書く

ここでは、右の方法のうち、「物語教材」を用いての「書替え」の活動、いわゆる「変身作文」と呼ばれた指導方法について見ておこう。

この方法について青木は次のように述べている。(8)

「書替え」は、読み手、学習者が登場人物中の一人になるのです。たとえば、「ごんぎつね」の場合ですと、「ごん」または、「兵十」になります、仮りにごんになったとすると、ごんは「ぼく」「おれ」などという呼称に変わってストーリーが展開するのです。

「かさこじぞう」ですと、おじいさんになるのがおもしろいでしょう。もしこのように書替えられると「おじいさん」と書かれているところが、「わし」「おれ」「わたし」などとなり、おばあさんに呼びかける場合、「ばあさんや」「おまえさんは」というように変わります。

物語の「書替え」といっても、ストーリーは、そのままにします。ストーリーまで崩すと、教材文そのものが変わってしまいます。

ストーリーはそのままにしますが、書き手（学習者）の理解や想像によって、必然性のある多少の脱線はいいことにします。というわけですから、すでに、おわかりのように、この「書替え」は、読み手の子どもが、ストーリーをなぞることです。といって、これは視写とはちがいます。子どもは、登場人物になって書くのですから、ストーリーの中に入りこむことになるのです。物語を内側からみることになるといってもいいでしょう。なぞるといっても、教材文そのままを写すわけではないのです。読み手としての理解や想像を加え、こう書こうというねらいをもって書いていくのです。その場合どのように書くのか、教師の説明による指導も必要ですが、一部分でいい、教師が手引き（モデル）を用意しておくといいでしょう。何回か書いているうちには、子どもたちの中から、おもしろいものが生まれますから、それを生かすこともできます。

ある教室で、物語の「書替え」を指導したとき、「これは、みなさんが、登場人物、たとえば、ごんぎつねや、おじいさんなどに変身することだな」と説明したことがあります。つまりこの「書替え」は「変身作文」なのだというわけです。ちょっと奇抜な呼び方ですが、子どもたちには、「そうか、変身か！」と非常にうまくわかってもらえました。

変身作文を書くためには、まずめいめいの目と心で、作品をよく読まなければなりませんし、また、変身して書いてみると文章がいっそうよく読めてくるのです。

（中略）

世間には、この、ストーリーをなぞるという学習に疑問をもたれたり、反撥を感じたりする方がおられると思います。

そういう人は、子どもの書くものにオリジナリティーを求めようとする傾向の強い方でしょう。それはそれで私も認めます。それぞれの子どもが、豊かな解釈をもち、独自性のあるものが書けること、それは大いに望むところですが、それをどの子にも、またどんなものを書いた場合にもと、期待することはできますまい。

日常の経験を作文にすることにあきたらず、子どもたちに「お話を作る」というような作文を書かせてみることがあります。子どもたちは自由奔放に、きっとおもしろいお話を書いてくれるだろうと期待してみますが、多くの場合、この期待ははずれます。子どもは詩人でもなければ作家でもありません。子どもの想像力といっても底は浅いのです。

ここでは、教材「ごんぎつね」を用いた場合、「ごん」または「兵十」に変身してお話が作られることになる。この場合、原則として「読み手の子どもが、ストーリーをなぞる」形をとらせているところがポイントである。ストーリーをなぞりながら他者の視点に立って書くところに特徴がある。

しかし、原教材をなぞる形を取りながらも、そこに「読み手の理解や想像を加え、こう書こうというねらいをもって書いていく」のである。

なお、青木は、「ストーリーをなぞるという学習」に対する世間一般の人々の疑問や反発に対して、「子どもの書くものにオリジナリティーを求め」ても、「多くの場合、この期待ははずれ」るものであると指摘している。「子どもは詩人でもなければ作家でも」ないので、「子どもの想像力といっても底は浅い」のだというわけである。

青木のこの指摘は、子どもの想像力や表現力の実態を的確に捉えた言葉として肝に銘じておかなければならないことである。

3　ジャンルの変換（＝表現機能の変換）による思考の屈折・思考の集中

また、青木は、「説明文教材」の「書替え」の指導方法についても次のように述べている。(9)

説明的な文章の学習にも「書くこと」は大いに導入していきたいものです。視写や、抜書き、要約などは広く行われていて、書かれている事実や事象その他の理解だけでなく、語句や文、文章の構成などの指導にも生かされていると思われます。

ただこの種の教材文に対応する読み手は、「なるほど」「そういうわけですか」「わかりました」というような受身の姿勢で読むことが多いのではないかと思われます。

この読みの姿勢、これはこれで大切だと思いますが、読みすすめた段階では、この受身の読み手から一転して、書き手に回った説明者になる、そういう学習指導を試みてみてはどうでしょうか。その学習の一つは、読み手として理解したことを、説明しやすいように「書替える」ことなのです。これは説明的な文章をおもしろく読ませる新しい指導法です。

「自転車の歴史」（G社四年上）という説明的な文章があります。題名の通り、自転車の発達が説明されています。これを発達の順序に従って読むことは、どの教室でも行われるでしょう。

わたしは、一通りこのような学習の終わったところで、子どもたちを読み手の立場から、話し手、「自転車の歴史」の解説者にさせてみようと思います。

その場合この文章、この記述内容を、家族（父母、弟妹など）に話すというような設定にしてみます。話すとなると、教材文の理解が十分にいきとどいていなければなりません。特に自転車の進歩過程における、工夫、発明のポイントが、よくわかっていないと聞き手を納得させることができないでしょう。となると、教材文を前に置いて、自分だけわかる、わかったという読み方では不充分ですし、不安です。語り手の立場で読み直し、読み深めなければなりません。そのためにどうするか、子どもたち各自に、解説用の文章を書かせてみることにしてはどうでしょう。もちろん、教材文を下敷にしていいのです。しかし、解説者の立場でうまく解説するために書くのですから、原文の丸写しではおもしろくありません。解説者の独自な理解や想像が加わってもいい、ここは大切なところだと考えれば、そこをていねいに話すように書くわけです。

いうまでもなく解説を書くためには、自分だけがわかればいいという読み方よりも、ずっと念入りに読まなければなりません。もし理解の不充分なところがあれば、友人や教師に当たって明らかにしておくことも必要でしょう。

ここで青木は、説明文の「記述内容を、家族（父母、弟妹など）に話すというような設定」にして、「子どもたち各自に、解説用の文章を書かせてみる」という実践事例を紹介している。説明文を読み進めた段階で「受け身の読み手から一転して、書き手に回った説明者になる」という試みである。

この実践事例でも注意すべきは、ただ単に教材を正確に理解させることにとどまらずに、「解説者の独自な理解や想像が加わってもいい」とされている点である。

説明文教材を用いての「書替え」活動においても、やはり、確かな読みから豊かな想像的な読みへの転回が求められている。しかも、その豊かな想像的な読みへの転回も「自分だけわかればいいという読み方」でなく、「ずっと念入りに読」むことによって行われることが強調されている点も見逃してはなるまい。

こうした「書替え」という活動には、「物語教材」の場合も「説明文教材」の場合も、他者の視点に転換したり、ジャンルを変換させるといった〈ひねり〉が加えられている点に注目すべきであろう。

ジャンルを変換させることは、子どもの作文活動に変化を生じさせ、子どもの目先も変えることになる。しかも、表現機能が変換されることから、子どもの思考に屈折が生じる。作文活動の変化や思考の屈折は、子どもの思考の集中を促し、国語科授業を活性化させることにも寄与していくはずである。

なお、この「書替え」という活動の作文学習としての意義については、拙編著『書き足し・書き替え作文の授業づくり』（『実践国語研究』別冊　一五六号、平成八年二月、明治図書）及び拙著『作文授業づくりの到達点と課題』（平成八年十月、東京書籍）、及び拙稿「『フィクション作文』の魅力を探る（四）―『物語を読んで物語を書く』授業―」（青木幹勇編『国語教室』三二九号、平成九年十二月）においても実際の実践事例を踏まえて詳しく考察を加えている。併せて参照して頂ければ幸いである。

五　「書くこと」の活動を導入した国語科学習指導の意義

最後に、青木幹勇国語教室に「書くこと」の活動が導入されたことによってもたらされた意義についてまとめておこう。

一つ目は、戦後の国語科教育における読解学習が見落としていた「書写」（青木はこれを「文章の視写」の意味で使用した）や「自注」などの「書くこと」の機能を拡大して捉え、これを積極的に導入したこと、また、「作文を書きながら読む」という指導方式をとることによって、「読むこと」「書くこと」「考えること」との一体的な関連を実践的に明らかにしたことである。この発想には、かつて井上敏夫が指摘したように、「生きた総合的な言語活動重視の学習指導法」としての「国語科における単元的学習指導法」[10]の一つの在り方が示唆されていると判断される。

二つ目は、「書くこと」の導入を経て「第三の書く」の理論に発展させるに及んで、従来の「書写」「作文」の他に、「視写」「メモ」「書足し」「書替え」などの多様な書く活動を「読むことを支える書く活動」として明確に位置づけたことである。その際に、「視写」を「第三の書く」の基礎過程に位置づけて、「書くこと」の活動への「慣れ」と「筆速」とを身につけさせる方途としたことも意義深いことであったと判断される。

三つ目は、「読み広げ」「読み深める」ための「書足し」などの活動を通して、作文の素材を読解学習の中から開発する可能性、いわゆる「学習作文」への発展の可能性を実践的に切り開いたことである。

四つ目は、「第三の書く」の提唱に際して、新たに「書替え」という活動を導入し、学習の方向を〈読むことの学習〉から〈作文の学習〉へと百八十度転回させる契機としたことである。また、この「書替え」という活動に含まれる学習者の視点の転換や表現機能の変換という操作が、学習者の思考の屈折や思考の集中を生み出し、国語科授業の活性化に寄与したと判断されることである。

注

(1) 青木幹勇著『表現力を高める授業』昭和五十五年十月、明治図書、〈まえがき〉より。
(2) 青木幹勇著『第三の書く―読むために書く　書くために読む―』昭和六十一年八月、国土社、一一八～一二〇頁。
(3) 同前書、一二四頁。
(4) 同前書、十二～十五頁。
(5) 同前書、三八～三九頁。
(6) 井上敏夫稿「巻末に寄せて」(同前誌、一九七頁)。
(7) 同前誌、一二五～一二六頁。
(8) 同前誌、一二八～一三〇頁。
(9) 同前誌、一六七～一六九頁。
(10) 井上敏夫稿「書くことを楽しむ授業」(『青木幹勇授業技術集成2』昭和五十一年四月、明治図書、二九五頁)。

【青木幹勇国語教室における「書くこと」及び「第三の書く」に関する先行研究文献一覧】

①井上敏夫稿「書くことを楽しむ授業」（『青木幹勇国語授業技術集成2書きながら読む』昭和五十一年四月、明治図書）。
②広瀬節夫著『国語科授業構築の原理と方法』昭和六十二年六月、溪水社（「Ⅱ　国語科授業過程の考究　二　文学教育の授業過程　8『問題をもちながら読む』授業」）。
③内藺雄児稿「書くことを読解指導に導入する―芦田恵之助と青木幹勇―A」（青木幹勇編『国語教室』二四六号、平成三年十一月）。
④内藺雄児稿「書くことを読解指導に導入する―芦田恵之助と青木幹勇―B」（同前誌、二四七号、平成三年十二月）。
⑤内藺雄児稿「書くことを読解指導に導入する―芦田恵之助と青木幹勇―C」（同前誌、二四八号、平成四年一月）。
⑥内藺雄児稿「青木幹勇先生の読解指導　その一」（同前誌、二四九号、平成四年二月）。
⑦内藺雄児稿「青木幹勇先生の読解指導　その二」（同前誌、二五〇号、平成四年三月）。
⑧内藺雄児稿「青木幹勇先生の読解指導　その三」（同前誌、二五一号、平成四年四月）。
⑨大内善一稿「視点を転換させて書く作文の授業―他者の視点に立って書く―」（『実践国語研究』一三二号、平成五年十・十一月号、明治図書）。
⑩大内善一著『思考を鍛える作文授業づくり』平成六年六月、明治図書、（「第Ⅴ章　第五節　視点を転換させて書く作文の授業　1　他者の視点から物事を客観的に見つめる」）。
⑪大内善一編著『書き足し・書替え作文の授業づくり』（『実践国語研究』別冊、一五六号、平成八年二月、明治図書）。
⑫大内善一著『作文授業づくりの到達点と課題』平成八年十月、東京書籍、（「第Ⅱ章　作文学習の裾野を広げる作文授業づくり　第二節『第三の書く』の検討」）。
⑬廣瀬節夫・沼津国語同好会著『「書く」のひろがり「書く」のたのしさ―生き生きとした読みをつくる授業の構想と展開―』平成八年十二月、私家版。
⑭広瀬節夫著『子どもの読みを育てる文学の授業』平成九年六月、溪水社、（「Ⅲ　子どもの読みを育てる―「視写」を生かした読みの授業の展開」）。

第Ⅲ章　「フィクション作文」の魅力を探る

一　「フィクション作文」の発想の原点

青木幹勇が九三歳で他界する五年前に著した『子どもが甦る詩と作文―自由な想像＝虚構＝表現―』（平成八年十月、国土社）は、青木がここ十年来実践的に提唱して来た「虚構作文＝フィクション作文」に関する入門書である。

青木は、この書の「おわりに」のところで次のように述べている。[1]

　子どもたちの作文から、遠ざけられ、子どもの表現意識の中に、閉じこめられてる、フィクションの世界に着眼し、その解放を試みてみました。

　それは、わたしにとって大きな冒険でしたが、手順を踏み、模索を乗り越えて、現在ここまで歩を進めてきました。

「フィクション作文」への着眼は、長い「リアリズム作文」の歴史に照らしてみればまさに歴史的な出来事と言える。

この小論ではまず、青木がどのようにして「フィクション作文」の発想を育んできたのかを探っていくことにする。

なお筆者は、以前から青木のこの「フィクション作文」に注目し何度か考察を加えてきた。主として作文教育における〈想像〉という教育内容に視点を据えた考察であった。

そこで、青木の「フィクション作文」に関する筆者のこれまでの考察を踏まえつつ、改めて「フィクション作文」の発想の原点を明らかにしておきたい。

青木は、その著『第三の書く―読むために書く　書くために読む―』（昭和六十一年、国土社）の中で「書替え」という学習方法を提案している。子どもたちが「教材を読みその理解や想像によって、教材文を書き替えてみる」という方法である。

青木は、この「書替え」の方法を理解教材の種類によって次のように分類している。[2]

書替え
- 物語教材―変身作文
- 説明文教材―伝達、解説作文
- 詩歌教材―散文化
- 伝記教材―本にする　その他

上の原教材を下のような作文に書き替えさせるというものである。

「物語教材」の場合は、「読み手、学習者が登場人物中の一人になる」のである。

例えば、「ごんぎつね」の場合だと、「ごん」または「兵十」に「変身」してお話を作らせるのである。

この場合、原則として「ストーリーをなぞる」形を取らせているところがポイントである。

しかし原教材をなぞる形を取ってはいても、書き替えられる内容には「読み手の理解が顔をのぞかせて」いて、さらに「読み手の想像」による「潤色[3]」がなされている点に注目すべきである。

〈書く〉という活動の導入を通してより深く読む、より豊かに読むことが目指されている。

つまり、ここには「理解と表現の一体化」が具現化されているのである。

青木は、「ストーリーをなぞるという学習」への世間一般の人々の疑問や反発を予想して、「子どもの書くものにオリジナリティーを求め」ても、「多くの場合、この期待ははずれ」るものであると指摘している。

「子どもは詩人でもなければ作家でも」ないので、「子どもの想像力といっても底は浅い[4]」のだというのである。

子どもの想像力や表現力の底を適切に推し量って、子どもなりの想像や創作の喜びが持てるようにとの配慮の行き届いた提案である。

読みの学習で、〈書く〉活動を行わせる「書替え」学習の導入は、一斉学習の中でも「一人ひとりが、考える時間をもち、他にとらわれず想像をひろげられるような学習を確保してやること[5]」を願って始められている。

近年盛んに行われるようになった「変身作文」の実践には、子ども一人ひとりの「考える時間」の保証、「他にとらわれず想像をひろげられるような学習」の確保という画期的な意義が含まれていたのである。

以上の考察を、筆者はすでに、「視点を転換させて書く作文の授業—他者の視点に立って書く—」(『実践国語研究』一二二号、平成五年十・十一月号)や拙著『思考を鍛える作文授業づくり』(平成六年六月、明治図書)の中で行っている。

二　「フィクション作文」の展開

青木は『子どもが甦る詩と作文』の中で、今日の子どもたちの生活意識、生活環境の変化を指摘し、明治末年以来、綴り方・作文教育実践の主流となってきた「リアル作文へのこだわり」から離れ、「虚構の作文」へと子どもを誘ってみてはどうかと提案している。

青木が綴り方・作文教育の常識であった「リアリズム作文」へのこだわりから離れようと提案した第一の動機は、「初対面の子どもたちとのたった一時間の授業で、どの子も虚構の詩や物語の書ける、そんな指導を何回となく経験して[6]」きたところにある。

子どもたちは、「フィクション作文」に対して、「意外なほど新鮮で、強烈な表現意欲」を示し、それは「数多くの作品[7]」によっても証明されたという。

筆者がこの「フィクション作文」の新たな展開とその可能性を知らされたのは、青木の『俳句を読む、俳句を作る』（平成四年六月、太郎次郎社）という書においてであった。

この中で筆者が特に驚かされたのは、「物語を読んで俳句を作る」という従来の作句の常識を打ち破る実践の報告であった。青木は、この実践を「物語俳句」の授業と呼んでいる。

青木は、自ら戦中・戦後と作句を続けてきて、授業の中でもしばしば俳句の指導を行って来た。しかし、満足のいく授業は一度もなかったと述懐する。

ところが、青木は「ここ数年、全国各地の子どもたちが作る俳句に目を覚まされ」ることになる。

例えば、日本航空広報部編『俳句の国の天使たち』（昭和六十三年、あすか書房）、楠本憲吉・炎天寺編『句集・

ちいさな一茶たち』（昭和六十三年、グラフ社）などに見られる子ども俳句である。

そこで、青木は「これまでの俳句教材を、新鮮にはねている子ども俳句に取り替え」たのである。また、作句の方法についても、「伝統の写生主義にこだわらず、子規も許容し、奨《すす》めている想像による味つけの表現法を工夫」していくことになる。青木が用いた趣向は「作句の入門」として「物語を手がかりにし、ここから俳句を発想するという」方法で、教材としては「子どもたちに好んで読まれる『ごんぎつね』」を取り上げたのである。(8)

筆者がショックだったのは、戦中・戦後と長い歳月を教壇に立たれてきた青木ほどの大ベテランが永年の俳句指導の果てに辿り着いた発想がこの「物語俳句」の授業であったという事実である。

俳句における「伝統の写生主義」の呪縛、従来の綴り方・作文教育における「リアリズム作文」からの呪縛、私たちがいかに大人の側からの発想、大人の思考の体制に沿った行き方に捉われてきていたかを象徴するエピソードとしても驚かされたのである。

そして、筆者はこの教材観・教育観の大転換をやってのけた青木のしなやかな発想に瞠目させられたのである。

以上の考察に関しては、拙稿「フィクション俳句づくりの発想―作文授業づくり・新面の開拓―」（『授業づくりネットワーク』平成七年十二月号）、『文章表現教育の向かう道』（田近洵一編『国語教育の再生と創造』平成八年、教育出版）などの中でも行っている。

三　フィクション俳句としての「物語俳句」

青木の『俳句を読む、俳句を作る』(平成四年六月　太郎次郎社)という書には、「第三の書く」の提唱以来の「フィクション作文」の新たな展開が打ち出されている。それは、「物語俳句」づくりの授業の提案である。

青木の「物語俳句」の「本邦初演」は、平成二年五月二九日に東京都台東区立西町小学校の六年生を対象として行われている。使用した教材は、四年生の「ごんぎつね」である。「下学年の教材を、角度を変えて上学年で活用すること」がこの実践の一つのヒットポイントである。

青木は、この「作句入門」の指導である「物語俳句」の実践に「ごんぎつね」を選んだ理由として次のような点を挙げている。要点だけを引用すると次のようになる。(9)

① この物語が、子どもたちには興味深く読まれていること。
② 俳句になる契機を多く孕んだ物語である。つまり、この物語には、俳句になるシーンがたくさんある。
③ この物語には、どこにもここにも、季語がころがっている。
④ 「花を見て作る、虫の声が俳句のネタになるのと同じ、いや、それ以上」に「その気になって読めば読むほど、そこから俳句が生まれてくる。」「巧拙はともかくめいめいに表現と理解の一体化が望めます。」
⑤ いろいろな物語を読む学習の中で、作句の経験を持たせることができますが、最初の教材としては、「ごんぎつね」が最適ではないかと思います。

以下、青木の「物語俳句」の授業の実際を主なポイントに焦点を絞って辿ってみることにする。

1　「自分にも作れそうだと思わせる」

まず、導入の段階で「子どもの知っている俳句」をたずね、その後で「子どもたちの俳句熱の盛んなこと」を話してやり、次のような子ども俳句が紹介される。

先生がたいいんしたよとんぼさん
赤ちゃんがよくわらうなあ春の風

こうして俳句づくりへの関心を持たせた後に、俳句の勉強には、「見て作る」場合と「読んで作る」場合とがあることを理解させておく。そして、この時間では「読んで作る」勉強をすることを伝え、次のような「物語俳句」の作句例を示してやる。

羽ふれて桃の花散る別れかな
コスモスをもらうお手々のごはんつぶ
神様のことなどにしてけしからん

子どもたちには、これらの俳句の拠り所となった物語を当てさせる。

2　「季語」を見つけ「季語」と「場面」をつなぐ

いよいよ「ごんぎつね」から俳句を作ることになる。始めに予め用意してきた「ストーリー表」でこの物語の復習をする。展開場面、登場人物、主な事件などをざっと辿る形で行う。

さて、作句の手始めは、「ごんぎつね」の物語から「季語」を見つけ出させる作業となる。「もず」「すすき」「ひがん花」「くり」「まつ虫」などと十個以上の季語が取り出せる。

この時に、例えば「火のように真っ赤に咲く『ひがん花』と葬式の場面」をつないで「ひがん花葬列のかね遠くから」と一句を作ってみせるのである。「季語と場面をつなぐ」方法を実例で理解させているのである。

なお、この俳句は、教師が予め作成しておいた「手引き教材」である。青木が実際の授業の中で用いている「手引き俳句」には、他に「にごり川あみにはうなぎふなまず」「ふみ折られいよいよ赤いひがん花」といったものがある。

3　「欠落を埋めて一句にまとめる」

青木の「物語俳句」づくりの実践で注目すべきヒットポイントは、右に見たような「手引き俳句」である。この「手引き俳句」の中でもとりわけ興味深いのが、「欠落を埋めて一句にまとめる」ためのものである。例えば、「□お城にひびくもずの声」という具合に、上五の句を抜いた「手引き俳句」を提示するのである。クイズ遊びの手法である。この上五に入れる言葉を物語を読み返して物語の中から探し出させるのである。「きんきんと」「雨はれて」「青空に」といった言葉が探し出せればよいことになる。

次は、「きのうくり□両の手に」といった具合に、中の七音を抜いたものを提示する。

これは、物語の三の場面で、「きのうくり」とあるから、「きょうはまつたけ」「きょうもまつたけ」「きょうもまたくり」といった言葉が入れられればよいことになる。

そして、最後の五音節となる。例えば、「月の道兵十加助の［　　　］」という句が示される。

三回目になれば、子どもたちも慣れてきて、自ら物語の場面と句とを結んで想像しながら、「かげぼうし」「立ち話」「話し合い」「帰り道」といった言葉を探し出せるようになるという。

この「欠落（伏せ字）を埋めて一句にまとめる」作業は、「手引き俳句」教材と一体となって「物語俳句」づくりのキーポイントといえる。

この手法は、一般の俳句づくり入門にも紹介されているものである。この手法を導入することによって、子どもにも指導の可能な俳句創作の作文学習としているのである。

四　教師と子どものための俳句創作入門の授業

青木がこの「物語俳句」の発想を得たのは、「朝日歌壇」（昭和五十九年九月二三日）に掲載されていた「空腹に泣く子をおきて征き果てぬ父よユミ子のコスモスが咲く」（兵庫・青田綾子）という短歌に励まされたことによるという。

この短歌は、言うまでもなく今西祐行の「一つの花」から発想された「フィクション短歌」（青木の命名）である。この「フィクション短歌」という用語に倣えば、青木の実践「物語俳句」も〈フィクション俳句〉と命名してもよいだろう。

ところで、俳句というジャンルをそのまま作文学習の対象に据えるにはやはり大きな困難が伴う。

そのことは、青木による「物語俳句」以前の俳句創作の実践が、一度も「満足のいく授業」にはならなかったという青木自身による証言からも窺えるところである。

教材を「子ども俳句」に取り替え、作句の方法に「想像による味つけ」を行い、「物語を手がかり」にして「俳句を発想する」ことで初めて俳句というジャンルが作文学習の対象となったのである。

すなわち、〈フィクション俳句〉という新しいジャンルと空想・想像的な題材とによって初めて、子どもにも指導の可能な俳句づくりの地平が切り開かれたのである。

同時にまた、この実践提案は、俳句創作のキャリアが全くない教師にも俳句づくりの入門の指導を国語教室に持ち込むことを可能にしたのである。

五　「想像―変身のシチュエーション」に立たせる「虚構の詩」の授業

青木の『子どもが甦る詩と作文―自由な想像＝虚構＝表現―』（平成八年十月、国土社）の中に紹介されている「虚構の詩」づくりの授業は、平成五年六月二六日（土）に千葉市立緑町小学校の六年生を対象として飛び入りで行われている。

使用された教材は、秋原秀夫の少年詩「すずめ」（秋原の詩集『地球のうた』所収）である。秋原もこの授業を参観されたとのこと。

では、青木の授業の実際を主なポイントに焦点を絞って辿ってみることにする。

1　「詩」の学習に関する説明

まず、導入の段階で「詩」の学習についての説明を行う。詩の学習に「詩を読む」「詩を作る」の二つがあり、本時は「作る」学習に主眼があること。その作り方に「見たこと・したこと」などの「経験を書く作り方」と「考えたこと・想像したこと」などを書く作り方があること、しかも「想像したこと、それはウソでも、つくりごとでも結構[10]」であることなどについて四、五分で説明する。

2　教師と子どもが一緒に教材を「視写」

いよいよ教材を提示。この提示の仕方が一つのポイントである。印刷した教材を配るのではない。教師が音読をしながら、黒板に「すずめ」の詩を書いていく。子どもたちは、教師の読み声を聞き、板書を見ながら教材をノートに視写するのである。

教師の音読を聞くことと自ら視写することによって、子どもの教材に対する理解の深まりが期待されている。なお、「視写」の意義については、青木の『第三の書く―読むために書く・書くために読む―』（昭和六十一年、国土社）に詳しい。その意義は深く広いが、手短に言えば、筆端で理解することと同時に、その理解に触発されて表現への意欲も促されるといったところにある。

この視写に予定した時間は五分～七分である。視写が終わったところで、全員で音読を「ゆっくり、明るく、リズミカルに三、四回[11]」行う。

六年生にしては、比較的平易な詩が選ばれている。狙いがこの詩の鑑賞にあるよりも、この詩を触媒にして子どもたち自身が詩を創作することにあるからであろう。

なお、詩の題名は□にして伏せられている。クイズ方式によって子どもの興味がかきたてられるといった効果も窺える。

［？］

羽の色も鳴き声も
目立ちませんが
朝は早起きです
［　　　　］
家の近くに住んでいますが
人にはなれません
でも子どもは大好きです

小さくて力が弱いので
仲間といっしょに行動します
暴力はきらいです

秋の田んぼではきらわれますが
害虫を食べることも
わすれないでください

平凡でいいから
明るくたくましく

生きたいと思っています。

3　「想像―変身のシチュエーション」を捉えさせる

次は、創作への手がかりを与える作業に入る。

詩「すずめ」の叙述を三点から読み分けさせる。

「①作者がじかに見て書いたと思われるところ」

「②想像で書いてあると思われるところ」

「③この小鳥の心を書いてあるところ」

の三点である。

この三点が書いてあるところにそれぞれ○、□、△を付けさせる。

第一連全体が○、第二、三連の三行目などに□、四、五連に△が付けられることが予想されている。

この詩のおもしろさが、「小鳥の心」を「詩人独自の想像」で書いている点にあることに気づかせる作業である。

そして、要は、この詩全体がいわば「作者が雀になって（同化）書いている」こと、すなわち「想像―変身のシチュエーション」[12]に立って書かれていることに気づかせるわけである。

なお、青木は、「羽の色も鳴き声も目立ちませんが」「家の近くに住んでいますが」「きらわれていますが」の三つの接続助詞「が」を取り上げて「逆接的な機能」に関心を寄せる指導も行っている。

実は、この部分は、この詩のクイズ形式風の構造を成り立たせている重要なポイントにも思える。

青木は、この後の詩の創作に際して、特にこの構造をマネさせることはしていない。

あるいは、この「……ですが、……です。」という形式をマネて創作させることも一つの方法であったかもしれない。

題名も［　？　］にして伏せさせ、創作の後で題名当てクイズで遊ばせるという趣向はいかがなものであろうか。筆者の代案である。

4　「鳥」になって詩を書く

飛び入り四五分の授業で、残り時間は十五分ぐらいか。十分ほどで「虚構の詩」を作らせるのである。「すずめ」の詩のマネをして鳥のことを書くことを指示する。鳥の名前を一分間で思い出させる。その後で、「思いっきり想像をはたらかせ」て「その鳥になって」書くように促す。

五分もすると、何人かの子どもが書き上げていたという。

六　「ウソの中の真実」をのびやかに表現させる

青木の「虚構の詩」づくりの授業では、先に考察を加えた「物語俳句」の授業と同様、これまで「子どもたちの作文から、遠ざけられ、子どもの表現意識の中に、閉じこめられ」てきた「フィクションの世界に着眼」し、その解放が試みられている。

この「フィクションの世界」への着眼は、従来の「生活をリアルに」書かせようとしてきたいわゆる「生活作文」への「こだわりをゆるめ」ようとの意図から生み出された。

しかし、その意図は、決して子どもの生活・経験における真実をないがしろにするものではない。むしろ、子どもたちが「表現する虚構の中に自然や社会、自他についての省察」が窺われ、「虚構作文といっても現実とまったく切り離した世界を書くことではない」という考え方に裏打ちされている。

青木は、「虚構の詩」の指導に際して、子どもたちに「したことよりも心の中で考えたこと、想像したこと、それはウソでも、作りごとでも結構」と助言している。

そして、作りごとやウソとはいっても、それは「まんざら荒唐無稽の話」ではなく、「ウソの中にしばしば真実が書ける」[13]のであると述べている。ウソだからこそ本当のことが書けるのである。

これは、実際に子どもが書く文章をよく読んでいれば気が付く事実である。その事実が長い間の「生活作文」信仰によって見えなくさせられていたのである。

青木は、その事実を従来の信仰に囚われることなく、実際に子どもたちが書いた「虚構の詩」の中から導き出させたのである。

青木は、子どもの自由な想像・虚構の中にこそ、他ならぬ子ども自身の経験や生活の真実をのびやかに表現させることができることを「虚構の詩」づくりの授業によっても確かめたのである。

七　「読み広げる」ための「書き足し作文」

青木の『子どもが甦る詩と作文―自由な想像＝虚構＝表現―』の中に、「物語を読んで物語を書く」授業が紹介されている。「物語を書く」とはいっても、それは「創作の童話」ではない。

青木はこの実践について、「物語を読むことを豊かにし、深くするために、物語を書いてみるという、いわば、理解と表現の交流をねらった指導」[14]であると述べている。

青木のこの実践は、つとに昭和四―三年に刊行された『書きながら読む』（明治図書、後に『青木幹勇授業技術集成』第二巻、昭和五十一年四月、明治図書、に再録）の中に紹介されている。

この本の中では、「読むこと」の学習の場に「書写」や「自注」などの「書くこと」の活動を積極的に導入することが提案されている。

また、「作文を書きながら読む」という指導方式を取ることによって、「読むこと」「書くこと」「考えること」との一体的な関連が実践的に明らかにされている。

一方、作文の素材を読解学習の中から開拓する可能性、いわゆる「学習作文」への発展の可能性が切り開かれている。

青木のこの本の中に、「読み広げるための作文」という実践があり、これが「物語を読んで物語を書く」授業の原実践である。

以下、この原実践を辿りながら、青木の「物語を読んで物語を書く」授業の発想の原点を探ってみよう。

青木はその実践の一つとして、一年生の二学期に指導した教材「一すんぼうし」での事例を紹介している。

青木は、この「物語の初歩的教材」としての特質をつぶさに分析して、その「省略、簡潔な表現を、自由な想像で、補って読む[15]」という手法に着眼したのである。

青木は子どもたちにいきなり文章化させることはしていない。

まず、この話のいかにも「簡単な叙述」「省略が大き」い第三段落の場面に的を絞って、めいめいの自由な想像を話し合わせ、その盛り上がりの後で、作文に書かせるという趣向を取っている。

その書かせ方について青木は、「すべてを、子どもたちの構想で書くということにすると、たいそうむずかしくなりますので、原文は、そのままにし、原文の間に、子どもの作文を、はめこんでいくという形で書くことにした[16]」と述べている。

次の一文は、子どもの書いた作文例である。[17] ゴシック体の部分が原文である。

みやこにつくと、とのさまのうちへいきました。

「ごめんください。」

なかなか人がでてこないので、二ども三どもよびました。

するど、けらいたちが、四、五にんでてきて、あたりを、きょろきょろみまわしました。でも、だれもいません。

「はて、ふしぎだ。いま、ごめんくださいといったようだが……。」

といって、中へはいろうとすると、足もとでまた、

「ごめんください。ここにおります。」

という大きなこえがしました。

みんなは、びっくりしました。一すんぼうしが、げたのかげにいたからです。

一すんぼうしは、とのさまのまえへつれていかれました。とのさまのとなりには、うつくしいおひめさまがすわっていました。とのさまは、たずねました。

「おまえは、大そう小さいが、どこからきたのかね。そして、なにをするつもりかな。」

「はい。わたしは、はるばるなにわのさとから、川をのぼってまいりました。そして、がくもんをならって、えらい人になりたいのです。どうか、けらいにしてください。」

とたのみました。

とのさまは、にっこりうなずいて

「なかなかよいこころがけじゃ。いっしょうけんめいべんきょうして、りっぱな人になるんだぞ。おまえには、ひめのせわがかりを、もうしつけよう。」

と、おっしゃいました。

一すんぼうしは、とのさまのうちではたらくことになりました。

この作文は、子どもたちに非常に歓迎されたようである。

その理由について青木は、「たぶん、文章をきっかけにして、自由に、想像の翼を広げて読むこと、それを書いていくうちに、自分で物語を作りだしているような錯覚をもち、それがこの学習を楽しくしたのではないか(18)」と分析している。原文をなぞり、原文に乗り掛からせることで子どもの想像力の発動が促され作文活動を容易なものとしているのである。

青木は、このような「読み広げるための作文」のことを、昭和五十五年に刊行された『表現力を育てる授業』（明治図書）の中で初めて「フィクション作文」と命名している。

もちろん、この「読み広げる作文」は「フィクション作文」の一種であり、直接のネーミングは「再話作文」としていた。また、別に「書き足し」作文、「書き広げ」作文という呼び名も使用している。

なお、右の「書き足し」「書き広げ」というネーミングは、昭和六十一年に刊行された『第三の書く―読むために書く　書くために読む―』（国土社）における「第三の書く」の一つとして用いられている。本小論では、便宜上、より下位の概念であるネーミングを取って「書き足し作文」と呼んでおくことにしたい。

八　「読み深める」ための「書き足し作文」

次に、『書きながら読む』の中の『読み深めるための作文」の実践について見ておくことにする。ここで紹介されている実践は、二年生の二学期の教材「かさじぞう」を使って行われている。青木は、この「かさじぞう」の読解における「読み深めるための作文」について次のように述べている。(19)

ところで、地蔵にかさをかぶせ、雪まみれになったおじいさんが、家に帰ったところを読んでみると、こう書いてあります。

おばあさんも、この話をきいて、

「それは　いいことをなさった。」

といってよろこんでくれました。

わたしは、ここまで、かなりていねいに指導してきました。しかし、はたして、それが子どもたちの学習と、よくとけ合って、期待したはどに理解されているか、それを知りたい、いや、もっと積極的な意味では、ここでたちどまって、子どもたち自身の力で、めいめいの読みを深めさせてみたい、わたしはそんなことを考えたのです。そういう指導意識をもったわたしの目にとらえられたことば、それは、「この話」という一語です。これは、帰宅したおじいさんが、おばあさんに話した、話に代わることば、それを、省略して述べていることばなのです。わたしは、子どもたちに、こんなことを話しました。

「この話」と書いてあるが、おじいさんは、おばあさんにどんな話をしたのだろう。この文に書いてあること、いままで勉強してきたことをもとにして、おばあさんにこんな話をしたのだと思う通り書いてごらん。

ふつうの読解指導では、「この話」の「この」は、何を指すのか、二、三人の子どもに話させてみて、「この」という語の指示範囲を、確かめる程度で終わるところですが、わたしは、その話させて終わるところを、あえて、書くことに展開させてみようとしたのです。それは、前にも述べたように、ここで、子どもたちをおじいさんの立場に立たせ、おじいさんの経験（物語そのもの）、をうまくおばあさんに話させる、そのためには、改めて文章を、自力で、読み深めなければならない、わたしは、そんなところにねらいをおいて、その学習を、子どもたちにすすめてみたのです。

要するに、ここで青木が取った趣向は、子どもたちを物語の中の「おじいさん」の立場に立たせて、「おじいさん」が経験したことをうまく「おばあさん」に話させることであり、その内容を作文に書かせるという方法であった。

その狙うところは、これまでていねいに行ってきた読解学習の成果を確かめ、さらに子どもたち自身による「読み深め」を行わせるところにある。

子どもたちが書いた作文で、最も多かったのは「ト書き（説明）のはいった形の作文」であり、次に多かったのは「対話体」の作文であったようである。

青木が紹介しているこの「対話体」の作文の一つを後半部分のみ取り上げてみよう。[20]

あー、あの村はずれのじぞう様ですかい。ええ、よう知ってます。それじゃあ、あのじぞう様にかさをあげたのですかな。

そうなのじゃ。じぞう様は、わしが
「おきのどくなことじゃ」

といったら、にこっとなさった。わしはとてもうれしくなって、かさをかぶせてあげようとしたのじゃ。

でも、どうしたと思う。ばあさんや？

さあ、わからんなあ
それはまあ、かさのかずのことなのじゃが、きのうは五つしか作らなかったからなあ、じぞうさまのかずに、一つたりなかったのじゃ。そこで、わしのをあげたら、じぞう様はなあ、えしゃくをしてくれたんじゃよ。わしはとても、もったいなくてなあ。

それはいいことをなさったなあ、じいさん。


青木は、この作文の中の、「おきのどくじゃ」といったら「にこっとなさった」という箇所や、かさをかぶせようとしたときに「えしゃくをしてくれた」という部分にこの子の「すぐれた解釈」や「読みの深さ」があらわれていると述べている。

青木は、子どもたちが書いたこのような作文を取り上げながら、彼らが「この物語を自分の身近にひきよせ、自分の体温であたためながら読んで」いると捉え、こうした読みを成り立たせるためには、話し合いの授業だけでは不十分で、やはり作文が有効であったと述べている。

この「読み深めるための作文」も、先の「読み広げるための作文」と同様に、読むことと書くこととの一体化によって、想像的・創造的に読みかつ書くことを促し、学習活動を活性化させることに通じているとみなすことができよう。

九　ジャンルの変換という〈ひねり〉を加えた「書き替え作文」

青木の『子どもが甦る詩と作文─自由な想像＝虚構＝表現─』の中に、①「ごんぎつねのひとりごと」と②「『わらぐつの中の神様』を読んで─恋文を書く─」という授業のアイディアが紹介されている。

①は、「ごんぎつね」（四年）の読解学習の中で、いたずら好きのごんに焦点をあてて、ごんの「兵十や、兵十のおっかあに対しての自己反省、その心境をわかってもらいたいと償いをする」が、それがうまく通じないために「そのジレンマに心を痛める」[21]、そのごんの気持ちを「独り言」にして「日記」の形に書き替えさせるという趣向である。

②は、「わらぐつの中の神様」（五年）の読解学習の中で、指導の後半部分に「おみつさんから、大工の弟子に手紙（恋文）を書く」という活動を仕組むというアイディアである。

この活動をさせる前に、おみつさんが「わらぐつの店を開いていた、あの日々の出会いや、短い対話を日記に書き止めることもやってみたい[22]」という提案も行っている。

なお、男の子が「大工の弟子からおみつさんへという手紙」には、てれ臭さや多少の抵抗があるかもしれないと考えて、物語の最後の場面、「孫のマサエにひやかされるおじいさん（あの大工の弟子）に、長い間連れ添ってきた、おばあさん（おみつさん）のあれこれを語らせる[23]」という代案も紹介している。

これらの授業のアイディアは、原教材における物語というジャンルの文章から「日記」や「手紙（恋文）」という新たなジャンルの文章に〈書き替え〉させるというところに特色を持っている。

確かに、この活動は、先の「一すんぼうし」や「かさじぞう」の事例と同様に「読み広げ・読み深める」ための「書き足し作文」とみなすこともできる。原教材の内容を踏まえながらも、原教材には記述されていない部分が書き足されているからである。

しかし、少し注意してみると、今度の活動には、内容を書き足すことの活動の他にジャンルの変換という〈ひねり〉が加わっているのである。

このジャンルの変換という作業は、〈物語→物語〉という表現活動よりも表現の機能が変わった分だけより複雑な思考を要求されることになる。その意味で、今度の〈物語→日記〉〈物語→手紙（恋文）〉というジャンルの変換を伴った活動を「書き足し作文」と区別して「書き替え作文」と命名した方がよさそうである。

なお、「書き替え」という用語は、青木の『第三の書く』（昭和六十一年、国土社）の中に出てきている。この「第三の書く」の提案の中では、物語教材の場合、「読み手、学習者が登場人物中の一人になる」[24]ことであると説明されている。

「ごんぎつね」の場合だと、「ごん」や「兵十」に成り代わること、「わらぐつの中の神様」の場合だと、「大工さん」や「おみつさん」に成り代わることである。それで、このような手法のことを青木は、子ども向けに「変身作文」とも命名していたのである。

いずれ、この「第三の書く」の提唱と「変身作文」などに関しては、機会を改めて検討することにしたい。

十　表現機能の変換による思考の屈折・思考の集中

これまで見てきた「物語を読んで物語を書く」授業には、これまでの検討を通して「読み広げ・読み深める」

ための「書き足し作文」と、この「書き足し」の要素に新たにジャンルの変換という〈ひねり〉を加えた「書き替え作文」という提案が盛り込まれていることが判明した。

さて、青木のこれらの提案を作文活動・書く活動という面に視点を当ててながめてみよう。

まず、子どもたちにとっては、作文の題材を日常生活や過去の体験に求める必要がなくなる。子どもたちは、原教材をなぞりそこに乗り掛かりながらも、そこに自分の自由な想像の翼を広げて、原教材である物語に「書き足し」、物語を「書き替え」るという作業を行うのである。

だから、子どもたちには、書くことが見つからないという心配がなくなる。ここには、子どもたちの直接の生活体験から題材を求めるというこれまでの題材観の転換が存在する。

また、「物語」から「日記」や「手紙」に〈書き替える〉というジャンルの変換（＝ひねり）が加えられることによって作文活動に変化が生じ、子どもの目先も変わる。

何よりも表現機能が変換されることから、子どもの思考に屈折が生じる。作文活動の変化や思考の屈折は、子どもの思考の集中を促し、授業を活性化させることに通じていくのである。

青木の「物語を読んで物語を書く」授業の意義は、「読むこと」と「書くこと」の言語活動の関連を図ることと同時に、「考えること」との関連の密度をいっそう強めているというところにあると見なすことができよう。

注

（1）青木幹勇著『子どもが甦る詩と作文―自由な想像＝虚構＝表現―』平成八年十月、国土社、二〇五頁。

（2）青木幹勇著『第三の書く―読むために書く　書くためによむ―』昭和六十一年八月、国土社、一二五頁。

（3）同前書、一三二頁。

（4）同前書、一三〇頁。
（5）同前書、一二四頁。
（6）前掲書、注（1）、十七頁。
（7）同前書、二十頁。
（8）青木幹勇著『俳句を読む、俳句を作る』平成四年六月、三頁。
（9）同前書、九三～九四頁。
（10）前掲書、注（1）、四三頁。
（11）同前書、四八頁。
（12）同前書、五一頁。
（13）同前書、四四頁。
（14）同前書、九四頁。
（15）青木幹勇著『書きながら読む』昭和四十三年二月、明治図書、一〇〇頁。
（16）同前書、一〇五頁。
（17）同前書、一〇五～一〇六頁。
（18）同前書、一〇九頁。
（19）同前書、一二一～一二二頁。
（20）同前書、一二三～一二四頁。
（21）前掲書、注（1）、一〇六～一〇七頁。
（22）同前書、一〇九頁。
（23）同前書、一一二頁。
（24）前掲書、注（2）、一二八頁。

第Ⅳ章　青木幹勇の文章表現指導観の変遷

―「生活綴り方」から「フィクション作文」への転回過程―

一　青木幹勇の国語教育実践研究史研究から見えてきた事実

筆者は、これまで青木幹勇の国語教育実践に関する次のような研究を行ってきた。

《国語教師・青木幹勇の形成過程》に関する研究

①「国語教師・青木幹勇の形成過程(1)―生活綴り方教師・木村寿との関わり―」（『秋田大学教育文化学部研究紀要・教育科学』第五四集、平成十一年三月）。

②「国語教師・青木幹勇の形成過程(2)―国語教育の先達・芦田恵之助との関わり―」（『秋田大学教育文化学部教育実践研究紀要』第二一号、平成十一年三月）。

③「国語教師・青木幹勇の形成過程(3)―国語教育の先達・古田拡との関わり―」（『秋田大学教育文化学部研究紀要・教育科学』第五五集、平成十二年三月）。

④「国語教師・青木幹勇の形成過程(4)―NHK『ラジオ国語教室』との関わり―」（茨城大学教育実践総合センター編『茨城大学教育実践研究』平成十三年十二月）。

《青木幹勇の国語教育実践研究史》に関わる研究

①「文章表現教育の向かう道」(田近洵一編『国語教育の再生と創造』平成八年二月、教育出版)。
②「『第三の書く』の検討」(拙著『作文授業づくりの到達点と課題』平成八年十月、東京書籍)。
③「『フィクション作文』の魅力を探る(1)～(4)」(青木幹勇編『国語教室』三一二～三一四号、三一九号、平成九年五月～七月、同年十二月)。
④「青木幹勇国語教室の『書くこと』に関する考察―『書くこと』の導入から『第三の書く』への発展過程―」(全国大学国語教育学会編『国語科教育』第四五集、平成十年三月)。

《学会での口頭発表―発表要旨は『学会要旨集』に収録》

①「青木幹勇国語教室の『書くこと』に関する考察(一)―『第三の書く』提唱までの展開―」(第九二回全国大学国語教育学会東京大会、平成九年八月五日)。
②「青木幹勇国語教室の『書くこと』に関する考察(二)―『第三の書く』の提唱―」(第九三回全国大学国語教育学会大阪大会、平成九年十一月十四日)。
③「国語教師・青木幹勇の形成過程(1)―生活綴り方教師・木村寿との関わり―」(第九四回全国大学国語教育学会東京大会、平成十年八月四日)。
④「国語教師・青木幹勇の形成過程(2)―国語教育の先達・芦田恵之助との関わり―」(第九五回全国大学国語教育学会熊本大会、平成十年十月十七日)。
⑤「国語教師・青木幹勇の形成過程(3)―国語教育の先達・古田拡との関わり―」(第九六回全国大学国語教育学会東京大会、平成十一年八月三日)。

⑥〔シンポジウム〕「子どもを見つめ育てる国語科授業の創造―小学校『書くこと（作文）』の領域に即して―」（このシンポジウムにおいて、青木実践「伝統の写生主義からの脱却―〈フィクション俳句〉づくりの発想―」を取り上げた。）（第九七回全国大学国語教育学会上越大会、平成十一年十月二一日）。

⑦「国語教師・青木幹勇における文章表現指導観の変遷―『生活綴り方』から『フィクション作文』への転回過程―」（第九八回全国大学国語教育学会東京大会、平成十二年八月三日）。

⑧「国語教師・青木幹勇の形成過程(4)―NHK『ラジオ国語教室』との関わり―」（第九九回全国大学国語教育学会山形大会、平成十二年十月十四日）。

⑨「国語教師・青木幹勇の形成過程(5)―授業研究で鍛える(1)―」（第一一六回全国大学国語教育学会秋田大会、平成二十一年五月三十日）。

⑩「国語教師・青木幹勇の形成過程(6)―授業研究で鍛える(2)―」（第一一七回全国大学国語教育学会愛媛大会、平成二十一年十月十八日）。

⑪「国語教師・青木幹勇の形成過程(7)―授業研究で鍛える(3)―」（第一一八回全国大学国語教育学会東京大会、平成二十二年五月二九日）。

⑫「国語教師・青木幹勇の形成過程(8)―授業研究で鍛える(4)―」（第一一九回全国大学国語教育学会鳴門大会、平成二十二年十月三十日）。

⑬「国語教師・青木幹勇の形成過程(9)―授業研究で鍛える(5)―」（第一二〇回全国大学国語教育学会京都大会、平成二十三年五月二九日）。

⑭「俳句の鑑賞・創作指導に関する発想の転換―国語教師・青木幹勇の形成過程⑽―」（第一二一回全国大学国語教育学会高知大会、平成二十三年十月二九日）。

⑮「国語科教材開発への志向とその実際—国語教師・青木幹勇の形成過程⑾—」（第一二二回全国大学国語教育学会筑波大会、平成二十四年五月二六日）。
⑯「俳句の創作活動と国語教師の専門的力量の形成—国語教師・青木幹勇の形成過程⑿—」（第一二三回全国大学国語教育学会富山大会、平成二十四年十月二七日）。
⑰「研究サークル『青玄会』の主宰活動—国語教師・青木幹勇の形成過程⒀—」（第一二四回全国大学国語教育学会弘前大会、平成二十五年五月十八日）。
⑱「国語教育研究者・実践家との交わり—国語教師・青木幹勇の形成過程⒁—」（第一二五回全国大学国語教育学会広島大会、平成二十五年十月二六日）。

これら一連の研究の中で大変興味深い事実が明らかになってきた。

青木幹勇の文章表現指導観に大きな転回があったということである。

《国語教師・青木幹勇の形成過程》に関する研究①の論考において明らかにしてきたことであるが、青木は教員駆け出しの青年教師時代に、当時生活綴り方教師として全国にその名を知られた木村寿と職場を共にし、その生活綴り方教育の実践から並々ならぬ影響を受けている。

ところが、青木は平成八年十月に刊行した『子どもが甦る詩と作文—自由な想像＝虚構＝表現』（国土社）の中ではその副題からも窺えることであるが、長く我が国の綴り方・作文教育を呪縛してきた「現実そして、生活中心の、リアリズム作文」すなわち「生活綴り方」とは「対蹠的なタイプ」としての「虚構の作文」「フィクション作文」なるものを提唱している。

なお、青木が提唱したこの「フィクション作文＝虚構の作文」に関しては、先に掲げた《青木幹勇の国語教育実践研究史》に関わる研究③の小論において詳細な考察を加えている。

また、青木が右の著書の中で指摘している「リアリズム」の概念については、「虚構の作文」の中にも「リアリズム」が存在すると考えることもできるので、若干の疑義があることを付け加えておきたい。

ともあれ、青木幹勇におけるこのような文章表現指導観の極めて大きな転回に至る半世紀余の実践過程からは、「書くこと（作文）」の学習指導の意義・目的・内容・方法に関わる様々な「実践知」が取り出せる。

以下、こうした問題について触れられる範囲で考察を加えていくことにしたい。

二　青木幹勇と戦前「生活綴り方教育」との出会い

戦前の青年教師時代における青木幹勇が実質的に「生活綴り方教育」の洗礼を受けたのは、先に述べたように宮崎県の小学校でたまたま同職した生活綴り方教師・木村寿との出会いによる。

青木は、昭和四十六年八月に開催された第四十回全国大学国語教育学会でのシンポジウム「新しい国語教師像」の中でも、この木村寿のことを「国語教師として仰ぎみるに足る人[1]」、「ほんとうの教育がどういう姿で行なわれるものであるかを身をもって示してくれた[2]」人として紹介している。その影響の大きさが窺えるところである。

なお、この木村寿の人となりとその仕事ぶり、とりわけ木村が『ひかり』『光』と名付けた文集づくりの実践などについては前掲①の「国語教師・青木幹勇の形成過程(1)―生活綴り方教師・木村寿との関わり―」（本書、第Ⅰ部第Ⅰ章に収録。）において詳しく考察を加えているので、ここでは省略する。

ところで、青木は木村と職場が離れても木村の「仕事には関心を放さず、他方、生活綴り方教育運動の動向にも気を配」りつつ、「生活綴り方の指導にのめりこんでいた」という。

昭和十二年頃の夏に法政大学で開催された城戸幡太郎が主宰する「教育科学研究会」の夏期講習会の研修内容が「生活綴り方」だったので、参加し感銘を受けている。

また、青木は木村の指導になる児童の綴り方作品がしばしば掲載されていた千葉春雄主幹の『綴り方倶楽部』を購読していて全巻を愛蔵していたという。

この雑誌が青木にとっては、「作文指導の大切な参考書であり、教材源でも」あったという。

青木はまた、木村が宮崎での綴り方教育研究会の講師として招いた百田宗治の著作『子どものための／教師のための綴り方読本』上・下巻（昭和十三年三月、第一書房）を繰り返し読んだとも述懐している。(3)

三　昭和二十年代―子どもの生活体験を重視する指導観

昭和二十年代の半ばには、戦前の生活綴り方教育が復興を遂げ、やがて国語科作文か生活綴り方かという論争が華々しく繰り広げられた時期である。

この時期の青木は、こうした論争には格別深く関わる様子もなく、戦後の新教育の行き方に沿って、「レポート」（青木稿「こんな学習指導もやってみたら」東京教育大学附属小学校初等教育研究会編『教育研究』昭和二十七年一月号）を書かせる指導や、「子どもの文意識」に着眼して「明確な文表現」（「子どもの文章（その一）―子どもの文意識について―」同前誌、昭和二十八年十一月号）をさせる指導、「文脈」（「一年生の文脈―子どもの文章（その三）―」同前誌、昭和二十九年六月号）指導等を行っている。

また、波多野完治の文章心理学理論を援用した「比喩表現」の指導にも取り組んで次のように述べている。(4)

『よい比喩はいつも新しいものの見方の創造である』という右のことばはなかなか味わうべきことばだと思います。私たちは、作文の指導でよく、「よくものを見よ。」といいます。「よく見ること」が、作文の基本姿勢であることは動きますまい。

しかし、よく見たからよく書けるということのできない場合が多い。そこにはかなりの距離があります。その距離をどうしてうめてやるか。

書くことによって、新しいものを見る。

という逆の場合も大切な文章指導でしょう。「よく見ろ、よく見ろ」という、正面からの押しの手だけでは、子どもの作文はのびない。

やはり、表現技法の背面から、新しいものの見方なり、真実のとらえ方なりを指導しなければならないわけです。

右の文言からも理解されるように、この当時の青木の実践は文字通りの文章表現指導であった。西尾実の『書くことの教育』（『昭和二十七年五月、習文社）にも学んで「観察記録の継続指導」（「学習指導における連関・綜合・継続」前掲誌『教育研究』昭和二十九年九月号）にも取り組んでいる。子どもの生活事実や生活現実を重視する立場に立っていた。

青木は、この頃執筆した「子どもの想像力について」（同前誌『教育研究』昭和二十七年八月号）という論考の中で「想像力」が「子どもの生活をゆたかにする源」であると捉えつつも、子どもの「心的世界」が現実・非現実未分化な状態に置かれていることを考慮して、「想像のゆたかさを期待する前に、よりゆたかな現実経験をもたせることが教育的には先決の問題ではないか」と述べている。

「子どもの想像力を神聖視したり、過大に評価したりすること」(5)に対して歯止めをかけているのである。子どもの実態を踏まえた堅実な指導観が窺えるところである。

青木のこうした堅実な指導観は、基本的にその後も変わるところはなかった。

当時の青木のこうした指導観の中には「書くこと（作文）」の意義・目的、指導すべき教科内容を〈見る力（＝観察力）〉や〈文字力・文章力〉の陶冶においていたと思われる節が窺える。

四　昭和三十年代—読むことと書くことの連合による〈思考力〉の陶冶

昭和三十年代に入ると、青木は早くも「読むことと書くことの連合」という論考を発表して次のように述べている。(6)

読みとったことを、書くという学習は、

○発問に対する筆答という形で—低学年

○学習課題の解決という形で—中学年で展開されていく。

この読むと書くとの連合形式をとると、

○とにかくクラスの全員を、読解学習の中にまきこんでしまって、発問—応答形式で、できやすい「われ関せず」の子どもがいなくなる。応答を要求された子どもは、書いたものを見て何とか反応を示すことができる。

○書いたことを手がかりに話すとなると、手ばなしで話すよりも話し易いし、話もまとまり易い。

○他人との比較ができて、自己評価ができ易い。

○さらに効果的なことは、書くことによって読むことが確実になり、深くなり、整理されてくるということである。それは、読む書くの連合には必然的に考えるはたらきが連合するからである。

この論考の中で青木は、「読解の指導に『書く作業』を入れる」ことを提案している。その効果に関しては、「書くことによって読むことが、確実になり、深くなり、整理されてくる」ということであり、それは「読む書くの連合には必然的に考えるはたらきが連合するからである」というわけである。

これは、これより三十年後の昭和六十一年に刊行された青木の画期的な著作『第三の書く―読むために書く書くために読む―』によって展開される中心的な考え方の萌芽である。

ここに見られる青木の考え方の発展深化の過程については、冒頭に掲げた《青木幹勇の国語教育実践研究史》に関わる研究④「青木幹勇国語教室の『書くこと』に関する考察―『書くこと』の導入から『第三の書く』への発展過程―」（本書、第Ⅱ部第Ⅱ章に収録。）で詳しく論じているのでここでは省略に従う。

ところで青木は、昭和三十三年に「問題を作りながら読む」（前掲誌『教育研究』二月号）、三十四年には「問題を持ちながら読む」（同前誌、三月号）という実践を報告している。

これらの実践は、「読解上の子どもの問題」を「作問」の形にまとめさせていく方法である。「算数の学習でよく行われる『作問法』のアイデア」[7]に拠った方法である。

この指導法は、昭和三十九年に『問題をもちながら読む―読解指導の改革―』という著書として刊行されることになる。この著書の中で青木は、次のように述べている。[8]

わたしはここで、一歩をすすめ、問題は、まず、「書いてみる」ということにしたのです。ことばは少し、大げさですが、ここに着眼したのが、わたしの発見なのです。この書くということは、いいかえると、読むというはたらきの中で、まだ、振動の弱い反応を、増幅するということになるのです。書くという電気的な操作を通過させて、まだ反応微弱な読みを強化し、拡大し、固まらせるのです。強化され、固められた反応を、問題の形として、表出させるのです。

問題を書く。文にする。文章にするということになると、子どもの読むはたらきは、にわかに緊張してきます。漫然と文章を読むことが許されなくなってきます。そこで、反応の増幅活動が起こってくるのです。

○問題をはっきりとらえ、意識にのせるためにより積極的に読む。

○問題を、ことばに表現するために、考える。

という、読むこと、考えること、書くことの三つの歯車がからみあって回転をはじめるのです。

文章を読んで取り出された「問題」を「書くという電気的な操作を通過させて、まだ反応微弱な読みを、強化し、拡大し、固まらせる」という方法の実践的な提案である。

このような「読むことと書くことの連合」という考え方の中に、文章表現の題材を子どもの生活体験の中から捉えさせて記述させていくという方法とは根本的に異なるもう一つの青木の考え方が胚胎してさていることに注目しておきたい。

五　昭和四十年代―題材観及び子どもの生活実態の捉え方の転換

青木幹勇は昭和四十三年二月に、先に刊行した『問題をもちながら読む』を発展させた『書きながら読む』（明治図書）という著書を刊行している。

青木はこの中で「書くこと」をいわゆる「書写の機能」あるいは「作文だけ」とは見なさないで、「書くことが、文章読解のために、きわめて有力なはたらきをもつもの」と考え、この機能を軸として「一方では読むことへ、他方では、作文へと展開していく、学習と指導の実態をえがいてみよう[9]」と目論んだと述べている。

そして青木は、この「ながら」を「書くことと読むことの同時一体、立体的な指導と学習をめざすという発想[10]」と説明している。

青木は、右の文言通りにこの本の中で次のように述べている[11]。

書きながら読むという学習の二次的効果のもっとも顕著に現われてくるのは何といっても作文でしょう。作文の力を伸ばすことは、なかなか骨がおれます。日本の作文教育は、非常にすぐれた一面と、非常に遅れた一面の、両極をもっているように思います。すぐれた指導者、熱心な実践家による業績は、三角錐のように突兀とそびえたっていますが、それにくらべて、一般の国語教室の裾野は、まったくの平地か、水平線以下といった状況で、小山はおろか裾野さえもなしていない、こういう作文不振の声はいつの時代にも聞かれてきました。（中略）

人の書いた文、教科書の文章をそれこそ何十回、何百回と書き写しているうちに、理屈ではなく、体得として、文の組み立て、ことばの運び、文章というようにだんだんわかってくるのです。こうした無意識の経験というものが、子どもに、作文の素地を培うのだと思います。ですから、いざ、自分で、自分の文章を書くというときになっても、比較的抵抗なく書けるのではないでしょうか。（中略）

わたしたちは、子どもたちの作文をどのように育てようかと考えます。また、その指導の目標に即していろいろな観点から評価します。

生活のにじみ出た作文、生活をかみしめている作文、自然や、社会事象の認識過程の読みとれる作文、自己改造を意識した作文、社会なり、人間性を批判的に見ようとする作文、というような、巨視的な評価。一方また、文字や表記は正しいかどうか、文法や表現はどうかというような、どちらかというと、作文技能の面に視野をしぼった評価など、それは作文指導者の指導意識によっていろいろでしょう。それはとにかくとして、わたしは、作文指導のもっとも基本的なことのひとつとして、個々の文、ひとつひとつのセンテンスが正しく、明快に書けるということをとりあげたいと思います。

こういう分析的な立場には異論もある方もいるかと思いますが、子どもの作文を指導して、まず、もっとも気になるのは、この一個一個の文が正しく書けていないということです。そのつぎには、コンポジションの問題ですし、さらには、構想力、いや、もっと前にさかのぼって取材、さらには、生活意識の問題と際限はありませんが、まず、この一文を正しく書くという力をがっちりと指導しなければならないと思います。

（中略）

以上、書くことの指導の、作文学習への二次的展開を書きましたが、実は、私の指導、すなわち「書きながら読む」は、単に、他人の文章を書写するという他律的な書写行為ではないのです。

○問題を書く

○自注を書く
○読み広げるために書く
○読み深めるために書く
○読みまとめるために書く
○読解研究のレポートを書く

というように、すでに、作文そのものといってもよい学習内容をもっているのです。いわゆる生活作文的作文ではありませんが、単なる受け身の作文でもありません。ですから、「書きながら読む」ことすなわち、「作文しながら読む」ということにもなるのです。

青木はこの本の中で、読解学習における「筆写力」「筆速」の指導や、「作文しながら読む」という章の中で「読み広げる作文」「読み深める作文」「書いてまとめる」「研究レポートを書いて読む」といった方法を紹介している。

そして青木は、これらの書く活動が「すでに、作文そのものといってよい学習内容をもっている」と述べて、「いわゆる生活作文的作文ではありませんが、単なる受け身の作文ではありません」と言明している。

これらの方法は、これより十七年後に刊行された『第三の書く―読むために書く　書くために読む―』の中でより明確な形で提示された「視写」「書き足し」「書替え」「書き広げ」「書きまとめ」「図式化」などの方法の先駆となるものである。

この時期に青木の中では、文章表現指導のための題材を、読解指導とそれを読解していく学習自体の中から取り出させていくという考え方が確立されつつあったと判断されるのである。

これは青木の中における作文題材観の大きな転換であると見なすことができよう。

ちなみに、輿水実による「再生的作文」（後に「学習作文」として提唱される考え方）という発想、すなわち読解学習などの中から作文の題材・内容を取り出させようとする考え方が登場するのは昭和四十四年三月に刊行された輿水実編『国語教育の近代化』（明治図書）においてであった。

なお、輿水が正式に「学習作文」という用語を使用し始めるのが昭和五十一年に『教育科学国語教育』誌に発表した「生活の作文から学習の作文へ」という論考においてである。

輿水実のこのような考え方は、その発想の萌芽、実際の実践的な提案から見ても青木の場合の方がはるかに先行していたと言えるのである。

ところで、青木は、昭和四十三年に執筆した「子どもの実態をとらえる視点と方法」（前掲誌『教育研究』）という論考の中で、青木自身が教員駆け出しの頃に大きな影響を受けた生活綴り方教師・木村寿に教えられた「子どもの実態」の捉え方について言及している。

青木によれば、木村寿は「実によくひとりひとりの子どもを知ってい」たと言う。青木は木村が「子どもの生活の実態」を「文字通り肌で感じとり、からだでうけとめ、記録の積みあげによってすっかり知り尽くしていた」と述べ、「まさに、生活綴り方教師の典型そのもの」であったと指摘している。

その上で青木は、こうした木村流の「子どもの実態」の捉え方が今日の子どもを取り巻く社会・生活環境の変化によってかなり困難になってきていることを指摘している。

そこで、その代案として青木が提起した「子どもの実態」の捉え方とは、「平凡ですがやはり授業の中で、子どもを知り、子どもの実態を、多面的に流動的にとらえ、授業を通して、人間関係をゆたかにしていく[12]」というものであった。

これは、青木における子どもの生活実態の捉え方の大きな転換であると言えよう。

以上見てきた青木における作文の題材観の転換と子どもの生活実態の捉え方の転換とが、青木における文章表現指導観の転換に関わる大きな第一段階と見なしておいてもよいだろう。

六　昭和五十年代〜六十年代

1　「フィクション作文」の提唱

青木幹勇は、昭和四十七年に東京教育大学附属小学校を退官している。

その後青木は、文教大学の講師を務める傍ら、自らが主宰する「青玄会」によった授業実践研究活動に従事していくことになる。

したがって、昭和五十年代から六十年代には、この「青玄会」によった活動を中心に見ていくことにしよう。

青木の文章表現指導観が大きく転回する契機となったのが、その題材観の転換と子どもの生活実態の捉え方の転換にあったことは前節で見てきたところである。

その時期は、なお附属小学校の教壇に立っていたとは言え、すでに青木が六十歳にならんとする頃であった。国語教育実践に対するその柔軟な発想の転換に驚かされるところである。

したがって、この後も青木の国語教育実践研究への意欲が減ずることはいささかも無かったのである。

さて、青木が「フィクション作文」という言葉を文献の上で初めて使用したのは、管見によれば青木の編になる『国語教室』九十号（昭和五十三年十一月）の巻頭に掲載されている「国語教室放言」においてであると思われる。

この中に「フィクション作文・想像による物語」という言葉が出現する。

この中で青木は、「想像といっても、荒唐無稽のでたらめ作文は、まず書き手自身がつまらなくなる」と釘を刺し、その手立てとして、例えば「書こうとする物語・民話・伝説など、それにつながる場所（現地）を踏む、聞き出しをする。文書に当たるなど、こうした貯えをもたせて、思考、想像の骨格を作る」ことであると述べている。

想像による作文とはいっても、その内容には現実の生活が反映されているという点を強調しているところに注目しておきたい。

なお、こうした「フィクション作文」の実際の指導はすでに十年前に刊行された『書きながら読む』（昭和四十三年二月、明治図書）の中にも報告されている。前節で紹介した「読み広げる作文」「読み深める作文」である。例えば、「一寸ぼうし」の話を子どもたちに読ませて、物語の筋の中で省略されている部分を想像させて話し合わせ、その話し合った内容をもとに、「原文の間に、子どもの作文を、はめこんでいくという形で書」かせるのである。

物語の原文をきっかけにして、「自由に、想像の翼を広げて読むこと、それを書いているうちに、自分で物語を作りだしているような錯覚」を持って物語をふくらませていくという趣向である。

「かさじぞう」の話を読ませて、「子どもたちをおじいさんの立場に立たせ、おじいさんの経験（物語そのもの）、をうまくおばあさんに話させる」という形で物語をふくらませていくといった趣向である。

こうした実践に青木が「フィクション作文」という命名を行ったのである。

昭和五十五年十月に刊行された『表現力を育てる授業』（明治図書）の中でも、「フィクション作文を勧める」という一章が設けられている。ここでも、「書き足し」「書き広げ」作文としての「再話作文」が取り上げられている。

その意図するところは、主に「作文の領域を広げる」ことにあった。

青木は、この本の中で「広い意味では、子供たちの作文は、生活を書く、経験をふり返るということを基本にすべき」と述べつつも、「ともすると、これが非常に狭い、日常茶飯の経験に局限されてしまうところに問題がのこ」ると指摘する。

とは言え、「フィクション作文」が「子供たちの自由奔放な想像力まかせ、あるいは単なる荒唐無稽の作文とはちがう[13]」と、ここでも釘を刺していることには注意しておくべきであろう。

ここで青木が、「フィクション作文」という用語を使用し、「生活を書くという文章だけでなく、もっと視野を広げた作文を書かせよう」という提案を行っていることを、青木における文章表現指導観の転回への第二段階と見なせるであろう。

この転回が決定的なものとなるのが、先に取り上げた『子どもが甦る詩と作文―自由な想像＝虚構＝表現』(国土社)という著作での主張である。

この著書の中で青木は、「物語を読んで物語を書く」「虚構の詩を書く」「漫画をネタにフィクションを書く」「短歌を読んで物語を書く」「物語を読んで俳句を作る」といった「虚構の作文(＝フィクション作文)」の実践事例を豊富に紹介している。

2　「第三の書く」の提唱

青木幹勇が提唱した「フィクション作文」に見られる実践方法は、すでに青木が昭和四十三年二月に刊行した『書きながら読む』(明治図書)という本の中に報告されている実践にも出現し、一般の国語教室の中でも時折は行われていた方法であった。

それは基本的に、青木が昭和三十年代の初頭以来、三十年の歳月を費やして一貫して追究し続けてきた「読むことと書くことの一体化」という考え方から必然的に取り出されてきたものである。とは言え、青木が教員駆け出しの青年教師時代に実践していた「生活綴り方」から「フィクション作文」という実践の在り方を正式に提唱したのは青木が六十歳にならんとする頃である。その柔軟な発想の転換には驚かされるところである。この追究の持続性にも驚きを禁じ得ない。

青木の追究はさらに続いていくのである。

昭和五十八年二月には、「国語の学習における書くことの価値―『第三の書く』について―」（博報児童教育振興会編『国語教育実践の開拓』明治図書）という論考を発表している。この論考が、青木が文献の上で「第三の書く」という画期的な主張を行った最初ではないかと判断される。

この論考の中で青木は、国語科が従来取り上げてきた「書写と作文」という二つの「書くこと」に加えて、「もう一つの『書く』をとりあげたい」として、「国語科の学習（他教科の学習に及ぼすことも好ましい）を支えるはたらきをもつ書くこと」[14]を「第三の書く」として提案したのである。

そして、この三年後に『第三の書く―読むために書く　書くために読む―』（昭和六十一年八月、国土社）が刊行されたのである。

この本が国語科文章表現指導史の上からも特異な位置を占めているのは、題材を読解教材とその読解学習自体から求めようとする考え方を大胆に打ち出したこと、そして、「視写」「聴写」「メモ」「書き抜き」「書き込み」「書き足し」「書き替え」「書きまとめ」「寸感、寸評」といった片々の書く活動に国語科学習としての自立的な意味を与えたことなどの理由による。

青木のこの「第三の書く」の展開とその意義については、冒頭に掲げた《青木幹勇の国語教育実践研究史》に関わる研究⑧「青木幹勇国語教室の『書くこと』に関する考察―『書くこと』の導入から『第三の書く』への発展過程―」に詳述しているのでここでは省略に従う。

ともあれ、この「第三の書く」の提唱は、青木が昭和三十年代の初頭から実践を通して考察を始めた「読むことと書くことの連合」という考え方を発展・深化させたその集大成であった。

そして、この「第三の書く」の提唱は、子どもの直接体験からの取材を中心としたいわゆる「生活作文」という文種には囚われないで、「書くことの多角化」というものを目指したという意味から、青木における文章表現指導観の転回への第三段階に位置づけることができるであろう。

七　「書くこと（作文）」指導実践研究への今後の展望

青木幹勇における「生活綴り方」から「フィクション作文」へのゆるやかではあるが、しかし極めて劇的な転回は、この「第三の書く」の提唱によってほぼ成し遂げられたものと判断できる。その転回の過程は、文字通り昭和期全体を貫くものとなっている。

青木が行ってきたこのようなたゆみない実践研究は、一人の国語教師の営みとしてはまことに稀有な貴重なものである。

青木は、やはり冒頭に掲げた《国語教師・青木幹勇の形成過程》に関する研究②「国語教師・青木幹勇の形成過程⑵―国語教育の先達・芦田恵之助との関わり―」などでも明らかにしたことであるが、芦田恵之助などの先人の実践からも謙虚に学び続けてきた。しかしながら、それらの理論に盲目的に従うことはしていない。

また、その時々の国語教育思潮への目配りも決して怠ってはいない。けれども、決して時流に流されることもなかった。

青木は、安易に経験にのみもたれかかることもしなかったし、一方的に理論を盲信することもしなかった。青木の実践理論は、あくまでも日々の国語教室の営みの中から生み出されてきている。子どもと共に学び、様々な試行錯誤を繰り返す中から構築されてきたものである。

そのことは、『青木幹勇授業技術集成』全五巻（昭和五十一年八月、明治図書）の各巻において「解説」を執筆した野地潤家、井上敏夫、倉沢栄吉、石井庄司、古田拡らが異口同音に証言するところでもある。

青木が辿り着いた「フィクション作文」の実践方法も、右のような青木自身の実践研究の糸に結ばれて生み出されてきたものである。

ここに至る過程は、これまで見てきたように昭和期全体を貫いている。

青木は、その半世紀以上にわたる実践研究の過程を経て、「手順を踏み」、様々な「模索を乗り越えて、現在ここまで歩を進めて[15]」きたのである。

私たちが今日、青木幹勇のこの昭和期全体を貫く文章表現指導実践研究史から学ぶべきは、そこから授業実践の典型を取り出すといったことではない。子どもと共に学び、様々な実践の試行錯誤をたゆみなく行っていこうとする、その教師としての学びの姿勢であろうと思われる。

注

（1）青木幹勇・シンポジウム提案『新しい国語教師像』（全国大学国語教育学会編『国語科教育』第十九集、昭和四十七年三月、十一頁）。

（2）同前誌、十四頁。
（3）青木幹勇著『子どもが甦る詩と作文―自由な想像＝虚構＝表現』平成八年十月、国土社、一九一～一九三頁。
（4）青木幹勇稿「子どもの文章（その四）―子どもの文章表現力、特に比喩について―」（東京教育大学附属小学校初等教育研究会編『教育研究』昭和三十年二月号、四一頁。
（5）同前誌、昭和二十七年八月号、二三～二四頁。
（6）同前誌、昭和三十一年四月号、三八頁。
（7）同前誌、昭和三十三年六月号、十六頁。
（8）青木幹勇著『問題をもちながら読む』昭和三十九年三月、明治図書、四四頁。
（9）青木幹勇著『書きながら読む』昭和四十三年二月、明治図書、二頁。
（10）同前書、四頁。
（11）同前書、一六三～一六九頁。
（12）「子どもの実態をとらえる視点と方法」（『教育研究』昭和四十三年十二月号、一三頁。
（13）青木幹勇著『表現力を育てる授業』昭和五十五年十月、明治図書、九十頁。
（14）青木幹勇稿「国語の学習における書くことの価値―『第三の書く』について―」（博報児童教育振興会編『国語教育実践の開拓』昭和五十八年二月、明治図書、九六頁）。
（15）前掲書、注（3）、二〇五頁。

あとがき

本書は、先に上梓した『昭和戦前期の綴り方教育論にみる「形式」「内容」一元論―田中豊太郎の綴り方教育論を軸として―』（平成二十四年十一月、溪水社）と並んで筆者のライフワーク研究の一つである。

これらの研究は一時期同時に進めたこともあったが、やはりそれを継続させていくことは叶わなかった。結局、二つの研究は断続的に平成元年から今日までほぼ三十年間の歳月を経てしまったことになる。先の研究は平成元年から取り組み始めた。そして、今回の青木幹勇研究は、「まえがき」にも述べておいたように平成五年に始められている。これらの時期は、筆者の研究者としての全期間に重なっている。

ところで、先に上梓した研究では、本書での研究対象となった青木幹勇の先輩に当たる田中豊太郎（東京高等師範学校附属小学校、戦後の東京教育大学附属小学校の前身）を取り上げている。

この田中豊太郎と青木幹勇の二人には共に明確な共通点があった。両者は共に小学校の一教師でありながら、一つの研究課題を掲げてこれに長期間にわたって粘り強く取り組んでいったのである。

田中豊太郎の場合は、ほぼ二十数年間もの長期にわたって、綴り方教育の実践を通してその教育内容としての「生活」の指導と「表現」の指導との二元的な考え方を統一止揚していくべく、営々と実践研究に取り組んでいる。

一方、青木幹勇の場合は、「読むこと」の学習指導に「書くこと」の活動を取り入れることを提案して後、ほぼ三十年間もの実践研究を積み重ねて、「国語科の学習（他教科の学習に及ぼすことも好ましい）を支えるはたらきをもつ書くこと」の活動を「第三の書く」として理論化していく。

筆者が二つのライフワーク研究の対象にこの二人の実践家を定めたのも、両者が共に時流に便乗することをせず、その時々の教育現象にも目を奪われることなく自らの実践研究の課題を長期間にわたって追究していったからである。これら両者の実践研究に共通する息の長い持続的・継続的な姿勢に強い共感を抱いたからである。

なお、本書に収録した青木幹勇研究の初出・学会での口頭発表については、その主要な論考を本書の第Ⅱ部の「第Ⅳ章　青木幹勇の文章表現指導観の変遷」の冒頭に列挙しておいたのでここでは省略に従う。

本書の中では、いくつかの章の間で青木幹勇の文献からの引用箇所に複数の重複が見られる。考察を進める中での必要からやむを得ないこととなった。全て初出論考の論述に従わせて戴いた。ご了承賜りたい。

本書に収録した青木幹勇研究は、「まえがき」に述べたように二十年余の歳月を経ている。研究に取り組み始めた当初、筆者は秋田大学に在職していた。この間、通算すると五回ほど青木幹勇先生のご自宅を訪問させて戴いた。今にして思えば、青木先生にとってはさぞかしご迷惑なことであったろう。

最初にお邪魔させて戴いたのは、平成九年の四月五日であった。この時には、東京駅から地下鉄東西線の大手町までの行き方と、神楽坂駅で降りてからご自宅までの道順を細かに書いた案内図を予め手紙で郵送して下さったのであった。そのご懇切な対応に胸が熱くなる思いであった。

青木幹勇先生は、大変に筆まめな方であった。お宅を訪問させて戴く際には、当方からの申し出に対して必ずご丁重なお手紙を届けて下さった。青木先生からのその折々の葉書や封書が三五通ほど筆者の手元に残されている。全てファイルに収めて大切に保管しておいたものである。

訪問の際には、いつも奥様共々温かく出迎えて下さり、手厚いお持てなしを頂戴した。全国各地で行った飛び入り授業のビデオ映像記録や「ＮＨＫ国語教室」の膨大な放送台本をご貸与下さった。後に返却を申し出たのであるが、当方の下で保管してもらえればとのお申し出があり、今なお筆者の下に保管されている。また、青木先生の五冊の俳句集もご恵贈に与った次第である。

青木先生のご自宅を訪問させて戴くようになってからは、先生が主宰されていた「青玄会」の機関誌『国語教室』にも九回ほど執筆をさせて戴いている。

青木幹勇先生がご存命のうちに本書を上梓することが叶わなかったことを今となってはとても心残りに思っている。本書を泉下にいらっしゃる青木先生の御許に慎んで捧げさせて戴きたい。

本書の刊行に際して、溪水社社長木村逸司氏には格別のご高配を賜った。また、編集の西岡真奈美氏にはこの度も行き届いた校正をして戴いた。お二人のいつもながらのご厚情に対し末筆ながら心より御礼申し上げる次第である。

二〇一五（平成二十七）年三月二十日

大内　善一

〈著者略歴〉
大　内　善　一（おおうち・ぜんいち）

【略歴】

昭和22（1947）年２月20日、茨城県に生まれる。

東京学芸大学教育学部国語科卒業後、国公立小学校・中学校教員等を経て東京学芸大学大学院教育学研究科修士課程国語教育専修修了。秋田大学教育学部教授・茨城大学教育学部教授を経て、平成24年３月、茨城大学を定年により退職。同年４月より茨城キリスト教大学特任教授。国語科教育学専攻。日本学術会議教科教育学研究連絡委員会委員、中学校学習指導要領（国語）作成協力者等を務める。教育学博士。茨城大学名誉教授。


【所属学会】

全国大学国語教育学会（常任理事・全国理事・編集委員長）、日本国語教育学会（全国理事）、日本言語技術教育学会（副会長・理事）、日本教育技術学会（理事）、表現学会（編集委員）、茨城国語教育学会（会長）等を務める。


【単著】

『戦後作文教育史研究』（昭和59年、教育出版センター）、『国語科教材分析の観点と方法』（平成２年、明治図書）、『発想転換による105時間作文指導の計画化』（平成３年、明治図書）、『戦後作文・生活綴り方教育論争』（平成５年、明治図書）、『思考を鍛える作文授業づくり』（平成６年、明治図書）、『「見たこと作文」の徹底研究』（平成６年、学事出版）、『作文授業づくりの到達点と課題』（平成８年、東京書籍）、『「伝え合う力」を育てる双方向型作文学習の創造』（平成13年、明治図書）、『国語科教育学への道』（平成16年、溪水社）、『国語科授業改革への実践的提言』（平成24年、溪水社）、『昭和戦前期の綴り方教育にみる「形式」「内容」一元論―田中豊太郎の綴り方教育論を軸として―』（平成24年、溪水社）。


【単編著・共編著・共著】

『「白いぼうし」の教材研究と全授業記録』（『実践国語研究』別冊119号、平成４年、明治図書）、『国語教育基本論文集成』（第８巻・第９巻、平成６年、明治図書）、『戦後国語教育実践記録集成〔東北編〕』全16巻（平成７年、明治図書）、『書き足し・書き替え作文の授業づくり』（『実践国語研究』別冊156号、平成８年、明治図書）、『新しい作文授業づくり・コピー作文がおもしろい』（平成９年、学事出版）、『コピー作文の授業づくり―新題材38の開発』（『実践国語研究』別冊180号、平成10年、明治図書）、『国語科メディア教育への挑戦』第３巻（平成15年、明治図書）、『子どもが語り合い、聴き合う国語の授業』（平成18年、明治図書）、『子どもの「学び方」を鍛える』（平成21年、明治図書）、『論理的思考を鍛える国語科授業方略』〔小学校編〕〔中学校編〕（平成24年、溪水社）、『文章の内容・形式を一体的に読み取る国語科授業の創造』〔小学校編〕〔中学校編〕（平成25年12月、溪水社）、『実践的指導力を育む大学の教職課程』（平成27年３月、溪水社）他。

国語教師・青木幹勇の形成過程

平成27年5月1日　発　行

著　者　大　内　善　一

発行所　株式会社　溪水社

広島市中区小町1-4

電話　082(246)7909／FAX　082(246)7876

e-mail:info@keisui.co.jp

URL:www.keisui.co.jp

組　版　広島入力情報処理センター

ISBN978-4-86327-291-0 C3081

2015 Printed in Japan